教育部卓越幼儿园教师培养计划资助项目
江苏高校品牌专业建设工程资助项目

U0586132

高等学校
学前教育
专业教材

（实践取向系列）

幼儿园游戏指导

邱学青　著

YOU'ERYUAN
YOUXI ZHIDAO

中国教育出版传媒集团

人民教育出版社

·北京·

图书在版编目（CIP）数据

幼儿园游戏指导 / 邱学青著． --北京：人民教育出版社，2024．9． --（高等学校
学前教育专业教材）． -- ISBN 978-7-107-38502-5

Ⅰ．G613.7

中国国家版本馆 CIP 数据核字第 2024PH3594 号

幼儿园游戏指导

出版发行		人民教育出版社
		（北京市海淀区中关村南大街 17 号院 1 号楼　邮编：100081）
网　　址		http://www.pep.com.cn
经　　销		全国新华书店
印　　刷		唐山市润丰印务有限公司
版　　次		2024 年 9 月第 1 版
印　　次		2024 年 9 月第 1 次印刷
开　　本		787 毫米 ×1092 毫米　1/16
印　　张		17.5
字　　数		270 千字
定　　价		49.90 元

编写说明

"以游戏为基本活动"是我们国家学前教育改革与实践的重要命题，也是我国幼儿园课程改革的重要指导思想。《3—6岁儿童学习与发展指南》的颁布，强调教师要在日常生活和游戏中关注幼儿、指导幼儿的活动。幼儿教师应当理解游戏对幼儿学习与发展的独特价值，掌握组织与指导幼儿开展游戏活动的方法与技能，有效支持、引导和促进幼儿整体、全面、和谐的发展。因此，掌握游戏的相关理论和方法对于教师更好地理解幼儿的学习与发展特点，更好地实施教育具有重要的理论与实践意义。

本书正是在上述考虑的基础上进行编写，配备了教学幻灯片、试题库等资源，适合于作为高等学校学前教育专业应用型本科和专科的教学用书，同时也可供在职学前教育工作者阅读参考，旨在帮助广大学前教育工作者形成正确的教育观、游戏观，建构专业知识基础，形成专业技能，掌握幼儿游戏活动的指导策略与方法。

本书由六章内容组成。

第一章阐释了游戏的基本概念、特征及对幼儿的发展价值，简要介绍了游戏的主要理论，讨论了幼儿园游戏的特点、分类及作用，梳理了游戏在幼儿园的地位变迁，分析了幼儿园实现"以游戏为基本活动"的"课程游戏化"理念。

第二章系统探讨了幼儿园游戏指导的作用和价值，分析了教师在游戏中的角色定位，详细介绍了幼儿园游戏指导的策略和方法。

第三章重点讨论了角色游戏的特点及其对幼儿发展的独特价值，以及教师对角色游戏的指导策略与方法。

第四章探讨了表演游戏的功能、特点和类型，分别介绍了几种典型的表演游戏形式以及表演游戏的指导。

第五章讨论了建构游戏的特点和发展阶段，介绍了幼儿园常见的建构材料种类以及相应的建构技能，同时介绍了与积木关系密切的福禄培尔"恩物"的内容，介绍了积木的起源及积木游戏的指导。

第六章分析了智力游戏的特点、结构、种类与指导，重点探讨了棋类游戏、数学与科学游戏、语言游戏的指导，同时介绍了几种典型的可作为幼儿园课程资源的蒙台梭利教具。

本书主要具有如下特点。

结构完整　为了帮助学习者掌握每一章节的内容，在每章开始都有"学习目标"和"本章提要"；结尾有"思考与练习"，包括问题讨论、实践练习、案例分析等几块内容，能够帮助学习者更好地掌握和巩固相关内容。

关注热点　本书在介绍游戏相关知识和理论的同时，重点关注了"活动区""蒙氏教具""恩物"等实践中一直有争议的问题，帮助学习者将理论与实践密切结合，达到用理论指导实践的目的。

实例鲜活　本书运用大量生动、直观、过程性的案例，并尽可能采用照片等图文并茂的方式，帮助学习者直观、形象地理解和掌握游戏的指导策略与方法。

多年来，幼儿园的小朋友们以自己独特的方式，诠释了幼儿游戏的世界，不仅为我带来无穷无尽的欢笑，也使我一步一步地走进游戏，领悟到点滴幼儿游戏的真谛。我对他们充满了感激之情！我的游戏研究基地（南京市玄武区珠江路小学附属幼儿园、南京市鼓楼区滨江幼儿园、南京市第一幼儿园及其世贸分园）的园长和教师们，一直跟随我从事研究。书中一个个生动鲜活的实例，都是我们共同经历、经验累积的见证。感恩你们的陪伴！我的研究生（何洁、孙楠楠、杨恩慧、步宁、李庆霞、赵越等）参与了本书的资料收集和整理工作，对他们而言这是极好的学习机会。感谢你们的成长！

本书的写作，从选题、大纲到成稿，都得到人民教育出版社学前教育编辑室刘雅琴女士的鼓励、鞭策、宽容以及极度耐心地等待，感谢她为此所付出的努力！感谢本书责任编辑刘峰峰女士所付出的辛勤劳动，尤其被她一丝不苟的工作态度所感动，为了一张插图照片、一段话、一个字而反复推敲……正是大家的共同努力和辛勤劳动，才使本书得以完成。

　　本书在编写过程中参考了有关专著和教材，谨此致谢。书中的不当之处，敬请读者指正。

邱学青

2024年3月8日于随园

目 录

第一章
幼儿园游戏概述

| 学习目标 |

1. 理解游戏的概念、特征与价值。

2. 了解游戏的基本理论,能初步运用所学理论指导实践工作。

3. 掌握游戏的特点、分类,形成正确的儿童观、教育观、游戏观。

| 本章提要 |

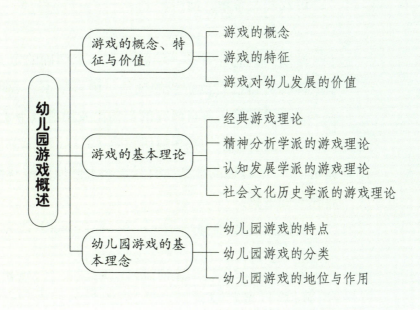

第一节　游戏的概念、特征与价值

一、游戏的概念

（一）游戏的界说

"游戏就像爱一样，无法描述。"[①]对游戏的解释，可谓仁者见仁，智者见智。英国社会学家霍普斯（Hoppes，1984）认为：从体育的观点，游戏是一种运动，是体育运动的一种；从社会学的观点，游戏是社会结构和价值观的一种表现；从教育的观点，游戏和学习及教育有关；从人类学的观点，游戏是了解人类发展的途径。可见，游戏其实是一种复杂的活动，不同的研究者以不同的视角看待游戏，对游戏的解释各不相同。

什么是游戏？对于游戏这个概念，每个人都可以根据自己的童年经验说出很多概念。

游戏就是玩。

游戏就是玩"老鹰捉小鸡""跳房子""丢手绢"。

游戏就是开心、高兴、撒野。

游戏就是自由、随心所欲。

…………

游戏的概念非常多，给游戏下一个精确的定义非常困难。每个个体都有自己看待游戏的视角。语言学家、心理学家、生物学家、文化学家等从各自研究的视角出发给游戏下了很多的定义。

荷兰语言学家约翰·赫伊津哈（J. Huizinga）从语言学的角度提出："一个普通的囊括所有且逻辑上同质的游戏概念，是语言相当晚的创造物。"[②]

德国教育家福禄培尔（F. W. A. Fröbel）认为："游戏是儿童

---

① 李淑贤等主编：《幼儿游戏理论与指导》，东北师范大学出版社1995年版，第5页。

② ［荷］约翰·赫伊津哈著，多人译：《游戏的人》，中国美术学院出版社1996年版，第33页。

统整与总结知识、理解和感觉成一整体的方法。游戏是最高水平的学习，是儿童最富灵性的活动。"[1]

苏联心理学家维果斯基（L. Vygotsky）认为："儿童在游戏中逐步理解自己、他人和宇宙，而且游戏过程是非常有组织性的。"[2] "儿童因游戏活动而获得本质上的推进。"[3]

美国心理学家布鲁纳（J. S. Bruner）认为："游戏是为构成人类文化而进行的社会生活和技术性的准备。"[4]

我国教育家陈鹤琴认为，对儿童来说："游戏就是工作，工作就是游戏。"[5]

游戏是一个意义宽广的词汇，包含的活动和行为非常广泛，而且在儿童不同的年龄阶段所起的作用也不相同。有研究者提出："应当以一种具有灵活性的方法来定义游戏，而且不应当限制对于游戏的解释。"[6] 并进一步提出可以从以下三个方面来定义游戏。

第一，作为一种倾向性的游戏。按照心理学上的倾向或定势，界定标志着游戏出现的倾向或定势，把游戏与行为的其他类型区别开来，包括内部动机、注意、探索、非文字行为、灵活性和积极主动的参与等。

第二，作为一种情景的游戏。按照情景，这种情景可能引起倾向或可能产生一种或多种被确认为游戏的行为，包括熟悉的、无压力的情景以及自由选择。

第三，作为一种可观察的行为的游戏。按照可观察的行为种类，行为种类以具体化的行为准则或更直觉的确认过程为基础。游戏通常按照皮亚杰关于游戏的三个发展阶段来划分，即机能性的、象征性的和有规则的游戏。这三种类型的游戏贯穿了整个儿童期。

---

①②③④ ［英］Tina Bruce 著，李思敏译：《幼儿学习与发展》，心理出版社2010年版，第145、145、156、135页。

⑤ 陈秀云、柯小卫选编：《儿童游戏与玩具》，南京师范大学出版社2013年版，第88页。

⑥ ［英］尼尔·本内特等著，刘焱、刘峰峰译：《通过游戏来教——教师观念与课堂实践》，北京师范大学出版社2010年版，第5页。

不管是用哪一种定义来定义儿童游戏，儿童游戏行为的游戏性，都将贯穿始终。儿童的行为实际上构成了一个"从游戏到非游戏"的连续体。

（二）游戏的操作性定义

当我们没有办法说清楚什么是游戏、什么不是游戏的时候，可以通过"自发、自愿、愉悦表情、角色扮演、玩具材料、假想动作"等几个指标来判断某种行为是否是游戏。

图 1-1　医生开车上门服务

游戏是儿童在某一固定时空中，遵从一定规则，伴有愉悦情绪，自发、自愿进行的有序活动。"幼儿的游戏是一种外部可观察的行为，通过对幼儿的表情、动作、角色扮演、言语和所使用的材料的观察，我们可以判断幼儿是否在游戏。"[①] 如图1-1中幼儿正在玩"医生开车上门服务"的游戏。他们戴着医生的帽子，穿着医生的服装。医院里面没有病人，他们就自己假想情节："那我们就去送医上门。"于是开车到了娃娃家，说："你们家娃娃该吃药了，该体检了。"他们的游戏中有角色、有情节、有材料、有语言、有动作，看起来非常投入。

图1-2柜子后的女孩在玩快递公司的游戏，她是快递公司的收货员，正在收要快递的东西——空的糕点盒。可以看出，他们玩得非常开心，设想和模拟了很多快递公司工作的情景，语言和互动非常丰富，拓展了游戏的内容。

图 1-2　快递公司

可见，游戏是儿童在熟悉和无压力情境中的自由选择活动，

① 刘焱著：《幼儿园游戏教学论》，中国社会出版社1999年版，第67页。

游戏也是一种能强化儿童动机、专注、投入、创造等品质的积极主动的活动，游戏还是儿童自主再现和实践生活经验并遵从一定规则、伴有愉悦情绪的行为。

二、游戏的特征

游戏具有自主性（自发、自愿、自由选择），愉悦性（快乐、愉悦、轻松的过程），虚幻性（幻想、虚构、假装），持续性（再现经验、重复体验、经验生长）等特征。这些特征吸引游戏者积极主动地参与游戏，并在重复体验和享受的过程中，不断更新经验。儿童需要游戏，游戏能激发并满足儿童的多种兴趣，也能满足不同儿童的不同需要，并在重复体验和享受的过程中，提升能力，丰富情感，不断体验游戏带来的挑战、困惑、冲突和成就，不断获得新经验。

（一）游戏是自发的行为，具有自主性

1.游戏是自发的活动

游戏不受本身以外的诱因所左右，既不受食欲等生物动机支配，也不受社会要求或行为制约，是内部动机控制的行为。游戏能激发儿童"我要玩"的动机，不是成人安排的，是儿童主动积极参与的活动，是一种自发的行为。是否玩游戏由游戏者自己决定。

2.游戏是自愿的活动

游戏是游戏者实现自己意愿的活动，反映了游戏者的态度倾向。玩什么游戏、在哪里玩游戏、需要什么玩具材料等都是按照游戏者自己的意愿来决定的。图1-3和图1-4是大班幼儿在游戏前小组讨论、记录游戏主题。从图1-4最左边的一列可以看出，他们最喜欢的主题依然是娃娃家、医院、蛋糕店、小吃店。他们能够自己规划游戏的人数、需要的材料，并且能够讨论哪些材料幼儿园有、哪些材料需要从家里带。这种记录学习的方式能充分保证幼儿积极主动参与活动的意愿。

图1-3　游戏前的讨论和记录　　　　图1-4　游戏主题的记录内容

3. 游戏是自由选择的活动

游戏者在游戏过程中的状态是自由的，他们是主动积极的游戏参与者。游戏者可以根据自己的意愿和经验，及时调整游戏的进程、改变游戏的情节、创造游戏的玩法等。

（二）游戏是快乐的活动，具有愉悦性

1. 游戏是快乐的活动

游戏首先要能够刺激并强化游戏者表现出一种兴奋的即时状态，从中获得情绪、情感和态度的体验。

2. 游戏是愉悦的活动

游戏要让游戏者从中获得心理满足感。游戏中仅有高兴、快乐还不够。美国教育家杜威（J. Dewey，1859—1952）说过，一味追求快乐的游戏过程，"游戏就会退化为傻淘傻闹"①，而不能让游戏者获得发展。游戏要能让游戏者获得心理上的满足，在重复体验和享受的过程中，更新经验，提升能力，丰富情感，进而获得一种心理满足感和幸福感。

3. 游戏是轻松的活动

游戏不会给游戏者带来游戏以外的负担。尽管游戏过程中幼儿有身体和心理的紧张感，但这是源于游戏过程本身的吸引力，

---

① ［美］杜威著，姜文闵译：《我们怎样思维·经验与教育》，人民教育出版社2005年版，第231页。

而不是追求外在附加的结果。游戏过程对于游戏者来说是轻松愉悦的。

（三）游戏是假装的活动，具有虚幻性

1. 游戏是幻想的活动

游戏者以个人的愿望为依据进行天马行空的想象。这种幻想往往是违背客观规律的、不可能实现的、荒谬的想法或希望。例如，"汽车带着房子到处跑""长了翅膀的汽车""汽车在彩虹桥下通过""孩子们坐在月亮上看书"等。

2. 游戏是虚构的情节

游戏者在游戏中，因游戏情节需要，将现实生活的部分零散经验加以虚拟重构融合到游戏中，以满足游戏的需要。例如：娃娃家没有爸爸这个角色，但妈妈说爸爸出国了；"动物园"为鸭宝宝搭建了楼房却没有上楼的台阶，理由是鸭宝宝乘电梯或飞上去；等等。

3. 游戏是假装的行为

和工具性行为不同，游戏是不真实的、模拟反映生活情节的假装行为。游戏者通过对现实物体、材料的借用，把它们假想、替代成游戏所需要的物品，来模拟反映现实生活中的行为。儿童在游戏中不是机械地模仿或简单对周围生活进行翻版，而是通过想象，将日常生活中的表象组合成新的表象运用于游戏之中。例如，游戏者用椅子当"马"，而不再出现工具性行为——椅子用来坐。另外，在模拟的过程当中，幼儿可能缺少某些经验，那么幼儿就会通过假想来把这个游戏进行下去。

游戏过程中，幼儿往往又能意识到真实行为与假装行为之间的差别，能够在真实和想象之间进行自如地转换。例如，幼儿园小朋友在游戏中买卖东西时，就是模拟付钱的动作或者给假的钱币。成人参与小吃店游戏时，如果要把小吃店买来的东西当真的吃时，小朋友就会立即制止成人的行为，并且告诉成人："老师，这是假的，你不要真吃。"

图1-5、图1-6、图1-7展示的是一个娃娃家的妈妈在刷牙的过程。小姑娘通过假装的行为模拟再现现实生活中刷牙的经验，她用几个典型的象征性动作，把刷牙的流程再现得惟妙惟肖。小姑娘坐在小凳子上，身体前倾，左手端一个杯子，右手拿牙刷（一块黄色的宝高玩具），做刷牙状；然后，小姑娘把牙刷换个方向刷里面的磨牙；最后往盆里吐脏水。

图1-5　开始刷牙　　　　图1-6　刷刷小磨牙　　　　图1-7　把嘴漱干净

图1-8中的幼儿和教师正在玩开飞机的游戏。前面幼儿自己用螺旋状结构的积木作为飞机的螺旋桨，又给飞机安了两个蓝色的翅膀。前面的机长拿着桨，后面的导游抬着翅膀。这就是幼儿通过假想创造的飞机。如果教师费了很多的精力给幼儿做一个逼真的飞机，那么，就好心地剥夺了幼儿想象、探索的空间。

图1-8　大家一起玩开飞机

（四）游戏是过程性的行为，具有持续性

1.游戏是再现经验的过程

幼儿在游戏中的反映就是他们对现实社会的认识。在游戏当中，幼儿有自己的想法、自己的逻辑顺序。只有幼儿亲身体验到的、熟悉的、留下深刻印象的人和事物，才会成为游戏的主题和经验。因此，违背幼儿兴趣和经验的内容，不可能成为幼儿喜爱的游戏主题。在游戏过程中，幼儿并不关注游戏的结果，他们只在乎他们感兴趣的过程。从下面卖方便面游戏的案例可以看出，幼儿在游戏中根本不考虑价格问题，不在乎赚了多少钱，他们只在乎买卖的过程。

卖方便面的游戏

大班的孩子要玩卖方便面的游戏，他们在纸上画鱼、虾、肉、青菜等图案，分别贴在圆形或方形的积木上，表示海鲜方便面、牛肉方便面等，就开始吆喝着卖方便面了："买一个十块钱，买两个不要钱。"教师开始介入游戏，每次买两个，直到把方便面买完。教师问："还有吗？"孩子说："还有。"于是跑去把那些没有画的积木再拿出来卖，卖完了，孩子很高兴。教师的意图很明确，希望让孩子明白忙活半天没赚到钱。于是教师问孩子："我都把你的方便面买完了，你挣到钱了吗？"没想到孩子拿着装有两个花片的钱罐子说："我挣到啦！小明来买了一个方便面呀。"

2.游戏是重复体验的过程

"游戏是一种包括了练习、重复和熟练的、严肃的过程。"[1]重复是幼儿尝试探索环境的一种方式，幼儿需要重复游戏以形成游

---

① ［英］尼尔·本内特等著，刘焱、刘峰峰译：《通过游戏来教——教师观念与课堂实践》，北京师范大学出版社2010年版，第7页。

戏技能和建立信心。幼儿在游戏中重复玩某个玩具材料，调动已有经验与同伴互动，不断面临矛盾冲突和认知挑战，并尝试获得解决问题的策略和方法，每次重复都在原有经验基础上有新的叠加。因此，幼儿在游戏中重复体验与同伴交往的过程，既学习与人友好相处，又学习如何看待自己、对待他人，不断发展适应社会生活的能力。

3. 游戏是经验生长的过程

幼儿在游戏中生活，在游戏中学习。美国教育家杜威主张"教育即生长"，教育是幼儿现在生活的过程，而不是将来生活的预备。生活就是发展，而不断发展、不断生长就是生活。最好的教育是从生活中学习，从经验中学习。幼儿园教育以游戏为基本活动，就是要给幼儿提供保证生长和充分生活的条件。游戏不是把外面的东西强迫幼儿去吸收，而是使幼儿与生俱来的能力得以生长。

爸爸妈妈怎样照顾宝宝

娃娃家游戏中，爸爸妈妈对宝宝不太关注，各忙各的……

发现这个问题，教师（T）和幼儿（C、C1、C2）一起讨论。

图 1-9　分享预防感冒的经验

T："娃娃家的爸爸妈妈是怎样照顾宝宝的？"

C1："宝宝感冒，带宝宝看病的。"

C2："给宝宝打针的……"

T："感冒后应该怎么办？"

C："去医院，吃药，多喝水，多休息，吃有营养的食物……"

T："怎么样让宝宝不生病呢？"

C："多喝水，勤洗手，多运动，

不去人多的地方，多晒太阳，吃大蒜头……"

教师将幼儿在游戏中分享的经验，以幼儿能明白的、图文并茂的网络示意图（见图1-9）加以提升，保证了幼儿经验的持续性，达到了帮助幼儿发现问题、梳理经验的目的。

三、游戏对幼儿发展的价值

（一）游戏满足幼儿独特的身心发展需要

人类的需要是一个多维度多层次的结构系统。苏联心理学家将人的需要分为物质需要（衣、食、住的生存需要）、精神需要（对认知和审美所特有的需要）、社会需要（与人相处和交往的需要）三种。美国心理学家马斯洛（A. H. Maslow，1908—1970）将人类的需要划分为七个层次，即生理需要、安全需要、归属和爱的需要、尊重的需要、认知需要、审美需要、自我实现的需要。我国学者刘焱在此基础上，把幼儿的生理需要和心理需要划分为三个层次、九种需要（见图1-10）。

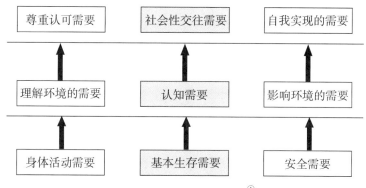

图 1-10　幼儿的基本需要[①]

从图1-10可以看出，幼儿主要有三个层次的需要，即基本生存需要、认知需要、社会性交往需要。其中，基本生存需要层次还包含了身体活动需要和安全需要；认知需要层次还包含了理解环境的需要和影响环境的需要；社会性交往需要层次还包含了尊

---

① 刘焱著：《幼儿园游戏教学论》，中国社会出版社1999年版，第174页。

重认可需要和自我实现的需要。其中，驱使幼儿游戏的需要主要来自于身体活动需要、认知需要、社会性交往需要和自我实现的需要四个方面。

因此，游戏活动可以满足幼儿身心发展的多方面需要，可以发生在幼儿活动的任何领域。在一种具体的游戏中，各种需要所占的比重可能不同。在智力游戏中，认知的需要所占的比重会多些；而在角色游戏中，社会性交往需要所占的比重更大些；体育游戏中身体活动的需要所占的比重更大。

1. 游戏满足幼儿身体活动的需要

幼儿的神经系统，特别是高级神经系统的发育还不成熟，总是表现为兴奋强于抑制的不平衡状态。兴奋性强的外部表现形式就是"好动"。因此，幼儿总是表现为一刻不停地做各种动作。游戏是一种积极的身体活动，幼儿在游戏中可以自由地变换动作，自由地重复感兴趣的动作和活动，不但使身体随时保持最佳的舒适状态，而且可以产生愉快的情绪体验。当幼儿基本的生存需要和安全需要得到满足后，幼儿就有身体活动的需要。游戏可以最大程度满足幼儿身体活动的需要。

2. 游戏满足幼儿认知活动的需要

有美国学者从幼儿发展的角度考察了幼儿的心理和社会需要，提出幼儿有四种基本的感性需要：对爱和安全感的需要、对新体验的需要、对赞扬和认可的需要和对责任感的需要。[①] 其中，对新体验的需要强调游戏从两个方面来满足幼儿对新体验的需要：一是使幼儿认识到他所生活的世界；二是使幼儿认识并能正确处理矛盾的复杂情感，即用允许的想象来压倒现实的逻辑。

幼儿在游戏中不断形成新的看法，接触新的形象，体验新的感觉，产生新的愿望，参与新的冲突，并从中不断汲取新的理解。

---

① ［英］迈·凯梅·普林格尔著，禹春云等译：《儿童的需要》，春秋出版社1989年版，转引自曹中平著：《儿童游戏论——文化学、心理学和教育学三维视野》，宁夏人民出版社1999年版，第55页。

正如身体的发育需要食物，正常的成长需要适当的、平衡搭配的食谱一样，精神发育需要新的体验。"新的体验使幼儿能学会生活中最基本、最重要的一课：即学会怎样学习、怎样感受不断征服所带来的喜悦感和成就感。"① 在幼儿期，"心灵成长所需食谱中最主要的成分是游戏和语言"②。幼儿在游戏中，可以对自己感兴趣的事物进行多样化的探索，根据自己的兴趣和好奇心来模仿和再现周围的人和事，来使自己理解和影响环境的需要得以满足。总之，游戏可以满足幼儿认知发展的需要。

3.游戏满足幼儿社会交往活动的需要

游戏是幼儿与人交往的重要媒介。在游戏中，幼儿与成人和同伴交往，体验并形成最初的人际关系；在游戏中，幼儿在与他人的相互作用中，学会尊重别人，也希望别人尊重和认可自己；在游戏中，幼儿通过自己的行为对环境产生影响，从而建立起自信心，在获得成功的体验中，使自我实现的需要得以满足。

图1-11 客人到访娃娃家

可见，幼儿的多种需要激发了游戏，游戏使幼儿的多种需要得到满足，需要的满足带来了快乐，快乐作为强化物使幼儿对游戏活动本身产生兴趣，兴趣和快乐这两种正向的情绪体验相互作用、相互补充，进一步支持和促进幼儿去游戏。

（二）游戏促进幼儿发展的独特价值

1.关注幼儿的个体差异，促使幼儿以自己的方式发展

游戏中能够充分体现幼儿的个体差异，促进幼儿以自己的方式和特点发展。《3—6岁儿童学习与发展指南》中也特别提出幼儿教师要"关注幼儿学习与发展的整体性"，"尊重幼儿的个体差异"。游戏为关注幼儿的个体差异，支持幼儿以自身的方式和特点发展提供了机会，因为，植根于幼儿的本能、以过程体验为本

①② 邱学青著:《学前儿童游戏　第四版》，江苏教育出版社2008年版，第15页。

的游戏，最能满足幼儿的个体差异。游戏中高度的自主性能够使幼儿选择自己最喜爱的活动，采用最适合自己的方式活动，运用自己的经验解决游戏中的问题，充分展示自己的经验、个性、态度和特点。而且，游戏能够激起足以引导幼儿的自觉性，促使幼儿的行动向更高的水平前进，支持幼儿表现自己日益趋向成熟的能力。游戏的最高目的是幼儿的充分生长、能力的充分实现，引导幼儿从一个水平向另一个水平前进。

2. 过滤负面的消极经验，引导幼儿积极发展

游戏在满足幼儿玩乐兴趣的同时，也是一种教育的方法和途径。杜威认为，游戏往往既重复和肯定成人生活中的优点，也重复和肯定成人生活中的缺点。因此，幼儿在游戏中表现出来的就是他们真实的生活经验，游戏成为幼儿对现实生活模仿和再现的途径，成为幼儿经验的承载体，既承载了正面的经验，也承载了负面的经验。因此，教师需要对游戏进行适宜的指导，否则游戏就变成"傻玩""傻乐""纯粹的发泄"，而起不到任何促进幼儿发展的作用。可见，作为幼儿经验承载体的游戏，充当着"过滤网"的角色，提供了教育的契机和恰当的切入点。通过"过滤网"的作用，幼儿负面的经验通过游戏得以过滤，新的经验得以不断产生和发展。

3. 给予幼儿极大的自主性，培养幼儿自由的态度和精神

在游戏中，幼儿不但在时间上和空间上获得了极大的自由，而且在活动的思维和方式上也获得了极大的自由，他们完全可以自主决定"玩什么？怎么玩？在哪里玩？玩多长时间？"可以说，游戏是幼儿自发、自主、自愿的活动。整个游戏过程是幼儿积极主动参与的过程，在这个过程中充分表现出一种自由的态度和游戏精神，是幼儿心智上的成长和发展，也是幼儿建立自由的态度和精神的最有效途径。因此，在游戏过程中，幼儿不仅能够获得愉悦的体验，进行丰富的想象，而且充分发展了自由的态度和精神，有利于幼儿和谐人格的养成。

第二节　游戏的基本理论

19世纪自然科学的三大发现，尤其是在达尔文的生物进化论思想的直接影响下，人们开始探寻儿童游戏的原因、儿童游戏的产生和发展过程、游戏对于儿童发展的价值等问题，对游戏进行多种形式的研究。游戏开始受到生物学、心理学、文化学、人类学等多个学科的关注。由于对儿童游戏的基本观点不同，观察问题的角度不同，思考和说明问题的方法不同，出现了各种不同的游戏理论派别。

一、经典游戏理论

经典游戏理论是最早的游戏理论，出现在儿童游戏研究的初兴阶段，具体时间为19世纪下半叶到20世纪30年代左右。人类历史上第一次对游戏开展研究进而形成理论。人们开始关注人，关注儿童，关注儿童为什么要游戏。经典游戏理论主要基于生物学的视角，从不同的角度阐释了儿童游戏的原因。

（一）剩余精力说

主要代表人物是德国思想家席勒（J. C. F. V. Schiller，1759—1805）和英国思想家斯宾塞（H. Spencer，1820—1903）。剩余精力说认为，游戏是由于机体内剩余的精力需要发泄而产生的。生物用于保护自己生存的精力，除了维持正常生活外还有剩余，如果体内积蓄了过多的精力，必须找到合适的途径发泄出来。游戏是释放剩余精力的最好形式。剩余精力越多，游戏就越多。低等动物用于维持生命的精力较多，剩余精力较少，所以没有游戏或很少游戏；高等动物用于维持生命的精力相对少，剩余的精力较多，机体内剩余的精力需要发泄，因而产生较多的游戏。正如蒸汽火车在运行过程中靠蒸汽来发动，但是当火车停下来后，火车必须要把剩余的蒸汽给放掉一样，因此，火车一停就有"嘶"的声音。这一理论可以用来解释为什么孩子玩起来似乎不知疲倦。

图 1-12 玩着睡着的孩子 高兴/摄

图1-12中的孩子玩着玩着在沙发和玩具垫之间趴着就睡着了，说明她的精力已经耗尽了，她除了吃饭睡觉就是在游戏。这也是很多孩子都经历过的情况。孩子需要不断地发泄剩余的精力，因而产生了游戏。

（二）松弛说

也称为娱乐说，代表人物是德国的哲学家、心理学家拉扎鲁斯（M. Lazarus，生卒年不详）。松弛说认为，游戏不是发泄精力，而是松弛、恢复精力的一种方式。游戏和娱乐活动可使机体解除紧张状态，具有一种恢复精力、增进健康的功能，所以人需要游戏。动物也同样需要游戏，而且不限于幼小动物，成年动物也同样需要。通过自得其乐的游戏，使动物紧张的自然竞争生活得到某种调剂和补偿，使它们在生理上、心理上容易保持平衡，从而得到一定的自我安抚和自我保护。

（三）生活预备说

代表人物是德国的心理学家、生物学家格罗斯（K. Groos，1861—1946）。生活预备说认为，儿童天生的本能不能适应将来复杂的生活，需要有一个准备生活的预备阶段。游戏就是对未来生活的一种无意识准备。游戏为儿童提供了一种安全的方法帮助他们练习，使本能更完善，以便日后生活使用。例如：小狗之所以喜欢抓线团、抓纸团、在草地上跑，见到一只飞虫也去抓、去啃，是为了将来更好地捕捉食物；小姑娘之所以喜欢抱娃娃，就是为了预备将来更好地当母亲、做妻子。

（四）复演说

代表人物是美国心理学家霍尔（S. Hall，1844—1924）。复演说认为，人类的文化经验可以遗传。游戏是远古时代人类祖先的生活特征在儿童身上的复演，不同年龄阶段的儿童复演祖先不同形式的本能活动，复演史前的人类祖先到现代人进化的各个发展阶段。游戏中的所有行为和动作都是遗传下来的。例如，儿童爬树、摇树是重复远古时代的祖先类人猿在树上活动的遗迹，喜欢玩泥土、玩沙是农业时代刀耕火种的一种遗迹，喜欢骑马是游牧时代生活的一种印迹，喜欢玩打猎、捕鱼、搭房子则是重复原始人的活动等。儿童要在游戏中根除"史前状态的动物残余"，让个体摆脱原始的、不必要的本能动作，为当代复杂的生活做准备。

可见，上述的经典游戏理论是人类历史上第一次严肃对待游戏，并对游戏做出解释，为后面的研究奠定了基础。尤其在游戏原因的解释、游戏的分类、游戏的发展阶段、游戏的特征描述方面影响深远。但是，经典游戏理论过于强调游戏的生物本能，忽视了儿童发展的社会文化背景，把儿童游戏与动物游戏等同起来，以动物行为推导儿童行为，是不太适宜的。而且，经典游戏理论只能部分地解释游戏的特征，仔细推敲后会发现有很多的漏洞，因而具有较大的局限性。

二、精神分析学派的游戏理论

20世纪40年代至60年代，儿童游戏研究处于缓慢发展的阶段，以弗洛伊德为代表的精神分析理论在儿童游戏研究领域占统治地位。

（一）发泄补偿说

代表人物是奥地利心理学家、精神病医师、精神分析学派的创始人西格蒙德·弗洛伊德（S. Freud，1856—1939）。弗洛伊德在研究儿童的心理问题时关注到儿童游戏，他认为儿童是为了追求快乐、宣泄焦虑而游戏。儿童游戏的动机是追求快乐，遵循"唯乐原则"；游戏的价值在于发泄、补偿，宣泄敌意、不满或报复冲动，减少忧虑，发展自我力量，以满足现实生活中不能实现的冲动和欲望，使心理得到补偿。儿童期的主要愿望是快快长大，做成人所做的事，但是这在现实中是不可能实现的，于是儿童就借助游戏来寻求成为大人的愿望的满足。

1. 游戏是宣泄焦虑、补偿愿望的活动

弗洛伊德从人格发展的角度来论述他的游戏观点，他认为人格是由"本我""超我""自我"三个部分组成的。

"本我"是与生俱来的原始本能，它按照快乐原则行事。"本我"引导儿童去盲目地追求满足，不受约束，想干什么就干什么，可以随心所欲。例如就像小动物一样，随地大小便。

"超我"是人格当中最文明的成分，例如道德要求、行为标准，它按照至善原则行事。"超我"要求人按照文明社会的标准行事，不能随心所欲、想干什么就干什么。"本我"和"超我"之间形成了一对矛盾，平衡并解决这对矛盾的关键因素是"自我"。

"自我"是平衡"本我"和"超我"的中介，它按照现实原则行事，监督"本我"，予以适当满足。"自我"和游戏相结合，使儿童既可以满足"本我"原始的生物欲望，随心所欲，想干什么就干什么，同时又不违背"超我"中文明社会的要求和约束。例如，一个小朋友说"我要天上的星星"，这在现实社会中不可能实现，但通过假想可以摘到星星，以满足小朋友要天上星星的愿望。这就做到了既满足愿望，又不违背文明社会的要求。又如，小朋友说"我要做爸爸妈妈"，现实社会中孩子做爸爸妈妈显然不现实，但在游戏当中孩子可以扮演爸爸妈妈，既满足了自己的愿望，又不违背文明社会的标准。因此，弗洛伊德认为，"自我"使"本我"和"超我"在游戏当中得到平衡，"自我"得到发展。幼儿在游戏中通过假想实现在现实生活中不能满足的愿望。

弗洛伊德非常关注儿童及童年游戏，因为他发现很多成年之后的心理问题，都可以追溯到童年时期。弗洛伊德认为游戏具有宣泄敌意及报复冲动的功能，强调游戏的益处在于宣泄和降低焦虑。童年时期如果没办法把自己的焦虑和问题发泄出来，这些焦虑和问题就会从意识层面被挤压到潜意识层面，在潜意识层面的时候不会表现出来，不会有问题。但是随着成长，这个潜意识层面的东西可能会浮到意识层面，这个时候人就会产生心理问题。弗洛伊德在治疗这些成人的时候发现这些人童年早期的游戏是非常重要的影响因素。如果童年早期给他们提供了游戏的环境和机会，他们就可以把焦虑和问题发泄出来，心理就能够健康地发展。因此，弗洛伊德非常强调游戏的宣泄功能，认为游戏可以宣泄和降低儿童的焦虑，有助于儿童的心理健康发展。

2. 游戏的动机遵循"唯乐原则"

弗洛伊德认为儿童游戏的动机遵循"唯乐原则"。儿童游戏的主题既满足于愉快的体验，同时也追求"非愉快"带来的愉快体验。

一方面，儿童的游戏主题与快乐的体验相联系。儿童在游戏中追求快乐，享受快乐，模仿成人，扮演各种角色，再现愉快的生活情境。例如，娃娃家快乐幸福的家庭生活情节，"蛋糕店"记载过生日吃蛋糕的美好片段，"开汽车"再现各种与家人出游的经验，"超市"忙忙碌碌选购物品的快乐体验等。儿童在游戏中愿意再现开心快乐的经历和体验，在游戏的过程中获得情感上的满足。

另一方面，非愉快的体验也成为游戏的主题。儿童在游戏中追求开心的体验，但他们所选择的情节并不都是愉悦的。非快乐甚至是痛苦的经历也会成为游戏的情节。弗洛伊德认为这是儿童另一种"唯乐原则"的体现。虽然表现的是不开心的经历，但在游戏过程中儿童实现了身份的转换，将现实生活中不开心的经验迁移到游戏中，儿童自己由现实生活中被动的承受者角色，在游戏中摇身一变成为主动驾驭者角色，通过身份角色的转变过程，将痛苦经历加以转嫁，从而获得情感愉悦的补偿。例如，医院对儿童来说是个恐惧的地方，只有生病了父母才会把他带到医院去，打针吃药的痛苦对他们来说就是一种恐惧、一种不愉快的体验。但儿童在游戏中却乐此不疲地喜欢玩医院的游戏。这是因为，在现实生活中，儿童是被动的承受者，在游戏中他却可以扮演医生，将自己的痛苦经历转嫁到生病的玩具娃娃身上，使自己从中获得愉悦。可见，非愉快的体验也能成为游戏的主题，并带来愉快体验。

3. 游戏为儿童提供宣泄的安全岛

弗洛伊德认为游戏是儿童发泄对现实社会不可接受的、放肆的、冲动的、焦虑的情绪的"安全岛"。在游戏中，儿童不需要考虑外界的束缚、要求，可以随心所欲地干自己想干的事情。因此，儿童在游戏中，可能会无意识地出现重复性动作和情绪性体验，而这些无意识表现出来的行为，正是儿童内心焦虑、压力的宣泄。因此，观察儿童的游戏可以帮助成人了解儿童的心理状况。

游戏是儿童心理健康的润滑剂。弗洛伊德认为，儿童通过游戏自由表达的时期非常短暂。随着理性思维的发展，批判性或理性束缚了通过游戏的自由表达，童年游戏期结束。因此，一定要珍惜短暂的童年游戏期，多给儿童自由游戏的机会，让游戏成为儿童宣泄现实生活中遇到的不适应、挫折或焦虑的窗口，以保证心理的平衡与健康。

（二）角色扮演动机说

代表人物是美国学者佩勒（Peller，生卒年不详）。佩勒主要研究了儿童在游戏中扮演的角色以及儿童选择相应角色背后的情感动机，并且分析了儿童在游戏中经常选择的特殊角色和人物，讨论了其选择背后的动机。从角色扮演动机的角度分析和解释了儿童的游戏，丰富和发展了精神分析学派的游戏理论。

1. 儿童扮演角色的类型

游戏中儿童所扮演的角色，并不是现实生活中成人角色的翻版，而是基于对某个角色的感情，选择性地扮演角色。儿童对角色具有高度的选择性，背后隐藏着深刻的情绪原因。佩勒通过观察发现，儿童扮演的角色一般有以下三类。

第一类：模仿热爱、钦佩、敬重的人。儿童喜欢模仿他们热爱、敬佩的人，尤其是成人，以使他们"快快长大成人"的愿望得到满足。他们在游戏中常常扮演他们身边熟悉的人，如父母、教师、交警、汽车司机、厨师等。

第二类：再现引起恐惧的人或情节。儿童常常扮演引起他们恐惧的人或情节，试图克服与之相关的焦虑，征服恐惧。例如儿童通过扮演医生，克服对医生、打针的恐惧。

第三类：扮演不合身份、低于身份的角色。通过扮演这样的角色，儿童能够在游戏的安全范围内回顾并且尽情享受那些对他们来说不可能再获得的儿时的快乐，并且可以在游戏"安全岛"的庇护下，做自己想做但现实生活中不允许做的事情。例如，儿童常常扮演婴儿、动物、小丑等角色，以此来掩饰自己的错误和过失，或者享受被照顾、被宠爱的快乐。

扮演猫猫狗狗

游戏一开始，一群孩子就钻到桌子底下趴着当猫、狗，教师问："你们为什么喜欢扮演宠物啊？"孩子们回答："宠物多好啊，想吃就吃，想玩就玩，想睡就睡，又不用上兴趣班。"通过调查发现，喜欢扮演宠物的这些孩子，一个星期上了四个以上的兴趣班，他们感到压力很大，因此在游戏的时候就会退回到婴儿时期，扮演低于自己身份或是不符合自己身份的角色，使自己在安全的范围内既能满足随心所欲的愿望，同时能克服焦虑。

2. 儿童游戏的发展阶段

佩勒还从发展的角度描述了儿童游戏的不同发展阶段，主要有四个发展阶段。

（1）身体游戏阶段。这一时期儿童存在身体方面的焦虑，出现玩弄身体的游戏，例如吃自己的小脚丫。

（2）亲子游戏阶段。这一阶段儿童存在害怕失去母亲的焦虑，担心母亲，所以有一段时间特别恋母，生怕妈妈离开。亲子游戏较多。

（3）角色游戏阶段。儿童想模仿做大人做的事情，但由于能力的缺乏产生无法与成人匹配的无能感。唯一解决的办法就是通过角色游戏，想象性地获得满足。

（4）规则游戏阶段。这一阶段通过与伙伴游戏而获得独立，开始出现规则游戏。

（三）人格完善说

代表人物是美国的心理学家埃里克森（E. H. Erikson，1902—1994）。他认为，游戏是自我的一种机能，能整合自我的生物因素与社会因素并使之协调发展。游戏可以降低焦虑，使愿望得到补偿性的满足。

埃里克森着重研究了游戏的心理社会发展顺序，把游戏当作系列未被展开的心理社会关系加以探讨。

1.游戏发展阶段

埃里克森提出了游戏发展的三个阶段。

第一阶段为自我宇宙阶段，婴儿以自己的身体为宇宙。这一阶段又分为两个时期，第一个时期是以自己为探索活动的中心。婴幼儿自己就是自己的玩具，以探索自己的身体为乐。他们试图重复或重新体验各种动觉或感知觉。典型的动作是通过嘴唇来感知外部世界，什么东西他都要放在嘴里面去尝试。一遍一遍地重复某种语言也是婴幼儿探索活动的某种表现。有时候我们看到小朋友玩自己的口水，不断地伸舌头，不断地敲自己的脚，或者不断地重复某句话等，都是他们在以自己为探索活动的中心。图1-13的孩子躺着啃自己的脚丫，图1-14的孩子在起劲地啃着自己的手。他们都在积极探索自己的身体，并以此为乐。第二个时期是指向他人和客体，婴幼儿的探索活动扩大到他人和客体，但着眼点仍然是肉欲的快乐。例如，他们试图用不同的语音和喊叫来验证自己对母亲出现的影响效果，发现"我一哭妈妈就会出现"或者"说'妈妈'妈妈就出现"。在此过程中，他们会发现以不同的语音、不同的方式喊妈妈，妈妈就会以不同的方式出现。

图1-13　啃自己的脚丫玩　童娅/摄　　图1-14　啃自己的手玩　许蕾/摄

第二阶段为微观阶段，用小型玩具或物品来表现主题，学会在微观水平上来操纵和驾驭世界。例如，图1-15中的小女孩在玩橡皮泥，在搓、压、擀，把橡皮泥做成各种形状。通过一系列玩橡皮泥的行为，她证明了自己影响环境的能力。

图1-15　玩橡皮泥

第三阶段为宏观阶段，儿童与他人共享这个世界。儿童从最初把其他儿童当成客体来对待，逐渐发展为合作性的角色游戏。图1-16的小女孩自己都还走不稳，精细动作也没有发育好，她却尝试去操作玩具、操作物品。她帮着大人拎袋子，其实就是想证明自己的能力，什么事情都可以自己做，想要与成人共享这个世界。

图1-16　我要拎袋子

埃里克森认为游戏所采取的形式是随着心理社会问题和自我情景的变化而变化的。引起个体发展的文化环境和心理性别的发展阶段犹如啮合在一起运动的两个齿轮，这些力量联合起来引起了自我发展的心理社会阶段。游戏加强了这种整合，游戏可以帮助自我对生物因素和社会因素进行协调与整合，促进人格的发展与完善。

2. 游戏伴随人格发展而发展

埃里克森继承弗洛伊德的观点，认为游戏帮助儿童人格从一个阶段向另一个阶段发展。游戏的形式随着年龄的增长和人格的发展而不同。人格发展的每个阶段有不同的发展任务，如果发展任务解决得好，儿童就能形成理想的人格。反之，则形成相反的人格。埃里克森把人格发展分成八个阶段，前面三个阶段跟学前阶段紧密相关。

（1）第一阶段：信任对不信任（0~1.5岁）

这一阶段对应于弗洛伊德理论的口唇期，主要游戏形式是亲子游戏。这是孩子一生中最软弱无能的阶段，完全依赖于他人（一般情况是母亲）的养育和保护。其人格主要表现为本能与社会要求之间交锋的开始，从生理需要的满足中，体验到身体和心理的安全。由此，对周围环境产生基本的信任感。反之，如果父母的信心不足，或育儿方式有缺陷，婴儿便对周围环境产生不信任的定向。基本的信任或不信任是新的社会成员形成的对社会的最初的态度，将决定并影响后续自我与他人关系的发展。建立信任的孩子长大后变成值得信赖又信任人的成人，多疑的孩子长大后则不容易信任别人，因为他们未能体验到深厚而富有意义的母爱。

因此，要让孩子建立信任的品质，就要让孩子生活在一种被信任和可以信任的环境中。抚养者要经常和孩子玩亲子游戏，去抚摸，去抱孩子，和孩子互动，做婴儿体操。母子互相凝视，母亲带着亲善、关爱的表情注视孩子，逗乐，说话，给予孩子不断的刺激。在互动的过程中，传递着爱的信息，也带有游戏性的鼓励，孩子从中感受到周围的环境可以信任。良好的亲子关系是产生信任感的基础，游戏对于良好的亲子关系的形成和信任感的产生具有重要的意义。

（2）第二阶段：自主性对羞怯、疑虑（1.5~3岁）

这一阶段对应于弗洛伊德理论的肛门期，主要游戏形式是练习性游戏。1.5岁的孩子可以走路了，但大小便不能完全自理或还不能控制。能力强的孩子逐渐形成自主性，能力弱的孩子内心因此而焦虑、羞怯，产生无能感。因此，人格主要表现为必须解决生物社会性危机，必须掌握对排泄器官的肌肉控制并在此基础上产生自信，认识到自己的意志，产生一种自主感。如果做不到这点，将形成羞怯与疑虑的态度。

重复操作的练习性游戏为儿童提供了一个安全岛，让他们在微观的世界里能够驾驭微观世界的游戏材料，从而获得一种自主性。例如，反复地给瓶子盖瓶盖，把东西倒出来再装进去，把小的东西装在大的容器里等游戏。这一系列练习各种感官的游戏在儿童生活中占据主要地位，帮助儿童在自己制定的内心法则范围内发展自主性，逐渐克服羞怯与疑虑。图1-17中是一个2.5岁的小女孩，用积木块反复地叠高、

图1-17　积木叠高、推倒的游戏

推倒，再叠高、再推倒。在反复的游戏过程中，刚开始只能把一块积木不规则地堆在另一块积木上，逐渐能堆两块、三块、四块。动作逐渐熟练，手眼不断协调。在重复的操作练习中，她渐渐把握了积木的特性，发展了自己的操作能力，建立了自信。

（3）第三阶段：主动性对内疚（3~6岁）

这一阶段对应于弗洛伊德理论的阴茎期，主要游戏形式是角色扮演游戏。弗洛伊德认为，这一时期儿童开始向外界寻求性对象，男孩以母亲为选择对象，女孩以父亲为选择对象，出现恋母斥父、恋父斥母的俄狄浦斯情结。幼儿在发展中逐渐认识到现实中愿望不一定能得到满足，从而产生了内疚感，便退回到游戏中，以扮演同性父母的角色自居，即小男孩扮演爸爸，小女孩扮演妈妈。在想象的角色扮演游戏中，幼儿逐步发展起新的自我约束的形式，在人格上打上男子汉或妇人气的烙印，从而获得主动性的发展，并能主动制订计划，努力实现目标。

象征性游戏在这一阶段人格的发展中起着重要作用。游戏可以帮助儿童在可能性的范围中定向，"使他辨认想象与可能性之间的最初界限，使他辨认在文化环境中什么是最有效的，什么是被允许的"[①]。通过在游戏中表现内心冲突和焦虑，扮演角色，使危机得到缓和，并且使前一阶段发展遗留下来的问题得到解决。儿童正是在角色扮演游戏的过程中，进行模仿和学习，并内化形成自己的人格特征。图1-18是两个女孩抱娃娃，分别扮演娃娃家的妈妈和姐姐；图1-19是一个女孩在扮演妈妈，给娃娃扣扣子。

图1-18　抱娃娃

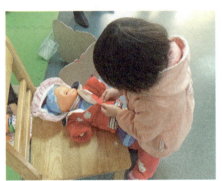
图1-19　给娃娃扣扣子

图1-20是汽车司机，他头戴的帽子上的绿点表示交通信号灯，目前是绿灯，所以他正驾车前行；图1-21是司机把车停进了地下停车场。

图1-20　当汽车司机

图1-21　把车停到地下停车场

---

① 邱学青著：《学前儿童游戏　第四版》，江苏教育出版社2008年版，第53页。

弗洛伊德和埃里克森的观点是一脉相承的。埃里克森认为儿童的游戏阶段随着人格的发展而发展，每个阶段任务不同，在这个阶段如果发展好了，就会形成完美的人格，反之则形成相反的人格。因此，为了帮助儿童能够顺利度过人格发展的不同阶段，不同阶段游戏的形式应各不相同。0~1.5岁阶段，可以多和孩子玩亲子游戏；1.5~3岁阶段，多和孩子玩感知运动的练习性游戏；3~6岁阶段，多玩角色游戏。

精神分析学派的游戏理论对儿童游戏的动机进行了深入的研究，强调游戏对儿童人格发展和心理健康的价值，唤起了人们对游戏在童年早期对儿童发展的作用的重视。这就启示幼儿园要多给儿童玩游戏的时间和空间。在不同的年龄阶段，要针对儿童不同的人格发展特点、游戏阶段特点，给儿童玩不同类型的游戏，以促进其人格的健康发展。但是，这些理论带有明显的临床诊断的色彩，缺乏代表性，且过分强调"性"的作用，强调了个体的生物性，忽略了社会性。

选购玩具小知识[①]

不少教育工作者及家长都十分关心为孩子选购玩具的问题，甚至包括买怎样的图书、提供怎样的影视作品等。下面两个实验会给大家以启示。

1. 攻击性玩具刺激并提高了攻击性行为

国外有学者利用玩具进行了关于攻击性行为的实验研究。首先对所有儿童的攻击性水平进行评估，按得分高低分为三组：A组儿童玩攻击性玩具，B组儿童玩中性玩具，C组儿童留在活动室里什么也不玩。研究结果表明：A组的攻击性行为增加，使用了攻击性玩具之后，本来没有攻击性行为的男孩，在活动室里的攻

---

① 引自刘焱著：《儿童游戏的当代理论与研究》，四川教育出版社1988年版，第45~46页。

击性行为都增加了。这说明儿童玩攻击性玩具不仅不能降低儿童的攻击性行为，而且能够增加儿童的攻击性行为。攻击性玩具刺激并提高了攻击性行为。

因此，成人在为儿童提供玩具的时候，应尽可能减少提供攻击性玩具，并且减少这种提供机会。例如，有些教师会建议孩子从家里带玩具来，要尽量避免孩子带有攻击性倾向的玩具到幼儿园里来，也要建议家长尽可能少给孩子买有攻击性倾向的玩具。

2. 攻击性行为是后天习得的，而非天生的

美国心理学家班杜拉（A. Bandura，1961）开展了玩偶观察实验，采用实验室观察的方法研究了72名幼儿园儿童的攻击性行为。他把儿童分为A、B两组，分别观看两名成人榜样。其中，A组观看的是一个妇女安静地、耐心地玩桌子上的拼图玩具，妇女身后有一个成人大小的充气玩偶，A组儿童看到的都是妇女在桌子旁边拼图。B组观看的是同样的房间，桌子上也有拼图但无人，一个妇女站在玩偶身上，用拳头打、用脚踢玩偶，并骂玩偶："我恨你，我打死你。"B组儿童看到的是妇女对玩偶做出攻击性的行为。

两组儿童看完后，班杜拉让所有的儿童分别单独进房间，观察这些儿童在相同的情境中会做出怎样的行为。A组儿童进来以后大部分的注意力、大部分的时间都在拼图上，他们都去拼图。拼完以后他们会在这个房间里面转悠，他们会去看那个玩偶，会去摸那个玩偶，围着那个玩偶转一下，但是他们不会去打那个玩偶。B组儿童进房间后直奔玩偶，用脚踢，用拳头打，用头去撞，更有甚者往玩偶身上吐口水。

研究结果表明，儿童在相同情境下，观察到不同的行为，从而表现出不同的行为。那些观看过暴力榜样的儿童模仿了攻击性行为，他们不仅模仿看到的成人的动作，而且有新的攻击性行为出现，表现出更多的攻击性行为。通过这个研究，班杜拉认为攻击性行为是后天习得的。

可见，成人在给儿童提供榜样的时候，应尽量减少攻击性行为的榜样。给儿童提供的图书、电视、各种媒体都要注意儿童观看、模仿的对象。电视频道的节目，给儿童提供的玩具、图书都需要精心选择，国外进口动画片、图书、玩具等也要注意为儿童甄别。

三、认知发展学派的游戏理论

代表人物为瑞士著名心理学家、认知发展学派的皮亚杰（J. Piaget，1896—1980）。他认为很多游戏理论把游戏看作是一种孤立的机能或活动，导致不能正确地解释这种儿童期所特有的现象。因此，他把游戏放在儿童智力发展的背景中去考察，认为游戏是智力活动的一个方面。

（一）游戏的本质

皮亚杰用"同化"和"顺应"两个生物学概念，来说明有机体的生命活动及其行为。"同化"是个体把外界刺激所提供的信息整合到自己原有的认知结构中，"顺应"是当外部环境发生变化，原有的认知结构无法同化新环境所提供的信息时，所引起的认知结构的重组与改造。他指出，游戏的本质就是同化大于顺应。游戏是同化、顺应之间的不平衡。游戏时，儿童并不发展新的认知结构，而是努力使自己的经验适合于当前存在的结构。

（二）游戏的发展阶段

根据儿童认知发展的阶段和儿童游戏行为，皮亚杰把儿童游戏分为三个发展阶段。

1. 练习性游戏（0~2岁）

这是游戏的最初形式。此年龄段的儿童尚未真正掌握语言，其认识活动处于感知运动水平，即只是依靠感知和动作的协调活动来认识事物和解决问题。这时的游戏是为了获得"机能性快乐"而重复习得的活动，不包含任何象征性或特殊的游戏方法。这种游戏的驱力不是外在的，也不是内在的，游戏动作本身就是强力因素，"动"即快乐。

2. 象征性游戏（2~7岁）

所谓象征，是一种符号系统。象征活动是指真实事物不在眼前时，用其他事物来代替，它是由"信号物"和"被信号化之物"构成的一种心理结构，即表征。在象征性游戏的表征结构中，"信号物"和"被信号化之物"之间的联合完全是主观的，它是个人的思维产物。象征性游戏又分为两个阶段。

（1）阶段一：象征性游戏顶峰阶段（2~4岁）

这一阶段的象征性游戏可分为三类，代表三种水平，即：①自我模仿和模仿他人；②使物与物、人与人等同；③象征性的组合。

（2）阶段二：由象征而接近现实的游戏（4~7岁）

这一阶段的象征性游戏有三个特点，即：①游戏情节相对较有秩序，比较连贯；②不断提高对逼真性的要求；③出现了集体的象征活动。

3. 规则游戏（7~ 11、12岁）

游戏逐渐失去了具体的象征性内容，进一步抽象化。规则在游戏中成为中心，儿童按照规则进行游戏，按既定的规则控制自己的行动。

皮亚杰认为结构游戏是象征性游戏向非游戏活动的过渡，它最初包含有象征性的成分，以后逐渐变成真正的智力活动。

以皮亚杰为代表的认知发展学派的观点，从儿童认知发展的角度来解释儿童的游戏，并且在此基础上划分出儿童游戏发展的不同阶段，主张儿童自由自发地参与各种活动，在与环境互动的过程中获得知识。因此，教师需要做的事情就是提供环境、观察、等待和回应，支持儿童主动与环境发生互动，建构自己的知识经验，较少关注儿童社会性及情绪情感等方面的发展。

四、社会文化历史学派的游戏理论

社会文化历史学派是苏联最大的一个心理学派别，主要成员有维果斯基、列昂节夫、艾里康宁等，他们在阐述心理学思想时涉及儿童游戏的问题，以辩证唯物主义和历史唯物主义为基础，开创了与西方不同的游戏理论。

（一）游戏的社会起源

维果斯基从文化历史发展的角度探讨儿童的游戏问题，认为考察儿童的游戏活动，应该首先从考察儿童游戏活动的诱因与动机这一特殊的方向开始。儿童游戏出现的诱因是：当儿童在发展过程中出现大量的、超出儿童实际能力的、不能立即实现的愿望时，游戏就发生了。

他认为游戏是社会性实践活动，儿童看到周围成人的活动，就把它模仿迁移到游戏中，强调游戏的社会性情感诱因。儿童在游戏中产生的情感，根源于他与成人的关系。

（二）游戏的教育作用

列昂节夫主要从活动的角度研究游戏及其心理学基础。他认为当动机是活动过程本身的时候，这种活动就是我们平常所称的游戏。从某种程度上讲，游戏是学前儿童的主导活动。他指出，我们称之为主导活动的不是儿童某一发展阶段最常见的一种普通活动，而是由于这种活动的发展与儿童心理发展最重要的变化有关系，而且那些准备使儿童过渡到新的、更高发展阶段的心理过程就是在这种活动里得到发展的。

维果斯基认为游戏在儿童发展中起着巨大的作用，它创造了儿童的最近发展区。他认为儿童有两种发展水平，一种是现有的发展水平，另一种是通过别人的帮助和自己的努力达到的水平。这两种水平之间存在差异，差异的消除就是"最近发展区"。游戏是在学前期促进认知发展的适应机制。在游戏中，儿童的表现总是超越他的一般年龄，超越他的每日行动，儿童似乎比自己"高一个头"。另外，在游戏中，儿童心甘情愿地遵守社会规则，比较能够了解社会的模式形态与期望，并且努力表现出与之相符合的行为。因此，儿童游戏中蕴含着巨大的教育价值。

（三）角色游戏是典型活动

艾里康宁是苏联现代游戏理论的主要代表人物。他认为角色游戏是学前儿童的典型游戏，是学前儿童最主要的游戏，也是较发达的一种游戏形式，研究儿童游戏应当以角色游戏为主要对象。因此，其理论被称为儿童角色游戏理论。

他认为儿童的角色游戏是在一定的历史发展阶段上，由于生产力的发展而引起儿童在社会生产劳动中的地位发生变化所产生的结果。儿童的角色游戏不是个体自发出现的，而是由于社会的需要出现的。成年人为了使未来的社会成员具有掌握任何工具所必需的一般能力，为儿童创造了练习一般能力的专门物品——玩具，并通过玩具教会儿童正确使用的方法。儿童也借玩具来模仿他们想参加又不能参加的生产和生活活动。

从个体的角度来看，角色游戏是由于儿童与成人间关系的改变而导致的。角色游戏中的角色是在成人与儿童的协调活动中发生和发展起来的。儿童游戏是社会性的活动，游戏的内容是社会性的，游戏的主题来自儿童的生活。儿童游戏的内容是按照后面的规律变化的：从再造实物活动到再造成人之间的关系及成人与儿童之间的关系。

可见，社会文化历史学派的游戏理论强调游戏并非仅仅是一种活动形式，而是学前儿童发展的源泉，是儿童社会化的工具。通过游戏，儿童可以掌握社会规则和文化习俗，了解角色、规则、关系、社交技能、适宜的行为方式、自身行动对他人产生的影响等内容。因此，该理论主张成人应该积极地与儿童互动，成人参与游戏可以提高儿童的能力和游戏水平。教师应当为儿童创设丰富的环境，积极参与儿童的游戏，敏锐地观察与捕捉儿童的需要和想法，并在合适的时机为儿童提供适宜的帮助。

第三节　幼儿园游戏的基本理念

一、幼儿园游戏的特点

幼儿园游戏不同于自然状态下的游戏，而是在幼儿园这一特殊的教育背景和环境中发生的游戏，因而有其独特的特点。

（一）同伴群体的稳定性

幼儿园以年龄分班，每个班级的人员、数量、性别等都相对稳定，幼儿结成的伙伴关系相对稳定。每个班级的幼儿生活在相同的物质空间里，年龄相当，兴趣相似，相互交往的机会多，弥补了在家庭中缺乏同龄伙伴或同龄伙伴很少的缺憾，使幼儿在频繁的相互交往中逐渐学习与人交往，学会协商和解决矛盾冲突，掌握社会规则，实践问题解决策略，逐步实现社会化。

（二）游戏环境的教育性

幼儿园环境是专业教师根据教育目的和要求精心设计的环境。教师将教育的意图客体化、物质化，让幼儿在与环境的互动中获得发展。游戏环境不仅根据不同年龄幼儿游戏发展的特点和水平设置，符合幼儿的兴趣和发展需要；而且所准备的游戏材料和玩具设备都符合安全卫生要求，保证幼儿的身体健康与安全，能够避免和减少意外伤害事故，以及防止不安全隐患的发生。

（三）学习经验的丰富性

幼儿园课程是精心组织的一日生活经验。幼儿在幼儿园不仅能直接感知到与同伴交往的快乐，也能通过教师组织的丰富多彩的活动，不断获得新经验。幼儿园利用幼儿身边的花草树木、鱼虫鸟兽、时间空间、逸闻趣事等丰富的课程资源，为幼儿提供直接感知、实际操作的机会，让幼儿充分感知和体验。教师引导幼儿就感兴趣的事情展开讨论，鼓励幼儿各自发表自己的看法，共同梳理零散的、不完整的经验，彼此分享并使经验得以生长。在这一系列过程中，游戏作为幼儿园的基本活动有机地贯穿其中，支持幼儿获得丰富的学习经验。

二、幼儿园游戏的分类

我国幼教界学习和借鉴国外游戏理论，结合自己本土实际，考虑到游戏的目的性与创造性，游戏者的主动性与被动性，游戏者个体与社会、认知与情绪、生理与心理等多个维度，在实践中形成了幼儿园游戏常见的几种分类方法。

（一）创造性游戏和有规则游戏

幼儿园游戏可分为创造性游戏和有规则游戏，创造性游戏包括角色游戏、结构游戏、表演游戏；有规则游戏包括智力游戏、音乐游戏、体育游戏。这种分类方法于20世纪50年代学习自苏联。苏联关于游戏分类的方法对我国影响根深蒂固，目前仍然是幼儿园游戏分类的主要方法。

在幼儿园实际操作过程中，创造性游戏和有规则游戏的组织，存在分时段、分场地的情况。创造性游戏时段，幼儿可以相对自由地选择自己喜欢的游戏区，教师干预较少，幼儿游戏的自由度相对较高。有规则游戏时段，幼儿选择游戏的自由度较小，教师事先提供活动场地和材料，幼儿都操作同样的材料或轮流操作材料。具体分类和相应区域参见图1-22。

（二）认知发展角度的游戏分类

瑞士心理学家皮亚杰根据认知发展的阶段把游戏分为四种形式。

1.感觉运动游戏

又叫练习性游戏，是儿童认知发展早期阶段的一种游戏形式。儿童通过感知和动作来认识环境，最初以自己身体为游戏的中心，逐渐过渡到摆弄与操作具体物体，不断反复练习已有动作，从练习中尝试探索、发现新的动作，使自己获得发展。游戏的驱力是"获得机能性快乐"，"动"即快乐。游戏的形式为徒手或重复操作物体。

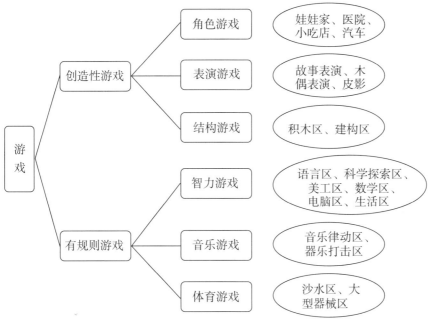

图 1-22 幼儿园游戏分类及相应区域

2. 象征性游戏

象征性游戏是幼儿园典型的游戏，角色游戏是其最主要的表现形式。象征即用具体的事物表示某种特殊的意义，游戏中出现象征性替代物，即，把一个东西当作另一个东西来使用的"以物代物"，把自己当成别人或分别扮演不同角色的"以人代人"。通过象征性游戏，儿童思维可以脱离对当前事物的知觉，以象征性替代物或语言符号进行思维，提高了儿童的认知发展水平。

3. 结构游戏

也称建构游戏。结构游戏是儿童利用各种不同的结构材料来建构、反映现实社会生活的游戏形式。它的前期是象征性建构活动，后期逐渐发展成为一种智力游戏。因此，结构游戏是游戏活动向非游戏活动的过渡。结构游戏在幼儿园不同年龄班都存在，是幼儿喜爱的一种游戏形式。高楼、大桥、塔是常见的建构主题。根据幼儿的不同发展水平和所提供的不同建构材料有不同的建构形式和建构水平。

4. 规则游戏

是指儿童按照一定的规则进行的、带有竞赛性质的游戏。参加游戏的儿童人数一般在两人以上。

（三）社会性发展水平角度的游戏分类

美国学者帕顿（M. Parten，1932）从儿童社会行为发展的角度，把游戏分为六种类型。

1. 偶然行为

儿童不是在玩，只是注视自己身边突然发生的自己感兴趣的事物，或摆弄自己的身体，或从椅子上爬上爬下，到处乱转，或坐在某个地方东张西望，无所事事。因此，也称作无所事事阶段。

2. 旁观

儿童作为游戏的旁观者，大部分时间在旁观其他儿童玩，听他们谈话，或向他们提问，但没有参与游戏的意图；只是观察、注视某几个儿童或群体的游戏活动，对所发生的一切心中有数。

3. 独自游戏

儿童单独一个人玩玩具，所玩的玩具和周围其他儿童的不一样；只专心于自己的活动，不管别人在做什么，也没有做出接近其他儿童的尝试。

4. 平行游戏

儿童仍然独自玩，但他所玩的玩具与周围儿童所玩的玩具类似，在周围儿童的旁边玩，但不一起玩。

5. 联合游戏

儿童以自己的兴趣为中心，开始有较大的兴趣与其他儿童一起玩，在同一个集体中开展游戏，时常发生一些诸如借、还玩具，短暂交谈的行为，但没有建立共同目标。儿童个人的兴趣还不属于集体，只做自己愿意做的事情。

6. 合作游戏

儿童以集体的共同目标为中心，在游戏中相互合作并努力达成目标。游戏中有明确的分工、合作及规则意识，有一两个游戏的领导者。

三、幼儿园游戏的地位与作用

（一）游戏在我国幼儿园中地位变化的历史沿革

自幼儿园在我国成立之日起，随着政策法规的变化以及相关研究的进展，游戏的地位也随之发生着微妙的变化。

1. 从教法到课程：晚清和中华民国时期游戏的地位与作用

（1）认识到游戏的重要性

1904年，清政府颁布《奏定学堂章程》，即癸卯学制，首次将学前教育纳入学制系统。《奏定蒙养院章程及家庭教育法章程》（以下简称《蒙养院章程》）是癸卯学制的一部分，是中国第一个学前教育法规。《蒙养院章程》总计四章，其中，第二章"保育教导要旨"，规定蒙养院的保育之法有四种：游戏、歌谣、谈话和手技。[①]

1916年颁布的《〈国民学校令〉施行细则》在第六章中对蒙养园的各个方面做了相关的规定。强调"保育之项目为游戏、唱歌、谈话、手艺"，"蒙养园应设备游戏园、保育室、游戏室及其他必要储室"。[②]

不管是1904年的《奏定蒙养院章程及家庭教育法章程》，还是1916年的《〈国民学校令〉施行细则》，游戏都是作为保教的首选项目。幼儿园还设有专门的游戏园、游戏室，足以说明当时游戏在幼儿园的地位十分重要。

（2）游戏成为幼稚园课程的组成部分

中国幼儿教育发展史上第一个《幼稚园课程标准》于1928年10月草拟，1929年试验、修改后，于1932年11月正式公布，1936年7月再作修订。《幼稚园课程标准》包括三部分，第一部分为幼稚教育总目标，共四条；第二部分为课程范围，包括音乐、

---

①② 中国学前教育史编写组编：《中国学前教育史资料选》（全一册），人民教育出版社1989年版，第96~97页、第225~226页。

故事和儿歌、游戏、社会和自然、工作、静息、餐点共七项，每项均列有目标、内容以及最低限度的要求，游戏被列入课程范围；第三部分为教育方法要点，强调这个时期课程不宜分科，而是按照儿童的生活活动来进行，学科服从活动的主题，以活动主题为中心组织课程。游戏是幼儿园的活动项目之一，是课程的一部分。

（3）教学游戏化与游戏性教育的理念

《幼稚园课程标准》的出台，源于中华民国教育部聘请以陈鹤琴为代表的11位专家的草拟、试验、修改和最后修订。陈鹤琴针对当时幼儿教育小学化的倾向，主张幼儿园应以游戏为主，使孩子能有生气地活动。同时，开始了我国儿童游戏的研究工作，提出了游戏就是工作、工作就是游戏的观点，非常重视游戏对儿童身心全面发展的价值。

陈鹤琴主张幼儿园树立"教学游戏化与游戏性教育"的理念。他认为："教学游戏化"就是以"做"为中心，以"做中教、做中学、做中求进步"为指导思想，强调儿童主动学习、积极参与，使活动变得更有趣、更快乐、更有进步。这正是"工作就是游戏"的具体体现。"游戏性教育"则是对游戏教育价值的肯定，通过游戏这种儿童感兴趣的活动来支配其动作，养成其习惯，发展儿童的潜能，这也正是"游戏就是工作"的体现。陈鹤琴的这种游戏化课程观正是《幼稚园课程标准》所倡导的理念。可以看出，游戏在幼儿园的地位举足轻重。当时出版的《幼稚园教材研究》一书中也有专门的章节来论述游戏教材及对游戏教材的研究。

2. 由中心到边缘：全盘苏化时期游戏的地位

（1）游戏附属于幼儿体育活动项目之中

1952年颁布的《幼儿园暂行规程草案》在第4章"教养原则、教养活动项目"第16条，将幼儿园的教养活动项目分为：体育、语言、认识环境、图画和手工、音乐、计算六类。其中体育包括日常生活、卫生习惯、体操、游戏、舞蹈和律动等。可见，游戏是体育项目中的一部分。

（2）重上课，轻游戏

在《幼儿园暂行规程草案》的指引下，出现了"重上课、轻游戏""重结果、轻过程"的现象。20世纪50年代至70年代的游戏呈现出全盘苏化的特点，更加关注成人的干预和指导。因此在实践中，教师成为幼儿游戏的导演者、指导者和教育者。游戏过程程序化，包括开始、进行、结束三部分。这个时期的游戏注重集体教育，忽视个别差异；注重追求结果，轻视过程体验；重经验模仿，轻儿童探索与发现。

3. 从手段到基本活动：游戏的重要地位回归并确立

（1）从具体操作层面关注和重视游戏

1981年颁布的《幼儿园教育纲要（试行草案）》对游戏进行了重新解读，开始在理论和实践层面关注和重视游戏。

第一，将游戏作为幼儿园的重要活动形式和手段。"幼儿园的教育任务、内容与要求是通过游戏、体育活动、上课、观察、劳动、娱乐和日常生活等各种活动完成的，不可偏废。"第二，强调纠正重上课、轻游戏等偏向，防止幼儿园教育小学化、成人化。"要纠正那种认为只有上课才能完成《纲要》，因而日常教育工作中仅仅注意上课，忽视游戏、观察、劳动、日常生活等重要活动的倾向。要防止幼儿园教育小学化、成人化。"第三，认为游戏是幼儿生活中的基本活动，是全面发展教育的手段。"游戏成为幼儿生活中的基本活动……游戏在幼儿园整个教育工作中占有极为重要的地位，是进行体、智、德、美全面发展教育的有力手段。"第四，明确规定了幼儿园游戏的具体类型，即"幼儿园的游戏可分为创造性游戏（角色游戏、结构游戏、表演游戏）、体育游戏、智力游戏、音乐游戏和娱乐游戏等"。第五，游戏的年龄特点得到尊重。明确指出了游戏要依据幼儿的年龄阶段而有所不同，游戏是上课的形式。"幼儿园的上课以游戏为主要形式。根据幼儿年龄特点，小、中班应尽量采用直观的、游戏的形式，以增进幼儿对学习的兴趣，大班则随着心理发展水平的提高，上课中游戏的因

图1-23　人民教育出版社出版的游戏图书

素逐渐减少，以便为入小学学习做好准备。"

另外，还出版了有关游戏的书籍。例如，1982年，人民教育出版社出版的教师用书《游戏》，内容涉及游戏、幼儿木偶戏、幼儿皮影戏等方面，系统介绍了作为基本活动的游戏的教育作用、年龄特征，以及各类游戏的特点与指导，并为教师指导幼儿表演游戏附了木偶戏剧本。1987年，人民教育出版社在为中等幼儿师范学校出版的教材《幼儿教育学》里，也把游戏作为专门的一章单列出来，说明了游戏地位的变化。1988年，江苏教育出版社也出版了专门的《游戏》教学参考书，阐述了游戏的重要作用，介绍了不同类型的游戏、玩具和材料。

（2）以游戏为基本活动，游戏是全面发展教育的重要形式

1989年颁布的《幼儿园工作规程（试行）》第4章第20条明确提出了"以游戏为基本活动，寓教育于各项活动之中"。第24条又提出："游戏是对幼儿进行全面发展教育的重要形式。"同时强调："应根据幼儿的年龄特点选择和指导游戏"，"应因地制宜地为幼儿创设游戏条件（时间、空间、材料）"，"游戏材料应强调多功能和可变性"，"应充分尊重幼儿选择游戏的意愿，鼓励幼儿制作玩具，根据幼儿的实际经验和兴趣，在游戏过程中给予适当指导，保持愉快的情绪，促进幼儿能力和个性的全面发展"。

1989年颁布的《幼儿园管理条例》在第3章第16条指出："幼儿园应当以游戏为基本活动形式。"1996年正式颁布的《幼儿园工作规程》重申并强调游戏是幼儿园基本活动，以游戏为基本活动，寓教育于各项活动之中。

可见，这一阶段开始重视游戏，逐渐意识到要把自由游戏的权利还给幼儿，但实践中还是存在将游戏作为科目的现象。幼儿在游戏中的主动性发挥不够，教师对于指导游戏存在较大的困惑。

（3）在国家文件的重要位置突出强调游戏，确立游戏的地位

2001年颁布的《幼儿园教育指导纲要（试行）》，第1部分"总则"第5条指出："幼儿园教育应尊重幼儿的人格和权利，尊重幼儿身心发展的规律和学习特点，以游戏为基本活动，保教并重，关注个别差异，促进每个幼儿富有个性地发展。"这是我国首次在法规的第一部分重要位置专门涉及游戏。第3部分第8条指出："幼儿园的空间、设施、活动材料和常规要求等应有利于引发、支持幼儿的游戏和各种探索活动，有利于引发、支持幼儿与周围环境之间积极的相互作用。"此外，《幼儿园教育指导纲要（试行）》还特别重视游戏帮助幼儿获得整体性学习经验的重要性，在第3部分"组织与实施"第6条指出："教育活动内容的组织应充分考虑幼儿的学习特点和认识规律，各领域的内容要有机联系，相互渗透，注重综合性、趣味性、活动性，寓教育于生活、游戏中。"第3部分第10条从可操作的层面对游戏指导提出了要求："善于发现幼儿感兴趣的事物、游戏和偶发事件中所隐含的教育价值，把握时机，积极引导。"可见，游戏的重要地位已经确立，并且在政策层面予以多方面的强调和阐述。

（4）游戏是幼儿独特的学习活动，游戏的重要性被再次强调

2012年颁布的《3—6岁儿童学习与发展指南》"说明"第4部分第3条指出："幼儿的学习是以直接经验为基础，在游戏和日常生活中进行的。要珍视游戏和生活的独特价值，创设丰富的教育环境，合理安排一日生活，最大限度地支持和满足幼儿通过直接感知、实际操作和亲身体验获取经验的需要，严禁'拔苗助长'式的超前教育和强化训练。"这不仅说明了幼儿学习的特点，而且指出游戏是幼儿园区别于小学的重要标志。

综上所述，我们可以发现幼儿园游戏的动态变化。在游戏内容方面，游戏由单一活动变成综合活动；在游戏地位方面，游戏从幼儿园的科目之一变成幼儿园的主要活动；在游戏功能方面，由游戏作为教学的手段形式到强调游戏活动本身的功能；在游戏

价值方面，从强调游戏的工具性价值到强调游戏的本体性价值；在游戏目的方面，从单纯追求游戏结果到强调游戏的过程体验；在游戏对幼儿的发展价值方面，从偏幼儿的认知或社会性到注重幼儿的全面发展。幼儿园以游戏为基本活动的理念已经深入人心，游戏的地位得以回归并确立。

（二）实现幼儿园以游戏为基本活动

1. 课程游戏化：实现课程与游戏的整合

幼儿园一日生活皆课程。幼儿园以游戏为基本活动，就是要努力实现幼儿园课程游戏化。课程游戏化并不是增加"游戏课"，不是在所有的活动中增加游戏的环节；更不是进行游戏设计和组织的比赛，细化并检查游戏计划等；也不仅仅是在一日生活中增加游戏的分量，增加游戏时间。游戏不再是附加的娱乐活动，也不再是改装的教学活动，游戏和幼儿园的课程是有机融合为一体的。

2. 活动区游戏：实现游戏与学习的融合

活动区是幼儿园小组化、个别化活动的主要场所，它不仅能营造自主宽松、无压力的，集教育性、趣味性、探索性和创造性为一体的个性化学习环境，而且能提供更加丰富的主动学习经验，促使幼儿进行多种形式的学习，让幼儿在玩中做、游戏中学，促进幼儿身心全面和谐的发展。因此，教师必须注重活动区环境的创设和材料的投放，将教育与学习的目的巧妙地渗透在活动区的环境和材料之中，实现游戏与学习的有机融合。

（1）活动区的概念与引入

活动区是指将活动室内空间划分为不同的区域，把活动材料按性质分为不同类别，相对集中安排在一个区域，供幼儿根据个人兴趣或组成小组，各自在不同的区域内开展自主探索和学习的活动空间安排和组织形式。活动区于20世纪30年代以非正规的开放教育形式出现在英国等西方国家，20世纪70年代盛行于美国，20世纪80年代末期、90年代初期传入我国。与此同时，蒙台梭利教育法和海伊斯科普课程（High/Scope）传入我国，都支持根据幼儿的经验和学习兴趣，把活动室划分为不同的区域。两种课程模式的活动区划分情况如表1-1所示。

表1-1 蒙台梭利教育法与海伊斯科普课程（High/Scope）活动区划分情况表

蒙台梭利教育法	海伊斯科普课程（High/Scope）
● 日常生活教育（基本动作、社交动作、关心环境的行为、照顾自己的行为） ● 感觉教育（视觉、触觉、听觉、味觉、嗅觉）和数学教育（算数、代数、几何） ● 语文教育（听、说、读、写） ● 文化课程（天文与地质、地理与历史、植物、动物、音乐）	● 数学和科学探究（数字和运算、几何和空间感、测量、规律关系和代数、数据分析）：积木区、木工区 ● 语言和阅读（语言、阅读、书写）：图书区、安静区 ● 社交能力和理解力（情感学习、社会性学习）：娃娃家、动植物区 ● 身体运动（运动技能和运动概念）：户外活动区、玩沙玩水区 ● 视觉艺术图书区（视觉艺术创造、视觉艺术欣赏）：美工区、音乐区

活动区理念和实践形式的传入，在我国幼儿园实践运用过程中，结合幼儿园实际情况，从各自不同的角度解读，产生了不同的名称，例如区域游戏、区角游戏、区域活动、活动区活动、活动区游戏、学习型区域等，各地根据情况不同在实施方式上也存在不同的做法。

（2）活动区的创设依据

活动区源于欧美开放教育的理念，传入中国后，因我国幼儿园普遍班额大、人数多等特殊性，不可能将欧美幼儿园活动区设置直接照搬，必须针对我国幼儿园实际情况，结合幼儿年龄特点和实际发展水平以及文化背景等因素全盘考虑。活动区数量与大小，需根据幼儿园班级幼儿人数与活动室面积合理设计。活动区的种类与目标，也要根据幼儿的兴趣和发展需要而定。活动区阶段性目标应依据本班幼儿发展水平和阶段性教育目标及主要任务，考虑幼儿的个体差异来制定。活动区材料的提供要根据不同活动区的教育目标而定。活动区的主题与内容来源，也应当依据幼儿的经验筛选（见图1-24）。

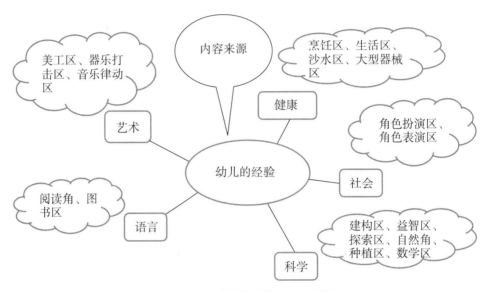

图 1-24　活动区的主题与内容来源

（3）活动区的指导

在活动区的指导方面，教师应当有清晰的目标意识，耐心观察并发现幼儿的经验点，认真思考活动区应当如何设置。要针对不同年龄班、不同发展阶段幼儿经验的层次性，仔细观察材料提供的适宜性，耐心放手让幼儿体验过程的趣味性。一定要尊重幼儿兴趣，给幼儿自主建构、学习的空间，支持引导幼儿和探索帮助幼儿以自己的速度和方式内化经验。

教师还要观察幼儿活动过程，根据需要及时调整。通过观察活动区中材料的使用频率、材料数量及难易程度等，了解幼儿的发展水平，及时做出相应的调整和支持，有针对性地加以指导。教师还要充分挖掘幼儿园现实的条件和资源，遵循幼儿身心发展的规律和学习特点，努力使活动区游戏化、趣味化，让幼儿投入地、有趣地和有效地活动，充实幼儿的新经验。

最后，教师要关注个别能力差、发展慢的幼儿。充分发挥活动区小组与个别学习的功能，鼓励幼儿相互交往、积极主动地探索表现，引导幼儿动用多种感官来学习，让幼儿不断获得新的经验。支持幼儿面对问题和挑战，能动用多种感官，进行经验的积累和重组，获得能力的提高。

3.减少过渡环节的等待：实现生活与游戏的契合

幼儿园一日生活是集体生活，从晨间入园开始，大体要经历早操、集体活动、区域活动、如厕、午饭、散步、午睡、起床、盥洗、午点、自由活动等环节，每个环节之间的过渡，一般都是集体进行。另外，幼儿园公共资源有限，幼儿人数多，幼儿园供幼儿喝水、如厕等场地资源不够，一次只能容纳一两个小组幼儿使用。这样，过渡环节就出现了不必要的消极等待现象，造成时间的隐性浪费。而且，从幼儿的能力和发展特点来看，还不能完全适应整齐划一的集体生活。幼儿身心发展不成熟，身体机能发育不完善。如厕、喝水、吃饭的饭量和速度、睡眠的时间长短及入睡快慢等都有个体差异。集体安排的作息时间，不一定能满足所有幼儿的需要。尤其是小班幼儿，有些胆子小的幼儿有便意却不敢擅自做主。因此，需要以游戏的方式组织过渡环节，在一日生活安排中增加游戏的时间和形式，给予幼儿充分的自由，避免大量的消极等待和无所事事，同时也能够充分尊重幼儿的个体差异和满足幼儿的不同需要。

可见，一日生活环节及不同环节之间的过渡环节可以与游戏紧密结合。实现生活与游戏的契合，不但要将游戏的精神和因素渗透在一日生活各环节的组织之中，而且要大力开发游戏的不同内容和形式，使得一日生活各环节的组织和开展更加有趣，吸引幼儿积极主动地参加活动，自己为自己的事情负责，促进幼儿各方面能力的发展。

思考与练习

1. 问题讨论

（1）幼儿游戏与成人游戏的本质区别？

（2）怎样理解游戏与课程、学习、教学的关系？

（3）如何理解"课程游戏化"的理念及实施？

2. 实践练习

借助皮亚杰、帕顿的游戏理论，为幼儿创设符合其认知发展水平和社会性发展水平的活动区。

3. 案例分析

运用精神分析学派的游戏理论，尝试对下列案例进行分析，并给案例中的教师提出指导建议。

某一天，飞飞家附近的商场失火，消防车花了大半天的时间把火扑灭，但烧焦后商场的残留物不能及时清理，成为一堆废墟。飞飞每天上、下幼儿园都会路过这堆废墟。之后不久，飞飞在幼儿园频繁地玩消防车救火的游戏。老师怕他只玩救火的游戏，影响全面发展，试图制止他再玩救火的游戏，但消防车救火似乎成了飞飞唯一的兴趣，老师为此十分烦恼。

第二章

幼儿园游戏的指导

| 学习目标 |

1. 了解幼儿园游戏指导的作用及价值。

2. 理解教师在游戏中的角色，形成正确的游戏指导观。

3. 掌握幼儿园游戏指导的策略与方法。

| 本章提要 |

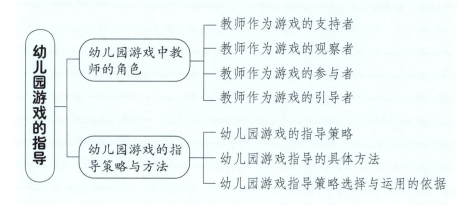

第一节　幼儿园游戏中教师的角色

幼儿园以游戏为基本活动，游戏是幼儿最好的学习方式。有教师指导的游戏更能促进幼儿游戏水平的提高和幼儿能力的发展。教师在鼓励幼儿自主探索、尝试的前提下，给幼儿以适当的帮助，不仅能使游戏得以继续延伸，增强游戏的趣味性和复杂性，而且能让幼儿在尝试的过程中获得成功感和胜任感。"幼儿能力的提高可以增强其游戏的质量和复杂性，而游戏质量和复杂性的提高反过来又有助于幼儿的学习和发展。"[1]

幼儿是游戏的主人，游戏过程中的指导应以幼儿的经验和兴趣、幼儿的问题为导向，教师在游戏中的角色是观察者、引导者、支持者与合作者。教师应当相信幼儿的游戏能力，放手让幼儿自己计划游戏进程、规划游戏环境、构思游戏情节、解决游戏中的问题和困难，引导幼儿从一个水平向另一个水平前进，从而促进幼儿的全面发展和能力的充分实现，达成游戏的最高目的。图2-1是幼儿园游戏指导流程图，可以帮助我们理解教师在游戏中的作用及其相互关系。

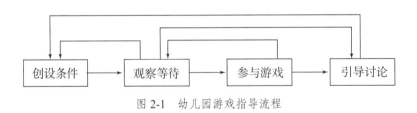

图 2-1　幼儿园游戏指导流程

从图2-1可以看出，教师进行游戏指导的基本流程包括四个环节：创设条件、观察等待、参与游戏、引导讨论。《幼儿园教育指导纲要（试行）》主张，教师应成为幼儿学习活动的支持者、合作者、引导者。幼儿的游戏就是幼儿的学习，在幼儿的游戏活动中，教师扮演着什么样的角色，直接影响游戏的质量。根据游

---

[1] ［英］尼尔·本内特等著，刘焱、刘峰峰译：《通过游戏来教——教师观念与课堂实践》，北京师范大学出版社2010年版，第7页。

戏指导的流程，教师在每个阶段所担任的角色各有偏重，主要扮演着支持者、旁观者、参与者和引导者的角色。

一、教师作为游戏的支持者

蒙台梭利主张让幼儿在适宜的环境里从事愉快的活动，通过有趣的"工作"来塑造自己的精神，才能使幼儿达到正常化。因此，为幼儿创设良好的游戏环境，有利于促进幼儿的发展。教师的支持作用主要体现在创设环境、提供玩具材料和游戏经验等方面。

（一）经验支持

首先，倾听幼儿的想法，了解幼儿的兴趣所在。幼儿有自发游戏的需要和愿望，教师应当认真倾听幼儿的想法，了解幼儿的需要，尊重幼儿的观点，鼓励并支持幼儿选择自己喜欢的主题和角色。

其次，关注核心经验。幼儿会在游戏中模仿再现零散的生活经验，有时候彼此孤立的经验也会被幼儿临时组合进游戏中。在与同伴一起游戏时，这些支离破碎的经验片段会发生碰撞，致使游戏情节无法延伸，因而会产生幼儿之间的矛盾冲突。教师需根据幼儿的年龄特点和发展水平，帮助幼儿筛选和扩展经验，支持幼儿在游戏中充分交流、积极互动、大胆表现，使各方面能力得到进一步发展。

菜场游戏

中班菜场里，涛涛和琪琪一边用橡皮泥做蔬菜，一边迎接买菜的顾客。这时，强强加入了游戏。他环顾了菜场一周，也加入进来："我来做点面条卖吧！"说着就开始用橡皮泥做起面条来。这个时候，涛涛对强强说："不对，我们这是菜场，不卖面条，只卖蔬菜。"强强说："不对，我妈妈经常从菜场给我买面条回来吃的。可以卖面条的。"听了他们的对话，正在忙着做蔬菜的琪琪也停下了手中的事情，说："卖面条的。菜场里还卖鱼呢，还卖小零食！"涛涛去请来了教师，对教师说："老师，我们在玩菜场的游戏，菜场里只卖菜的，不卖面条的。他们非要卖面条！"教师询问之后，提议说："那可不可以放学之后请爸爸妈妈或爷爷奶奶带你们去逛逛菜场，看看菜场到底卖什么？"在后续的活动中，教师引导幼儿进行了关于"菜场都卖些什么？"的讨论，请幼儿分享自己逛菜场的经验，从而丰富了幼儿关于菜场的经验，使得游戏的内容更加丰富。

（二）心理支持

宽松、自由的心理氛围更能激发游戏者的动机。游戏是自发、自愿、自主的活动，营造宽松自由的游戏氛围能给幼儿传递开心游戏的暗示或信号，让幼儿有自由表达自己愿望、自主选择游戏的权利，有被接纳和被许可的感觉。在没有催促、没有压力、没有指责、没有批评的安全的心理氛围中，幼儿引路，教师追随，给幼儿自由的心理空间，给幼儿提供各种不同选择，充分调动幼儿参与的积极性和主动性，鼓励他们自主探索、自由创造、大胆表现、大胆创新。

（三）环境支持

玩具是幼儿的教科书，材料是游戏的支柱，游戏离不开玩具材料。教师应当根据幼儿的游戏需要和兴趣、年龄特点和游戏发展水平创设游戏环境、提供材料；并在游戏过程中根据幼儿的需要，及时增加相应材料，满足幼儿因游戏情节发展而不断变化材料的需要；同时根据幼儿在游戏中的经验的增长，给予积极的环境支持。

刷卡机游戏

教师观察到幼儿在乘坐两人座的私家车时用手触碰车门，嘴里还发出"嘀"的声音，便顺势指导幼儿把日常生活中乘公交车刷卡的经验迁移到游戏中来，在车门处设置了一个用废旧纸盒做的刷卡机。随着这个刷卡机游戏材料的添置，公交车的游戏应运而生。可见，教师根据幼儿游戏情节的发展，及时添加具有标志性意义的材料，既丰富了游戏情节，又保护了幼儿自主游戏的快乐，促进了幼儿游戏的发展。

图 2-2　上公交车刷卡

二、教师作为游戏的观察者

（一）观察并读懂幼儿的行为

1. 在游戏中读懂幼儿的行为

游戏是幼儿自主自愿的活动，不是成人强加的逼迫性活动。幼儿有权决定游戏中的一切。游戏的主题、游戏的玩具和材料等都要以幼儿的需要和兴趣为出发点，游戏的情节和内容应当是幼儿自己经验的再现，游戏中出现的矛盾、纠纷要以幼儿的方式、方法来解决。因此，游戏提供了幼儿引路、教师跟随的真正机会，这种跟随需要教师了解游戏中幼儿行为的原因、意义，真正读懂幼儿。例如，图2-3和图2-4中的正、反小凳子，如果以成人的眼光，看见的可能仅仅是凳子没有按常规摆放，但如果仔细观察幼儿的行为，就会发现没按常规摆放的凳子是娃娃家的妈妈给宝宝洗头用的盆子。

图 2-3　自制洗头盆　　　　　　　　　　　图 2-4　给娃娃洗头

2. 在游戏中全面了解幼儿的发展状况

在游戏中观察幼儿的行为，能全面了解幼儿的发展状况及发展潜力。对幼儿游戏的观察绝对不是一件浪费时间的事情。有目的的观察会提醒教师关注幼儿落后于或超前于正常水平的需要，密切注意幼儿在游戏中的各种状态，知道他们的所需所想。只有读懂并尝试理解不同发展需要的幼儿，才能避免教师凭主观意愿不切实际地空洞说教，才能促进每个幼儿在原有的水平上得到发展。

（二）发现并欣赏幼儿的能力

幼儿是游戏的主人。幼儿的游戏不仅是一种看得见的行为，更是一种内部体验的活动。游戏中的幼儿有着自己反映经验的逻辑，在游戏中会表现出幼儿世界的"真、善、美"。当教师作为旁观者时，才能静下心来去发现幼儿想象的天真、行为的可爱，惊叹幼儿创造的潜能，从而带着欣赏的目光去关注幼儿，这会给幼儿极大的鼓励和成就感。只有了解幼儿的真实想法，捕捉到幼儿的需要，教师才能避免指导的盲目性；只有建立在幼儿需要和兴趣基础之上的指导，才是幼儿喜欢和乐于接受的。

可见，游戏是幼儿自主选择的活动，在游戏过程中"玩什么、怎样玩"都由幼儿自己决定。教师如果缺乏对幼儿游戏过程的观察，以自己预先想好的情节去要求和指导幼儿游戏，就可能与幼儿的实际经验相分离。观察能力是帮助教师从新手成长为专家的必要条件和重要途径。教师随时要检测幼儿在游戏中的发展进程，并将幼儿的现实发展状况与幼儿发展和成熟的水平作比较。

卖饼游戏①

在一次中班角色游戏中，教师事先在美食街游戏区投放了许多一次性杯子。杯子里装满了五颜六色的奶茶，不同造型的糖葫芦串插在废旧的泡沫蛋糕盒上。所布置的环境让人联想到现实生活中的奶茶店。游戏开始，有一男一女两个孩子来到美食街做服务员，他们好奇地看了看放在台面上的奶茶和糖葫芦串，等待着有顾客来买东西。过了一会儿，一名男孩冲到奶茶店，兴奋地问："有饼吗？"服务员立马高兴地回答："有，有，有，你要什么饼？"男孩："我要肉馅饼。"两个服务员激动地开始用纸张做饼，并说："请稍等，我们马上就做好啦！"只见一个服务员用手在桌子上划了几下，然后拿起一张小圆纸，对男孩说："给你肉馅饼。"在等待买饼的过程中，后来的孩子自动排在后面。

教师看到奶茶店门口排了四五个孩子，非常欣喜地走到一名刚买完煎饼的女孩面前，问道："你买的是什么口味的奶茶啊？是草莓味的、香蕉味的还是菠萝味的啊？"女孩一脸茫然地看着教师，说："我没有买奶茶，我买煎饼给宝宝吃。"可见，这名教师并没有耐心细致地去观察幼儿真实的游戏情况，而是仅仅根据奶茶店的环境创设情况去直接指导幼儿的游戏，结果教师的问题难以和幼儿的游戏行为相对应，造成了指导的盲目性。

---

① 引自刘焱编著：《幼儿园游戏与指导》，高等教育出版社2012年版，第275页。

（一）参与游戏，促进游戏情节的延展

在游戏中，幼儿有时会冷落某个曾经感兴趣的游戏主题。遇到这种情况，教师不要以为幼儿不喜欢玩了就轻易放弃。教师可以通过角色扮演参与到游戏中，扮演不同角色与幼儿积极互动，了解游戏的进展，再次激发幼儿的兴趣。教师还可以利用观察发现幼儿的游戏情节出现的新苗头，从而跟随幼儿的兴趣和需要，为他们提供支撑游戏得以延续的材料，还可以通过谈话帮助幼儿对已有经验进行回顾，支持幼儿自主游戏。

（二）参与游戏，了解幼儿动态经验

图2-5　玩碰碰车

游戏是过程性体验。对某一个场景或情节的片段观察，不能全面了解事情发生的前因后果，容易导致片面的主观判断，有可能干扰甚至打断幼儿的游戏。因此，教师参与到游戏中，有助于随时把握幼儿游戏的过程，深入了解游戏中的问题。

图2-5游乐场游戏中，两个身上套着游泳圈的孩子不断地相互碰撞，男孩几乎要把女孩撞倒在地。他们在干什么？ 见此情况，教师走进游乐场问："这是什么好玩的？ 怎么都摔跤啦？ 我也一起玩，好吗？ "两个孩子开心地说："我们在玩碰碰车呢！"

图2-6也是游乐场游戏。三个孩子不断地抢摆放在一起的椅子，局外人根本不知道他们在干什么。教师参加进去和孩子一起玩，才知道孩子们在坐转椅。因为转椅不能动，他们就自己移动，通过依次坐不同的椅子来表示转椅的转动。

成人参与幼儿的游戏可以提高幼儿游戏的质量及技巧。但教师对幼儿游戏是否应该介入、如何介入以及介入到什么程度，各

家学派看法不一，有的主张完全不介入，有的主张可以直接指导和干预。出生于新西兰、成名于美国的游戏研究专家萨顿·史密斯（B. S. Smith，1924—2015）等比较了"游戏—教导"和"技巧—教导"两组幼儿的差异。"游戏—教导"即以游戏作为主要的教育与活动方式，注重幼儿的过程体验，而"技巧—教导"则是通过教师传授技能，注重技能的获得与掌握。结果表明两组幼儿在语言和认知能力的进步方面分数差不多。但"游戏—教导"组的幼儿在自由游戏时间的想象活动，以及在喜欢扮演的角色方面的表现，比"技巧—教导"组的幼儿好。这说

图 2-6　转椅游戏

明，成人参与和介入幼儿游戏能提高幼儿的游戏能力。

四、教师作为游戏的引导者

教师在游戏中作为引导者的角色，体现在游戏结束后引导幼儿梳理经验方面。教师在每次游戏结束后，引导幼儿抒发游戏中的情绪体验，帮助幼儿在相互的对话、讨论中，使获得的零散经验得以系统化，在相互学习中建构新的经验和知识。

（一）引导幼儿分享和交流经验

参加游戏活动是幼儿之间相互学习的最佳时机，幼儿可以向教师学习、向同伴学习、向环境学习。教师要善于让幼儿学习和分享彼此的经验。游戏结束后的讨论就是一个让幼儿相互学习的机会，把一名或几名幼儿时常碰到的问题拿出来供大家讨论，充分发挥幼儿学习的主动性，不仅使全体幼儿在同一种情景中学习和了解彼此的经验，而且节省教师重复劳动的时间和精力，达到了游戏与教学活动相融合的效果。

而且，幼儿自己的经验反映着他们对人对事的理解，每个幼

儿反映的角度不同、立场不同，对待同一件事情的态度和方法也不同。由此，可能导致他们在游戏中出现矛盾和冲突，但是幼儿并不能意识到造成冲突背后的原因。因此，教师在引导幼儿进行分享和交流时，不妨把幼儿关注的问题、矛盾冲突的焦点拿出来讨论，帮助幼儿学会发现别人与自己的不同，学习不同的问题解决办法和态度。要做到这一点，教师就必须让幼儿共同就一个问题展开对话和讨论，引导幼儿在原有经验的基础上分享彼此的想法和观点，对一个问题不仅明白"是什么"，还要明白"为什么""怎么办"。同时，成人给予适时的引导，既能丰富幼儿已有的经验，也能发展幼儿的实际能力。

银行的标志

在一次角色游戏分享中，因有幼儿说找不到银行而引发了讨论，原因是银行的标志不明显。教师引导幼儿就下次游戏怎样使银行的标志更明显展开讨论，有的说做个工商银行的标志，有的说做个中国银行的标志，也有的说做个商业银行的标志，等等。可见，虽然银行对于幼儿来说还较抽象，但它的某些功能幼儿已有一些感性认识。讨论后，教师带领幼儿到周边方便的地方去观察银行，开展制作银行标志、参观银行等活动，幼儿就会获得更多的知识和经验。

（二）引导幼儿整理和提升经验

幼儿在游戏中常常会把自己对真实社会的局部的、不全面的理解反映在游戏中，这些在成人眼里是可爱又可笑的。例如，在游戏中会出现银行的钱可以随便拿、只要生病就得打针等情景。幼儿的经验有些会随着年龄的增长逐渐完善，有些却会形成不合适的、甚至是错误的观念，只有引导幼儿把凌乱的经验梳理清楚，才能使游戏情节得以丰富，促进幼儿逐渐形成完整和正确的经验体系。教师要引导幼儿讨论并说出自己的经验和看法，把幼儿单一的、点状的知识点串联起来，使他们在玩游戏的过程中逐渐学习适应社会，形成正确的价值观和判断是非的能力。

每个幼儿在游戏中都是以最佳状态，轻松、自由、愉快地再现自身经验的，而这些经验在现实生活中或许还没有机会表现出来。每个幼儿的经验又是不同的，让幼儿讲出自己成功的经验，并引导幼儿讨论，这是一个师幼之间、幼儿之间相互学习的过程，也是对幼儿经验的梳理和总结，达到了提升幼儿经验的效果。

信号灯的故事

中班幼儿在玩汽车游戏的过程中，常常出现车与车发生碰撞的现象。游戏中有交警，但教师发现幼儿对交警的职责并不清楚，他们总是在办公室接电话，或者开着"121车"到处跑。突然，一个司机停在原地不动，其他司机问："怎么停车了？"答："现在是红灯。"

教师观察了解到幼儿在游戏中出现了信号灯的需要，教师认为信号灯是与幼儿生活联系较为密切的事物。在第二天的游戏中，幼儿向教师提出要在活动室里放上信号灯，教师为幼儿提供了各种颜色的纸，并以提问的方式了解幼儿关于信号灯的相关经验。

教师："信号灯是什么样的？"

幼儿："是圆圆的灯，一个红灯，一个绿灯。"

教师："看看我们的百宝箱里有什么可以用来做信号灯的？"

幼儿在教师的帮助下做了两个简易的信号灯。为了方便用手举，信号灯由硬纸板做成，并贴上了彩色纸，上方是圆形彩灯，下方是长方形手柄。

一个幼儿很开心地拿着信号灯，站在斑马线前方，右手举起了红灯，嘴里同时倒数数字："10，9，8，7……"当他数到1换成左手举绿灯时，其他幼儿开始走过斑马线。

观察幼儿玩了两天的信号灯游戏后，为了进一步了解幼儿的想法，教师与幼儿进行交谈。

教师："举灯的时候为什么要数数呢？"

幼儿："我看到大马路上的信号灯都是带数字的。"

教师："那为什么倒着数呢？"

幼儿："数到1的时候大家就能走了。"

很快，教师发现了另外一个问题：活动室里只有一个方向有红绿灯。于是，教师在红灯亮着时，故意从交警的侧面纵穿了斑马线。

交警："老师，你违反了交通规则，现在是红灯！"

教师："没有啊，我没有看到红灯亮啊。"

交警："可是我手里的是红灯啊。"

教师："那为什么我没有看见呢？"

在一旁的幼儿说道："一个红灯只能管着自己这边和前面的人，不能管左面和右面的人。"

教师："那我们应该怎么办呢？"

大家想了一会儿后，教师引导幼儿回忆生活经验说："我们在马路上看到的红灯都是什么样的啊？"

幼儿："我们可以在老师走的那边再放一个信号灯。"

教师受不同的教育观、幼儿观、游戏观影响，会出现不同的指导行为。当观察到幼儿有使用信号灯的需求时，有的教师可能会自己加班加点地为幼儿做好现成的信号灯；当看到幼儿只有一个方向有信号灯时，有的教师会马上再安排角色。案例中的教师，把"通过对游戏过程的体验促进幼儿自主发展"作为其指导游戏的宗旨。对观察结果的分析、解释和运用，都是基于为幼儿提供自主体验的机会和促进幼儿主动性发展的考虑，有效地促进了幼儿的发展，同时保证了幼儿游戏的自由和自主。可见，教师作为幼儿游戏的参与者，通过为幼儿提供机会，增加材料，丰富经验，支持幼儿体验学习，可以有效地扩展和丰富幼儿的游戏情节。同时，有教师陪伴的游戏，不仅给幼儿以经验的支持，还能融洽师幼关系，增加幼儿游戏的乐趣。

（三）引导幼儿扩展和丰富经验

有些教师在指导游戏的过程中，发现幼儿的游戏情节总是没有新的发展，幼儿总是玩同样的游戏或是玩着和游戏环境主题完全不搭边的游戏。例如，在娃娃家里总是搭积木玩，或是在"理发店"里玩娃娃家的游戏。教师往往用幼儿游戏水平不高来解释幼儿的游戏行为。在具体实践中，我们发现教师的做法有两种：一种是会把游戏的经验告诉或教给幼儿，使幼儿在教师的操纵下学习游戏；另一种做法是教师看到幼儿不玩某个游戏，就换别的游戏，新游戏对幼儿所产生的新异刺激很快就过时了，幼儿很快又失去了兴趣。这样循环的结果只能是游戏停滞不前、主题单一、兴趣不稳定，幼儿玩不出新的游戏，教师不愿意组织游戏。

其实，幼儿总是玩同样的游戏或对某个主题不感兴趣，原因有两个方面：一是主题内容超出了幼儿的经验水平，幼儿缺乏这方面的经验；二是主题内容对幼儿不具有挑战性，幼儿对教师提供的玩具材料失去了兴趣。因此，教师可以组织相应的讨论活动以及与游戏相关的延伸活动，如参观、访问、实地体验等，帮助幼儿丰富和扩展已有的经验。随着幼儿经验的丰富和扩展，幼儿游戏的内容和水平也会随之丰富和提升，教师也可以随之投放不同的玩具和材料，支持幼儿游戏的深入进行。

图 2-7　为娃娃裁制衣服

第二节　幼儿园游戏的指导策略与方法

一、幼儿园游戏的指导策略

幼儿必须参与到有趣、有意义和有合作解决问题机会的学习活动中，才有可能得到有效发展。游戏正是一种可以让幼儿通过直接感知、实际操作和亲身体验获取经验的活动，是一种幼儿能自己掌控的活动。英国教育哲学研究者彼得斯（Peters，1985）等人指出了三种主要的幼儿室内游戏策略，即自由发展、助长发展、指导发展。教师如果能有效地为幼儿搭建支架，就能很好地实现游戏的教育目的。一般来说，游戏中为幼儿的学习和发展搭建支架的策略主要有兴趣导向策略、问题导向策略、辅助对话策略、关注冲突策略、家长参与策略。

（一）兴趣导向策略

兴趣是最好的老师。如果幼儿对某件事特别感兴趣，教师应尊重他们的选择，顺应他们的要求，为他们创设相应的活动环境，针对幼儿目前的需要与能力不断调整自己介入的程度，在任何时候对幼儿的要求都保持在合理挑战的程度。

（二）问题导向策略

当成人用"直接给予答案"和"随时回答幼儿问题"的方式来不断影响幼儿的行为时，幼儿的学习质量和自我规范能力就会降低。相反，用提问的方式让幼儿参与发现问题的过程，并以此规范幼儿的行为，那他们的学习质量和自我规范能力就会提高。

1. 以"问题回应"取代"直接给予答案"

当幼儿有困难找教师时，教师应接过幼儿的问题，并将幼儿的问题转化为包含教师期望的问题，再抛回给幼儿。这样做的目的旨在逐渐养成幼儿独立思考、尝试自己解决问题的学习习惯。例如，有幼儿说："老师，我们家没有餐具。"教师的回应方法可以有两种：一是直接为幼儿提供餐具，这样问题虽然能马上解决，但幼儿可能会形成依赖成人的习惯；二是以问题回应："你看看百宝箱里能找到吗？"这样就为幼儿提供了尝试自己解决问题的机会。可见，当幼儿有问题时，教师如果以"问题回应"来取代"直接给予答案"，就给幼儿留下了自己思考和尝试的空间。如果幼儿确实解决不了这个问题，教师再伸出援助之手也不迟。

2. 以方向性的问题帮助幼儿丰富游戏情节

基于幼儿的已有经验，通过一个一个的小问题，引导幼儿朝着教师期望的方向努力，达到用问题对幼儿的已有经验加以统整，帮助幼儿丰富游戏情节的目的。例如，中班幼儿已有乘坐公交车、地铁等经验，知道不同的线路可以到达不同的地方。幼儿在游戏中扮演公交车司机时，教师就可以问幼儿："请问这是几路公交车啊？"幼儿听后，可能会立即去美工区用笔在白纸上写下数字，然后贴在公交车的前面。在这里，教师的问话就是给幼儿指引了方向，是期望幼儿能把已有经验迁移到游戏中来，即调动公交车有不同线路的经验，并用书面的方式加以表达，进而丰富游戏情节。图2-8中就是孩子们自己设置的公交车内部场景，车头左边的白纸上写着数字"15"，表示15路公交车。

图2-8　孩子们的公交车

3. 以开放式问题引导幼儿独立思考

开放式问题有助于教师了解幼儿的经验及能力水平，以弥补教师观察的不足。面对开放式问题，每个幼儿都可能以自己的发展速度和方式做出回应，从而有利于拓展原有经验。例如，幼儿想玩新游戏"蛋糕店"，教师并不急于布置环境和提供材料，而是以"蛋糕店里都有些什么？""哪些材料我们自己可以准备？"等问题调动幼儿已有的经验，让幼儿自己来设计和规划蛋糕店，以充分调动幼儿参与活动的积极性和主动性。这也让幼儿在准备游戏的过程中去了解蛋糕店的功能、蛋糕的种类和名称、工作人员的分工等经验。

4. 以具有挑战性的问题激发幼儿的创造性

挑战性的问题是直接指向于幼儿最近发展区的问题，有助于幼儿积极思考，多角度解决问题，最大程度激发幼儿的想象力和创造性。因此，教师要在充分观察和了解幼儿的基础上，提出适合幼儿特点的有挑战性的问题，并且密切配合幼儿的行动，有效应对幼儿的各种反应，从而促进幼儿游戏的深入开展和游戏水平的提高。

救火游戏

由于有了消防车救火的经验，孩子们在游戏中乐此不疲地玩起了"我家失火了"的游戏。这个情节简单的游戏被重复了两周，常有的情节是某家打电话给119，开消防车的幼儿跑过去象征性地浇一下水。

针对这种现象，教师下载了一个关于消防员救火的卡通视频放给孩子们看，并提问道："好多小朋友喜欢玩失火和救火的游戏，你们看看电视里和我们做的有什么不一样？阿姨打电话的时候是怎么说的？你们在玩游戏时又是怎么说的？"这个问题对幼儿来说颇具挑战性，他们毕竟没有亲身经历过火灾。通过观看视频，幼儿扩展了关于失火自救的安全知识，明白了打电话要告诉对方自己的准确地址，例如小区名称、门牌号码等，以方便消防队员迅速到达目的地。根据幼儿的实际经验，教师还可以继续提问："在消防队员还没到之前，我们应当怎样自救呢？"从而进一步调动幼儿的相关经验和激发幼儿的探究兴趣。

（三）辅助对话策略

游戏中的辅助性对话常发生在教师观察了解幼儿解决游戏冲突或矛盾的过程中，用来发现幼儿的闪光点，并加以提升，供全体幼儿分享，以此帮助幼儿不断扩展和积累经验，或使个体的经验扩展为集体的经验。这是因为，幼儿在游戏中与更有知识的他人互动，是学习的重要方式。教师通过"是什么、为什么、怎么办"等问题，让幼儿充分表达自己的看法，帮助幼儿学习和掌握比较复杂的认知策略，促使幼儿成为一个自我发展的问题解决者。这样的学习是有效的，也是循序渐进的。

银行的号不见了

玲玲："今天我玩了银行游戏，我是发号的，可是只有1，13和14号的票，我找了好长时间都没找到其他的票。老师让我去医院（另外一个角色游戏区）找找看，她说看到医院里有好多票。我在医院里找到了11张票……"

教师："你们有没有听清楚她一开始说的问题是什么？"

女孩1："她的问题是她在银行里发号，发现只有1，13，14号的票，别的票都不见了。"

教师："对了。她的问题是有的票不见了！我们以前玩银行游戏时有没有用到这样的票？"

男孩1："有。"

教师："是按照什么顺序发的？"

男孩1："1，2，3，4，5，6，7，8……"

教师："噢。但是今天玲玲发现只有几张票了？"

玲玲："3张。"

教师："只有3张，1号、13号和14号，其他票没有了，到哪里去了呢？玲玲很着急，来找我了。这个问题后来我帮她解决了。我昨天发现医院的挂号单子有很多。玲玲今天说银行发号的票少了，我一想，很可能被收到医院里去了。所以，我就请玲玲到医院去找了。玲玲，你有没有在那里找到呢？"

玲玲："找到了。"

教师："这说明什么问题？"

玲玲："说明昨天玩医院游戏的人到银行取钱或存钱后把票带回医院了。"

教师："你们看，如果前一天游戏材料没有收好，就会影响第二天的游戏。玲玲今天花了很长时间到医院去找回了票，如果找不到的话要重新画了，这样既浪费时间，又浪费纸。"

可见，通过这样一个对话和讨论过程，有效地帮助幼儿解决了游戏过程中的问题，弄清楚了问题的原因，也帮助幼儿分享了经验，同时建立了良好的游戏常规。

（四）关注冲突策略

幼儿在游戏中所展现的兴趣和需要是多种多样的，教师如果把握不当，很有可能形成眉毛胡子一把抓的局面。当出现幼儿之间经验不匹配或能力不相当、幼儿游戏技能欠缺、玩具材料缺失等问题时，幼儿之间就可能出现矛盾和冲突。教师如果能关注幼儿在游戏中的冲突，就容易抓住问题的关键，帮助幼儿顺利开展游戏。

拥挤的娃娃家

在一次中班游戏中，教师观察到娃娃家出现了6个幼儿一起玩的现象，教师没有直接介入，而是把娃娃家拥挤的场景拍了下来，在游戏分享环节中引导幼儿讨论。

教师："这一张照片是301家，我们看看哈，他们这么多人都是一家人。轩轩，你来说一说你在干什么？"

轩轩："我在外面给宝宝倒热水。"

教师："她在外面给宝宝冲牛奶倒热水。唉，这是你们家，你怎么跑家外面来了？"

轩轩："因为家里面太挤了！"

教师："你们家今天几个人玩呢？"

小朋友："5个人，6个人。"

教师："今天在301家玩的都站起来，我们来数一数啊，几个人啊？"

小朋友："6个人！"

教师："6个人。你看，妈妈想给宝宝冲点热牛奶喝，家里面人太多了，都被挤到门外面来了，你们觉得合适吗？我们今天就来讨论这个问题，你们觉得家里面到底多少个人玩合适？"

小朋友："4个人。"

教师："今天他们6个人玩，你们觉得合适吗？合不合适？"

小朋友："不合适！"

教师："为什么不合适？"

小朋友："太挤了！"

教师："妈妈自己感觉人都多了，都被挤到门外面给宝宝冲牛奶了，对不对？上次我觉得好像也是这家，上次他们家几个人玩的？"

小朋友："5个人玩的。"

教师："你们觉得挤不挤啊？"

小朋友："挤！"

教师："对啊，上次你们5个人都觉得挤，今天6个人玩呢？"

小朋友："更挤！"

教师："加了一个'更'字，更挤了！那你们说怎么办？人多了怎么办？"

教师："举手说，来，你来说。"

晶晶："我们人已经够了，请你去其他家玩吧！"

教师："嗯，这句话好有礼貌啊。我们要学会看一看，如果他们家真的人多了，那找一找家里人少的。"

上述案例表明，让幼儿自主选择游戏区域可能会出现这样的问题：一些区域遭到冷遇，另一些区域则有很多幼儿选择。当出现这样的问题时，教师应该怎么办？案例中的教师给我们提供了一个很好的示范。教师在游戏过程中观察到幼儿游戏的矛盾和问题后，并没有立即进行干预，而是给予幼儿体验的机会，在此基础上引导幼儿分享、讨论，帮助幼儿解决游戏中的问题，扩展游戏规则，提升幼儿游戏经验。

（五）家长参与策略

家长是支持幼儿学习的重要力量，引导家长参与是丰富幼儿生活体验，积累和扩展幼儿经验的重要方法。家长可以帮助幼儿找到更多的材料，或与幼儿一起制作所需的材料，带幼儿体验真实的社会生活，给幼儿提供更多的相关信息。家长参与可以从体验情景、提供材料、提供信息、给予丰富等几个方面入手。

1. 情境性支架

要达到丰富幼儿经验的目的，最好的办法就是让幼儿在情境中亲身体验。例如，幼儿喜欢玩坐公交车的游戏，要帮助幼儿丰富相关经验，可带幼儿观察红绿灯，走斑马线，看交通标志，乘坐公交车，或带幼儿去了解公交车司机上下班情况等。开展这些活动，家长比教师更加合适。

2. 材料性支架

由于游戏情节发展和角色扮演的需要，幼儿在游戏过程中对材料会不断产生需求，教师很难在短时间内满足所有幼儿的需求。因此，引导家长有针对性地和幼儿一起准备材料、收集材料，既能让幼儿感受到父母的关爱，也有助于幼儿在家长的指导下养成自己动手解决问题的习惯。

3.信息性支架

当幼儿对某种职业或角色等方面的相关内容感兴趣时，教师可以顺应幼儿的兴趣和需要，尤其是充分利用家长资源，请家长为他们提供更多的信息，以满足他们的好奇心。例如，在幼儿喜欢玩的警察游戏中，教师针对游戏中幼儿混淆了交警与户籍警角色的问题，利用家长资源，请来了从事这两种职业的家长为幼儿现场展示和讲解相关工作内容，以及不同的着装等信息，回答了幼儿的问题，从而为幼儿提供了更多有关警察的信息，使幼儿对这两种角色有了清晰的认识。

4.方法性支架

幼儿在游戏过程中容易出现争抢角色、材料、游戏场地等问题，他们虽能用最简单的"石头剪刀布""黑白配"等方法来解决问题，但很多时候这些方法并不完全管用。家长可以根据幼儿的情况再教他们用诸如"猜纸球""点兵点将"等更多的方法解决问题，以帮助幼儿学习并积累更多公平解决矛盾的方法。

二、幼儿园游戏指导的具体方法

（一）场地规划法

幼儿园游戏场地有不同的种类和作用，合理布局，并注意它们间的互动作用，有利于促进幼儿游戏的健康发展。

1.开放和封闭结合的游戏场地

幼儿园游戏环境的布局，不仅要考虑为幼儿设计一个开放的、互动的游戏场地，也要适当提供隐蔽的空间，供幼儿独处。因此，在开放的场地中也要有适当的封闭，这样才能使区域与区域之间的外部界限分明，内部又有相对独立的空间，有利于幼儿在游戏中有充分的自主

图 2-9　开放和封闭结合的游戏场地

空间，并能充分发挥其想象力。

2.静态和动态互补的游戏区域

静态的就是指那些相对稳定的区域，一般固定在活动室的某个地方，不会经常变动，但如果活动室里的场地安排一直固定不变，会影响幼儿游戏中的社会交往，也会使幼儿丧失探索空间的好奇心和主动性。因此，在拥有一定静态区域的同时，还要有动态的区域。动态的区域，如公共汽车、旅游团、鲜花订购车等；流动的玩具材料，如婴儿车、小推车、私家车、公共汽车、小吃车等。各种车等动态材料的提供可以促使幼儿在玩的过程中，使不同游戏区域、不同游戏情节、不同幼儿之间发生互动，形成静态和动态互补的游戏区域。

3.既成和待定结合的游戏场地

幼儿游戏经验丰富多彩，游戏情节千变万化，教师虽然在观察的基础上提供了能满足他们兴趣和需要的环境，却不能穷尽幼儿所有的兴趣和经验，有时候会出现幼儿对既有的游戏区域不感兴趣的现象。因此，在游戏中可以留出一两块地方作为自由区或备用区，那里可以备有各种废旧物品或半成品，供幼儿根据自己的兴趣自由选择，满足不同幼儿的需要。

（二）材料提供法

材料提供法是通过提供材料来促进幼儿游戏发展的方法。研究发现，不同的材料在游戏中的作用是不同的。教师提供材料的方法可以视游戏的需要而分别采用提供替代材料或辅助材料的方法。提供替代材料是提供废旧物品或半成品，以解决幼儿因成品玩具不足而妨碍游戏顺利开展的问题，促进幼儿在游戏中创新能力的发展。辅助材料在游戏中可有可无，没有它，游戏不会受到大的影响；有了它，游戏的情节可以更加丰富。辅助材料的提供可以起到画龙点睛的作用，帮助幼儿进一步完善和迁移经验，提高游戏水平。因此，在游戏中为幼儿提供多种材料，有利于他们通过对多种材料的探索，获取丰富的感官刺激，利用不同的材料去替代和想象，在与材料的互动中促进其认知、思维、想象、创造等多种能力的发展。

1. 基于不同质地提供各种材料

纸质的材料可以使幼儿随心所欲地替代和想象。例如，硬纸板可作为固定和创设环境所用，如一个小房子、一辆汽车、一个房子的门、一个超市的围墙等，使幼儿在游戏中有相对独立的游戏空间。柔软的纸张，如彩色皱纹纸，可以供幼儿做成各种条形、颗粒形、片形等物品，用于装饰环境或幼儿动手操作，使他们在游戏中有事可做。

布类材料包括化纤、棉质等各种质地的手绢、丝巾、绸缎等，由于质地柔软，有一定的尺寸、花纹，而且无一定的形状，可以千变万化。幼儿在游戏中往往可以用这些布类材料来装扮自己或装饰娃娃家之类的区域。

橡皮泥、油泥、面团类材料，质地柔软且可塑性强，可以随幼儿的心意搓、团、揉、捏出各种形状的东西，且可以还原并

图 2-10　提供多样的材料

反复使用，不仅能给予幼儿无限的想象空间，还可以让幼儿在满足感官需要的同时，获得极大的成就感和自信心，是幼儿百玩不厌的玩具材料。在游戏中提供泥类玩具，可以诱发幼儿不断地与之互动，促进游戏情节的不断发展。

2. 基于课程意识提供不同材料

幼儿的学习以直接经验为基础，通过直接感知、实际操作和亲身体验获取经验。教师在安排幼儿的一日生活时，应该持有一日生活皆课程的理念，关注幼儿学习与发展的整体性，注意领域之间、目标之间的相互渗透，并采取幼儿喜闻乐见的形式组织一

日生活。因此，要基于课程意识提供不同的材料，并且注意材料提供的整体性和完整性。要做到这一点，教师需要特别珍视游戏和生活的独特价值，树立明晰的课程意识，创设丰富的教育环境，合理安排一日生活，从而最大限度地支持和满足幼儿的需要，促进幼儿的发展。

过生日

小班幼儿对过生日吃蛋糕的情景特别熟悉，也喜欢在游戏中重复表现过生日的情节。A园某班小朋友过生日，家长征得教师同意，将生日蛋糕带到幼儿园和全班小朋友一起分享。孩子们唱完生日祝福歌以后，开心地吃蛋糕，之后教师再没有别的引导。

B园同样也有小朋友过生日，与A园一样，家长带蛋糕到幼儿园，让孩子与班级小朋友一起度过快乐的生日。之后，教师将盛过蛋糕的空盒子投放进游戏区，孩子们由此乐此不疲地玩起过生日的游戏。随着情节的发展，教师不断为幼儿提供相应的材料支持，幼儿玩出了情节更加丰富的游戏主题，如为娃娃过生日、制作蛋糕、烘烤蛋糕、送蛋糕、做花环、画生日蛋糕的广告等。

由此可见，B园教师有清晰的课程意识，通过过生日以及投放蛋糕盒子等材料的一系列活动，已经把相关的教育教学目标通过这次过生日的系列活动完成了。如果教师没有这种课程意识，不给幼儿继续提供相关材料，促进幼儿与材料的进一步互动，那幼儿的经验还只是停留在原有的基础上，极好的教育契机也就白白流失了。

3.基于幼儿年龄特点提供材料

在幼儿的发展过程中，不同时期幼儿的心理特点、能力、水平方面都存在着差异，但是也有规律可循。幼儿是易受环境影响的，游戏材料的种类、数量、难易程度直接影响幼儿游戏的过程与结果。因此，为不同年龄段幼儿提供的游戏环境和材料也应呈现明显不同的特征，需要教师在游戏场地、投放材料、结构布局等方面进行深入的思考，对其新颖程度、数量、难易程度等方面做出合理的选择，以适合幼儿的年龄特征和发展水平。

（1）小班游戏材料

小班主要围绕"家"的经验来开展游戏，对玩具材料的逼真性程度要求较高，喜欢玩相似的玩具，因此，多提供种类少、数量多的玩具材料，以引起他们对已有经验的回忆。同时，还应尽量提供逼真的、色彩明快的、品种少而数量多的成品材料。而且，小班比较适合创设多个主题相同的游戏环境，但要用不同色彩、不同风格帮助幼儿加以区分。

（2）中班游戏材料

中班游戏环境的设置要有较为丰富的游戏区域，对玩具材料的多样化要求较高，要多提供种类丰富、数量多的玩具材料，以使幼儿在游戏中想与同伴交往又缺乏交往技能的愿望得到满足。还需要提供少量的半成品材料和适于变化的材料，如各种泥、纸张、纸盒等，鼓励幼儿在游戏中积极创造。同时，应当为中班幼儿提供丰富的游戏主题和游戏机会。

（3）大班游戏材料

大班游戏环境的设置应当与幼儿逐渐发展的认知能力和社交能力相符合，对玩具材料的可变性要求较高，应多提供种类多、数量相对少的各种玩具材料，以满足幼儿在与同伴的交往和集体活动中获得快乐的需要。需要提供更具开放性、变化性的环境，以及能反映物品细节特征的、丰富多彩的半成品和废旧物品。游戏场地、游戏材料可以不固定，应创设可供多种选择的材料区。

点心店里的材料提供

在小班开展点心店的游戏时，应该为幼儿提供成品的厨师衣帽、馒头、馄饨、面条等，还应提供做工好、颜色漂亮的餐具，逼真的用餐桌椅，买卖环境等，用形象有趣的环境去调动幼儿参与游戏的积极性。幼儿将更多满足于对这些材料的操作、摆弄，当幼儿能完成将点心放到锅里煮，盛到盆里，端给客人这一系列对小班幼儿来说颇具挑战性的动作时，他们会非常高兴地沉浸在游戏中，并获得成功感。

中班幼儿已经无法满足于重复几个动作，他们的兴趣开始转向与同伴交往。应该为幼儿提供更具挑战性、创造性的环境，从丰富、深入游戏规则入手，引导他们自己设计点心牌、价目表，以避免收银员可能会记不住点心价格的问题。还可以拍摄或制作厨师做点心的操作流程图，布置在厨房，规范厨师的操作程序；以及给顾客提供点心菜单，给服务员提供工作手册等，从而激发幼儿在游戏中产生较为复杂的游戏动作，开展更高水平的游戏。

到了大班，游戏的重心需要随着幼儿能力的增长进行进一步的调整。例如：增加每日新品推荐牌，鼓励幼儿每天推出一道自己创造的新点心，并形象地展示在推荐牌上；提供送外卖的小箱子、小车子，增加游戏中的交往机会；游戏材料也可以从单一的点心过渡到蔬菜、荤菜、饮料等；还可以扩展游戏内容，建议幼儿玩营养配餐服务游戏；等等。

由此可见，同样的游戏内容，为不同年龄段幼儿呈现的环境应是有不同重点的，其依据就是必须考虑幼儿的能力差别、心理发展水平的差异。只有适合幼儿发展水平的、对幼儿具有适度挑战的环境才是有效的环境。当然，不管教师对游戏的预设有多全面，都不可能完全预料到幼儿的动态发展，这就要求教师在活动中应当多关注幼儿的兴趣、经验和表现，根据幼儿的实际情况不断做出调整。只有动态地创设游戏的环境，幼儿才会越来越喜欢游戏，游戏才会真正地促进幼儿的发展。

（三）标志制约法

在游戏环境中，可以通过各种符号、标号、示意图、照片、说明书等直观形象的标志性示范，起到划分场地、规范行为、提示规则、示意步骤、丰富情节的作用，使幼儿在游戏中能根据标志的暗示而行动。标志一般分为实物标志、图示标志、角色标志等。

1. 实物标志

实物标志一般用于规划游戏场地，营造游戏氛围，给幼儿以"此处可以玩耍"的许可和自由选择的机会。如果一个场地规划相当整洁而没有什么可操作的玩具材料，那么这样的环境不利于幼儿自主地玩游戏；如果一个场地提供了大量的玩具材料，但整个环境凌乱而无序，又可能导致幼儿在游戏中频繁地更换游戏主题。因此，利用实物，如桌、椅、玩具柜、地毯、花布等作为标志，将活动室按需要划分为几个相对独立而开放的区域，有利于引导幼儿找到自己感兴趣的地方。实物标志有助于实现规划游戏场地、营造游戏氛围、给幼儿以安全游戏空间的目的。需要注意的是，教师对活动室的空间要合理规划，有效利用这些有限的实物来高效分隔。如图2-11中利用两张桌子把活动室空间划分出超市内外两个部分，就形成了一个最简洁的空间；图2-12中利用两个玩具柜分隔两个区角，起到既节省空间又标志区分的作用；图2-13中利用一堵墙与几片木栅栏，将木栅栏折叠摆放，就构成了另一个游戏空间。

图2-11　用椅子分隔空间

图 2-12　用柜子分隔空间　　　　　　　　　图 2-13　用栅栏分隔空间

2. 图示标志

图示标志一般用于指示游戏中玩具材料的摆放顺序、游戏区域的标示、区域进出的规则、人员数量的控制、游戏情节的发展提示、玩具的配对和归放、游戏中角色的选择等。使用幼儿常见

图 2-14　积木柜上的标志

的、具体形象的、各种各样的图示标志，可以减少幼儿之间来自环境的矛盾和冲突，有利于幼儿形成自觉自律的行为。当借助一些图示标志来呈现规则、提示玩法、渗透教育时，可以让幼儿感受到无形的教育，达到更多隐性教育的功能。例如，为了帮助低龄幼儿学习自己管理玩具，有序摆放积木，可以在玩具柜上贴上相应的颜色标记、形状标记

等幼儿容易分辨的标志，使幼儿很容易找到对应的积木摆放位置，养成有序摆放积木的习惯。例如，图2-14中的积木柜上就贴上了不同形状积木的标示，可以帮助幼儿很容易找到相应积木的摆放位置，顺利地拿取和收放积木。

教师还可将教育的意图通过图示有机地渗透在环境中。例如，可在建筑区的墙面上粘贴各种适合中班幼儿建构内容的图片（城堡、交通工具、风车、转椅等）；还可以将建构的步骤图用照片

的方式记录下来，按顺序张贴在建筑区。这些图示可以有效地帮助幼儿模仿，启发幼儿探索建构的新方法，从而丰富中班幼儿的建构内容，提高建构水平。图示标志还可用于区域进出的规则、人员数量的控制、有效情节的发展提示以及游戏中角色的选择等。还可以在一些需要控制人数的区角游戏中，如积木区、图书角等小角落，在游戏场地

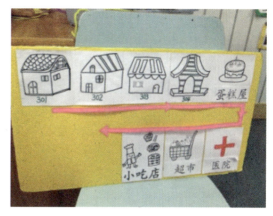

图 2-15　公交车线路图

上铺设一块小地毯，在地毯前粘贴几个小脚印，提示进入游戏区的幼儿要将鞋子脱下来放在小脚印上，这种方式就可以巧妙地限定了区域的人数，且幼儿乐意接受。另外，一些游戏规则、游戏方法也可以借助图示来达成目的，帮助幼儿形象地了解和掌握游戏规则和方法，更顺利地投入到游戏中。可以说，图示标志有效规范了幼儿的游戏行为，也让幼儿做起事情来更有计划性，这对幼儿来说是非常有益的。图2-15是公交车游戏中教师和幼儿共同制定的公交车线路图，这个游戏流程的图示既是指导乘客的，也是提示司机的，大家都需要按照此流程进行。

3. 角色标志

在游戏中还有一种常见的标志就是角色标志，角色标志可以帮助幼儿增强角色意识，更好地进行角色之间的分工，有利于角色之间的交流和互动，促进游戏情节的发展。一般具体的做法是提供各种头饰、面具、典型的服饰、典型的角色工具、代表不同年龄和性别的用品等。有了这些小小的角色标志，可以增强幼儿扮演角色的意识，能让幼儿非常轻松地分辨角色，提示自己的游戏动作与角色身份相吻合。例如，同样都是帽子作为角色标志，图2-16中幼儿戴的帽子表示在扮演建筑工人；而图2-17中幼儿戴的帽子表示在扮演医院的护士；图2-18中的幼儿则因所戴的帽子不同而发生不同的角色体验变化，戴了帽子就表示在扮演厨师做

图 2-16　建筑工地

菜，不戴帽子则是进行美工活动。

综上所述，在游戏中通过标志对幼儿进行潜在的影响，可以通过充分发挥标志的暗示作用和指导作用来达到有效指导的目的，并且可以减少幼儿之间来自环境的矛盾和冲突，有利于幼儿形成自觉自律的行为，同时促进幼儿游戏能力的发展和提升。

图 2-17　小医院

图 2-18　小厨师

（四）语言指导法

教师并没有参与游戏，但教师的话语能够对游戏起到监控的作用，能够提升和降低幼儿的学习与自我规范能力。美国学者西格尔等（Seagal et al., 1980，1982）曾界定了三种程度的成人协助，即低、中、高三种距离的策略。低层次距离策略是成人直接借当下环境中的物体或事件来发问或陈述，例如描述或提问："这是什么颜色？""这个塔搭得高，有五层。"中层次距离策略是说话时详尽说明某事，并通过两个看得见的东西间的层次来延伸，如分类、比较："这两个圆球哪一个更重？""这两种黄色看起来一样还是不一样？"高层次距离策略是指成人的话语已经超越了目前环境中看得见的现象，借以鼓励幼儿去形成一种假设，或详细说明一种想法。例如计划、推论或演绎："如果过马路没有红绿灯，会发生什么事情？""为什么别人说话的时候，我们要安静地听？"

可见，教师所使用的不同层次的语言策略对于鼓励幼儿的思考发挥着不同的作用，尤其是在促进幼儿思考的数量和质量方面存在较大差异。高层次距离策略显然能够更好地提升幼儿思考的数量和质量。因此，教师在指导游戏的过程中，应尽可能使用高层次距离策略，支持幼儿形成良好的学习品质。

教师在具体参与和介入幼儿游戏的过程中，当需要运用语言来指导时，应当主要就幼儿游戏的情况进行发问、提示、鼓励与赞扬，并尽量以高层次距离策略的语言来介入。其中，发问主要用于了解幼儿游戏的现状和幼儿的具体想法，以及进行启发、引导等。提示主要是当幼儿遇到困难或不知所措、缺乏目标时，教师的一两句简单的建议性提示，能帮助幼儿明确其想法、厘清头绪，促进游戏顺利开展。提示的语言更主要用于帮助幼儿明确游戏的规则，促使幼儿自觉按规则要求行事，有利于幼儿对规则的内化和掌握。提示性语言可以是建设性的，也可以是指令性的。指令性语言一般在幼儿严重违反规则及出现攻击等危险行为时，伴随着垂直式介入方式（后面有关于游戏指导方式的专门介绍）而产生。鼓励与赞扬主要是就游戏中幼儿表现出的创造性及正向的游戏行为加以肯定并提出希望，对幼儿在游戏中出现的能自觉遵守规则、克服困难、坚持和创造等良好的品质给予赞扬，以强化幼儿正向行为的出现。

在幼儿游戏时运用不同类型的语言指导策略既能增强游戏指导的效果，又能保证幼儿在游戏中的自主性得以发挥，还能促进幼儿在游戏中学习能力的提高。那么如何有效地运用语言指导策略来达到教师预期的目的，即，在什么情况下教师该提什么问题，说什么话呢？根据教师对幼儿提出问题的目的和方式的不同，可以把游戏中的指导性语言归为以下几类。

1. 询问式语言

询问式语言，一般以疑问句的形式出现，主要目的是帮助幼儿将游戏进行下去，及时反馈幼儿的游戏行为，启发幼儿的思维，培养他们多视角、全方位看待问题的能力。幼儿在游戏中总是会反映自己原有的经验，教师的问题可以帮助他们拓展思维的空间，从不同的角度去获取经验，使生活中零散的经验得以整合。

询问式的语言并非是指教师不了解游戏的情节，随便问一些类似于"这是什么呀？你在干什么呀？"等之类幼儿不需要思考或努力尝试即可回答的问题，而是教师根据幼儿游戏开展的情节，觉得幼儿需要帮助或有指导的必要时，有目的地设置问题情景，提出问题。类似的语言有：

"你跑来跑去的是在干什么呀？"（用于了解游戏的情节。）

"家里除了爸爸妈妈以外，还有谁？"（用于帮助幼儿解决娃娃家游戏中争抢角色的纠纷。）

"如果你想要的玩具没有了，怎么办呢？"（用于引导幼儿学会使用替代材料。）

"你什么时候给你的病人开刀？"（用于提醒幼儿明确医院游戏中自己的角色，促使幼儿养成做事认真负责的习惯。）

"警察的工作是不是只抓坏人呀？"（用于帮助幼儿产生对警察职业进一步的关注，达到丰富游戏情节的目的。）

"拿不下了怎么办？"（帮助幼儿思考更为合理的方法。）

另外，当教师发现幼儿需要帮助的时候，不要一厢情愿地加以指导或帮助，可以先问问幼儿是否有困难，是否需要成人的帮助，如"你有什么需要帮忙吗？""要不要我来帮帮你？"等让幼儿感到有自主体验的语言。教师在运用疑问句来提问时，是作为游戏的真实情况的"解说员"，把游戏作为教授的媒介，帮助幼儿主动提取已有的经验，用于新的或不同的情景中。教师要注意根据幼儿游戏的情节发展需要，根据游戏中存在的主要问题，提出有针对性的问题。这样的语言看起来是在问问题，实质上是把幼儿面临的问题描述出来了，把幼儿需要解决的问题摆在幼儿面前，让他们以自己的方式去寻求解决的途径，起到了促进游戏情节发展的作用。

2. 建议式语言

有些建议式的语言也是以询问的方式出现的，但与询问式语言的不同之处在于它不仅提出问题而且给予具体的暗示。教师要观察幼儿在游戏中的行为表现，当发现幼儿在游戏中情节发展停滞不前或发展情节有困难时，教师给予幼儿的不是直接的指导，而是用建议的方式。例如，"这样试试好吗？""如果不行，再想想别的办法。""我觉得有点烫，有冰块吗？""我要……可是没有。"等语言，从而达到指导的目的。这种语言方式不仅使幼儿容易接受，而且让他们感受到了自主和尊重。

教师的建议

当发现一个幼儿试图把娃娃放在堆满东西的桌上而不方便摆弄玩具时，教师建议道："我觉得如果放在旁边会更好！"麦当劳游戏中，当幼儿因为在麦当劳买不到油条而争执时，教师建议说："麦当劳没有油条卖，那我们可以再开个卖油条的店呀！"当发现一个幼儿用不同的积木尝试搭建一个东西不成功而想放弃时，教师直接拿出最合适的积木对幼儿说："用这块积木试试看，它也许会是你想要的！"

3. 鼓励式语言

教师用鼓励式的语言可以促进幼儿良好的行为习惯及规则意识的形成。对于幼儿在游戏中的某些不良行为习惯及违规行为，教师不一定直接指出来，而是用一种激励的正面语言，把希望幼儿出现的行为提出来，让他们知道该怎样做。例如，看到幼儿把玩具散落在地上或和伙伴轮流玩玩具，教师可以说："×××把散乱的玩具都快要收好了！""×××自己想办法解决了问题，真能干！""×××今天愿意和大家一起轮流玩玩具了，有进步！"教师及时发现并反馈幼儿游戏中的行为表现，可以充分调动幼儿游戏的主动性和积极性。

4. 澄清式语言

幼儿游戏是对现实社会生活的反映，他们自己并不知道筛选，对于游戏中一些不明白的事情或幼儿模仿的一些不良现象，教师不能随便评价，而应该引导幼儿加以讨论、澄清，帮助他们形成正确的认识和价值观。这种语言的运用要建立在充分观察的基础之上，可以当时就用，也可以在游戏分享中运用。例如，餐厅游戏中，有的警察去餐厅吃饭，不给钱就想走，但餐厅的收银员一定要让他交了钱再走，他却说警察吃饭是可以不给钱的。由于幼儿各自不同的经验碰撞在一起而发生了争执，教师可以引导幼儿讨论"警察买东西是不是可以不给钱？"这个问题，从而帮助幼儿梳理经验，澄清对警察的片面认识。

5. 邀请式语言

对于游戏中的弱势一方或无人问津的游戏区域，教师可以运用邀请的方式，如通过"我们一起去吧！""你可以帮我理发吗？""请问你知道加油站在哪里吗？"等问题，来提高幼儿游戏的兴趣，带领幼儿进入游戏情景，促进弱势幼儿与其他幼儿的交往，让他们体验到参与游戏的快乐和胜任游戏的成功感。

6. 角色式语言

当发现游戏情节总是处于停滞状态时，教师可以以角色身份参与到幼儿的游戏中去，如提问："我是超市送货的，需要帮忙吗？"这样不仅会使游戏的情节得以丰富，还会使幼儿感到亲切和平等。但是，在运用时要注意把握幼儿已有的经验，切忌超出幼儿经验的范围，重蹈"导演"之覆辙。

7.指令性语言

当幼儿在游戏中严重违反规则或出现攻击性行为时，教师的指导方式一般有两种，一种是强行制止。例如，当看见一名幼儿正拿着一块积木向另一名幼儿的头上打去时，教师立即采用指令性语言加以制止，如："请停下来！""不能这样！"另一种是明确告诉幼儿这样做的后果，以保证幼儿在游戏中的安全和健康，如："你不可以用玩具打别人的头，这样会很疼的。"指令性语言可以达到约束幼儿不良行为的目的。

（五）观察指导法

观察可以为教师提供是否需要介入游戏的线索，帮助教师参照幼儿当前的兴趣和需要以决定介入或不介入游戏，或介入之后再退出游戏继续观察等。

现场观察幼儿游戏的方法主要有"时间取样法"和"事件取样法"。时间取样法是指使用根据一定的分类系统制定的幼儿游戏观察量表，在一定时间内对幼儿的游戏进行观察，获取若干个时间样本，从而构成能够反映个体游戏特点的一个总样本。事件取样法是指观察者用语言描述和记录在一定时间内所观察到的幼儿的某种游戏行为或事件，记录整个事件发生的前因后果。事件取样法的特点是通过详细生动的文字描述，可以使人产生身临其境的效果。时间取样法和事件取样法一般教师都知道怎么做，但在带班的过程中，不容易严格按照某种方法来观察。在实践研究的过程中，我们总结出了以时间取样法和事件取样法为指导，能指引教师根据一定的目的实施观察，便于教师操作执行的几种观察幼儿游戏的方法：观察全体幼儿的"扫描法"、观察小组幼儿的"定点法"、观察个别处于运动状态幼儿的"追踪法"。

1.扫描法

扫描法即时段定人法。对班里的全体幼儿平均分配时间，在相等的时段里对每个幼儿轮流进行扫描观察。扫描法适合于了解全体幼儿的游戏情况，一般在游戏开始和结束的时候选用较多。

往往可了解如后内容：游戏开展中有哪些主题？每个幼儿选了哪些主题？扮演了什么角色？使用了哪些材料？等等。观察者在观察时处于主动地位。

选用这种方法时，一般用表格的形式进行记录。将所要观察的内容事先用表格的形式准备好，游戏开始时，直接将所观察的内容在表格里做记号即可。这样不仅简便易行，且可重复使用，便于前后比较。下面用三张表格作为例子予以详细说明。

（1）表2-1。表2-1主要用于观察幼儿在游戏中的兴趣，即了解幼儿喜欢玩哪个主题的游戏。事先将幼儿姓名和游戏的主题都列在表格里，以"5分钟"为一个时间段，每个主题选5分钟，轮流观察，用画"正"字的形式记录幼儿是否到这个角区玩，也可以每次观察用不同的符号或不同颜色的笔作记录。这样可以观察和了解幼儿在游戏中的兴趣，以及了解幼儿在游戏中的坚持性和游戏主题的稳定性。

表2-1 幼儿游戏中的兴趣（对主题的喜好程度）观察表[①]

主题 姓名	娃娃家	医院	×××	×××	×××
幼儿1					
幼儿2					
……					

（2）表2-2。表2-2主要是用来观察幼儿游戏的社会性发展水平。以1~2分钟为一个时间段，对每个幼儿观察1~2分钟，用画"正"字或其他符号的形式记录幼儿表现出的社会性发展水平，然后填入表格。将不同时间的观察表格联系起来，就可以看出每个幼儿社会性发展水平的具体情况。也可以将一张表格重复使用，这样看起来更加方便、直观。另外，每次观察都要做好时间记录。

---

① 邱学青著：《学前儿童游戏 第四版》，江苏教育出版社2008年版，第259页。

表2-2　幼儿游戏的社会性发展水平观察表[①]

水平 姓名	无所事事	旁观	独自游戏	平行游戏	联合游戏	合作游戏
幼儿1						
幼儿2						
……						

（3）表2-3。表2-3主要用于观察和记录游戏场地的利用率。观察者可以事先将所观察的游戏场地编号，例如，门边为1号场地，水池边为2号场地，钢琴旁为3号场地，走廊为4号场地等。只要是幼儿经常开展游戏的场地都可以编号进行观察。同时，还需要对幼儿的游戏类型事先进行编号或设计好不同的符号表示。目的在于了解幼儿对某个场地更适合玩某类游戏的偏好，帮助教师发现不同场地的结构与特点，有利于总结适合不同游戏的多种游戏场地的不同要求，进而有效创设适合幼儿不同游戏需要的场地，以提高游戏质量。

表2-3　游戏场地利用观察表[②]

时间 场地	星期一	星期二	星期三	星期四	星期五
1号					
2号					
3号					
……					

2. 定点法

定点法即定点不定人法。观察者固定在游戏的某一地点进行观察，见什么观察什么，只要来此地点的幼儿都可以作为观察对

---

①②　邱学青著：《学前儿童游戏　第四版》，江苏教育出版社2008年版，第259页。

象。定点法适合于了解一个主题或一个区域幼儿游戏的情况，可以获得动态的信息，了解到幼儿在游戏中使用材料的情况、幼儿交往情况、游戏情节的发展等。一般多在游戏过程中使用此方法，观察者处于较为被动的地位。

运用此种方法时，一般有实况详录，也可用事件抽样记录，即，将看到的内容情节或某一情节真实详细地记录下来。运用这种方法，可以比较全面地了解某一个主题的开展情况，了解幼儿已有的经验，以及在游戏中的种种表现，使教师的指导能有的放矢，避免或减少盲目指导、胡乱导演的现象出现。

3. 追踪法

追踪法即定人不定点法。观察者事先确定一两名幼儿作为观察对象，观察他们在游戏中的活动情况。被观察的幼儿走到哪里，观察者就追随到哪里，固定人而不固定地点。追踪法适合于观察了解个别幼儿在游戏全过程中的情况，了解其游戏发展的水平，获得关于个别幼儿的更加详细和全面的信息。

运用这种方法，可用实况描述法进行记录，即，将所看到的个别幼儿在游戏全过程中的情况，在事后尽量详细地记录下来。这里不仅有实况记录，可能也有教师的评述，甚至有分析、有对策。这样可以保证教师在游戏中完全跟着幼儿走，不必因为边记边看而影响了观察的效果。具体例子可参见表2-4，该表记录了观察的基本信息，如被观察幼儿的姓名，观察日期和地点，观察开始和结束的时间，环境背景描述（即环境的物理特点和社会特点，因为要在发生事件的情境中进行分析，所以一定要描述出当时的情境），以及对幼儿行为的描述等。这样就能知道幼儿游戏的具体开展情况，再根据相关指标进行分析。

表 2-4　游戏情节观察表 [①]

观察者姓名　艾丽斯·汤普森（教师）

被观察幼儿姓名　梅利莎

幼儿的年龄　4 岁 3 个月　　　　　幼儿的性别　女

观察情境（家庭、幼儿保育中心、幼儿园、学校）　欢乐时光保育中心

观察日期 2004 年 11 月 25 日　观察开始时间上午 9：20　观察结束时间上午 9：30

简要描述观察地点的物理特点和社会特点：

　　孩子们都在忙着玩各种自由游戏，情绪看起来比较开心。平时班上一般有 15 个孩子，今天只来了 12 个。根据早上家长与园长的电话沟通了解到，另外 3 名孩子生病了。尽管孩子们整体情绪很好，但他们比平时都更安静，不像往常那么大声说话。

目标行为描述（OBD）与解释：

叙述性描述

OBD1：〔开始时间上午 9：20　　结束时间上午 9：22〕

　　梅利莎比其他孩子晚到 35 分钟，她到的时候其他孩子已经都到了，并开始了各自的活动。她把衣服放到她的小柜子里，然后站在活动室门口四处张望。她站了大约半分钟，只是眼睛转来转去地看其他孩子和他们的活动。

解释 1：

　　梅利莎看起来很羞涩，几乎有点退缩。从到活动室开始，她看起来就不太愿意做事情。这可能是因为她开始就不愿意来。她的妈妈几天前提到她不太愿意来，没有其他的特别原因。

---

① ［美］沃伦·R.本特森著，于开莲、王银玲译：《观察儿童 —— 儿童行为观察记录指南》，人民教育出版社 2009 年版，第 89 页。

观察游戏的3-M方法及其运用

3-M互动观察法是美国学者贾尼丝（Janice J. Beaty）基于皮亚杰和维果斯基的研究开发的观察方法，该方法聚焦于幼儿在活动室中自发地与材料、活动进行的探索性互动，即聚焦于幼儿的游戏。在学前儿童的工作或游戏活动中，他们与新材料互动呈现出不同的阶段。首先，儿童会胡乱摆弄材料，以了解如何使用它们或能用它们做什么。然后，他们开始自发地以"适宜"的方式反复练习使用这些材料。最终，大多数学前儿童将进入与材料互动的新水平，赋予材料某种意义或创造性地发掘材料的新用途。可将其划分为操作（manipulation）、熟练（mastery）、意义（meaning），即3-M（见表2-5）。

表2-5　互动阶段

1. 操作：儿童摆弄物品。

2. 熟练：儿童一遍又一遍正确地使用物品。

3. 意义：儿童赋予物品以意义。

一、3-M互动阶段定义

1. 操作：互动的第一阶段

操作是互动的第一阶段，是指儿童开始探索不熟悉的物品或活动。因为儿童不知道这些东西的用途，所以他们会采用各种各样的方法进行尝试，直到他们知道可以用它们做什么以及如何操作它们为止。无论年龄大小，所有儿童在使用新材料时都会经历这一阶段。如，在积木建构活动中，处于操作阶段的儿童常用积木将容器装满再倒出来，他们尝试用各种方法操作积木，但没有真正用它们进行建构。

2. 熟练：互动的第二阶段

一旦儿童能够控制媒介或者材料，他们就会自发地进入熟练阶段，很少再回到操作阶段。他们在与材料互动的过程中会一次又一次地重复一个动作，就像他们在练习或训练自己一样。如，处于熟练阶段的儿童会把积木一块块地堆叠成塔状，然后推倒，再重新搭建，如此反复。他们也可能在地上把积木排成一长排，然后再排与之平行的另一长排。

3. 意义：互动的第三阶段

当儿童通过操作阶段最终控制了媒介，并通过熟练阶段满足了内心的练习冲动时，儿童与材料的互动就会进入更高的阶段。这时，如果他们的认知能力发展得足够好，他们就将给活动赋予意义。如，儿童会用单元积木搭建同类型的建筑，大多数儿童在戏剧游戏中会通过打针来扮演医生。

二、3-M儿童互动观察量表及运用

1. 3-M儿童互动观察量表

儿童在活动过程中，除了与材料发生互动，还会与他人进行社会性互动。贾尼丝以帕顿的游戏分类为基础，划分出三种社交互动，分别是独自游戏（儿童独自操作材料）、平行游戏（儿童挨着别人玩同样的材料但不参与别人的游戏）、合作游戏（儿童与其他儿童共同玩相同的材料）。将三种活动水平（操作水平、熟练水平、意义水平）和三种社交互动（独自游戏、平行游戏、合作游戏）相整合，最终形成了3-M儿童互动观察量表（见表2-6）。

表 2-6　儿童互动观察量表

儿　童＿＿＿＿＿＿＿＿＿　　　　　观察者＿＿＿＿＿＿＿＿＿

学习区＿＿＿＿＿＿＿＿＿　　　　　日　期＿＿＿＿＿＿＿＿＿

儿童与材料的互动

操作阶段　　　　　　　　　　　行为 / 语言

（儿童漫无目的地四处摆弄材料）

熟练阶段　　　　　　　　　　　行为 / 语言

（儿童有目的地反复使用材料）

意义阶段　　　　　　　　　　　行为 / 语言

（儿童以新颖且具有创造性的方式使用材料）

儿童之间的互动

独自游戏　　　　　　　　　　　行为 / 语言

（儿童独自操作材料）

平行游戏　　　　　　　　　　　行为 / 语言

（儿童挨着别人玩同样的材料但不参与别人的游戏）

合作游戏　　　　　　　　　　　行为 / 语言

（儿童与其他儿童共同玩相同的材料）

2. 3-M儿童互动观察量表的运用

以下是使用3-M儿童互动观察量表观察儿童与材料和同伴互动的具体运用流程，对照该流程可以更高效地记录儿童游戏的全过程。

（1）确定儿童的发展水平

a. 观察儿童与材料、活动自发进行的探索性互动

b. 观察并判断儿童的互动水平：操作水平、熟练水平和意义水平

c. 注意儿童彼此之间如何互动：独自游戏、平行游戏和合作游戏

d. 当儿童互动时，认真倾听他们在说什么

（2）记录观察结果

a. 现场记录对儿童的观察

b. 记录儿童如何使用材料、如何与同伴互动以及如何交谈

c. 记录儿童是如何通过与环境中的材料、活动以及人进行互动来建构知识的

d. 描述有力的师幼互动

（3）回应儿童

a. 给予儿童支持、鼓励和指导

b. 回应中明确儿童的游戏事实

c. 提出的问题要能促使儿童描述自己的工作

三、3-M儿童互动阶段检核表

结合全美幼儿教育协会（简称NAEYC）的认证指标，贾尼丝在构建3-M儿童互动观察表时呈现了各个区域各阶段对应的标准，形成3-M儿童互动阶段检核表（见表2-7），该检核表有助于对学前儿童的游戏行为观察与了解，是观察、记录和评价儿童与材料、与同伴的互动水平的参考标准。

表 2-7　3-M 儿童互动阶段检核表

	操作水平	熟练水平	意义水平
积木区	·把大部分积木从架子上拿下来 ·把容器装满积木,再将积木倒出来 ·把积木放在盒子里和手提包里,然后推着或带着它们到处走 ·沿着地面堆积木,但不用它们来搭建	·把积木叠高 ·把积木排成一排 ·让积木一排一排地立着 ·把积木排成两排 ·把第二排积木叠放在第一排上,就像一面墙 ·按规律摆放积木,比如,矮—高、矮—高 ·把一块积木架在两块直立的积木之间(架桥) ·重复"架桥"模式 ·围合:用积木把一个空间围起来	·搭建一个建筑物(通常稍后会给它命名) ·搭建道路和桥梁 ·用富有创意的模式搭建带有围墙的建筑 ·用纵横交错的积木建造高楼大厦 ·搭建隧道 ·在建筑物内放置人物玩具、动物玩具或车辆玩具 ·搭建有确定名字的建筑物,如房子、动物园、跨河大桥等
戏剧游戏区	·取出许多道具但不用 ·以不恰当的方式摆弄道具 ·拿着道具到处走 ·不用道具进行装扮	·假装进行熟悉的生活常规 ·反复扮演同样的角色或情节 ·逼真地使用相同的道具或服装 ·重复相同的对话	·以新颖的方式扮演不同的角色 ·通过很多细节和对话来支撑情节 ·以创造性的方式使用道具玩假装游戏 ·没有道具也可以玩假装游戏
图书区/阅读区	·把书从书架上拿下来,到处乱扔 ·拿着书,但不看 ·把书拿反了看 ·在游戏或建构活动中使用图书 ·翻书,有时一下翻好几页	·反复阅读自己最喜欢的书 ·想要一遍又一遍地听或读同样的书 ·从故事中认识一些单词或短语,并重复它们	·复述书中的故事,假装在读书 ·改变故事的要素(故事名字、结尾等) ·创编自己的故事,并把故事写在纸上或者输入电脑

	操作水平	熟练水平	意义水平
书写区	·涂鸦 ·摆弄字母或字母积木，但不考虑它们的名字是什么 ·摆弄书写工具而不用其进行书写 ·摆弄印章和书写材料，但不考虑其意义 ·摆弄沙盘或用手指在上面画画，但不进行书写 ·在纸上到处写字母 ·任意地摆弄打字机	·一遍又一遍地仿写同样的单词 ·仿写满满的一整页纸 ·制作一份有关单词的清单 ·一遍又一遍地写/打印一个字母、名字或单词 ·一遍又一遍地临摹字母 ·匹配和分类立体字母 ·一遍又一遍地在沙盘上或者用手指画颜料写字母、名字和单词 ·一遍又一遍地玩电脑上的字母程序	·在纸上、沙盘上或者用手指画颜料运用涂鸦的方式写自己的名字 ·用字母代表姓名或单词 ·在打字机或电脑上敲打自己的姓名或单词 ·把字母或积木组合成名字或单词 ·使用字母印章印出名字或单词 ·在图画下面涂鸦，并说出它是什么意思 ·仿写标志或标牌 ·仿写信息 ·仿写故事并"阅读"故事
美术区	·在纸上随意做记号 ·在纸上涂满颜色 ·涂鸦 ·在颜料里挥动双手和手指 ·摆弄糨糊和胶水 ·摆弄面团和黏土 ·不受控制地玩电脑上的绘图程序 ·在黑板上涂鸦 ·随意地撕纸和剪纸 ·摆弄印台和印章	·使用颜料、蜡笔、记号笔和粉笔一遍遍地画形状、线条、记号 ·使用手指画颜料画形状和图案 ·把糨糊和胶水涂在纸上（有时是图片的一侧） ·用面团一遍一遍地捏出明确的形状 ·用饼干模具切橡皮泥 ·在电脑绘图程序上画线条和形状，并能更改颜色 ·将纸撕、剪成碎片 ·在纸上一遍遍地用印章印图片或图案	·画出散发光线的太阳 ·画出太阳状的人，太阳光线是手臂、腿和头发 ·画出动物、树和花 ·画出房子、彩虹和车辆 ·会做拼贴画 ·用面团或黏土制作并命名一个物体 ·在电脑绘图程序上绘制并命名一个线条或形状，或讲述画的画 ·撕纸、剪纸，并用它们制作拼贴画 ·用印章印图片并给它们命名，或讲述一个故事

	操作水平	熟练水平	意义水平
音乐区／舞蹈区	·用不恰当的方式玩鼓、节奏棒、沙铃、音块、三角铁 ·用自制的喇叭吹风，而不是用它发出音乐声 ·用橡皮筋胡乱弹琴 ·用木槌在木琴上上下扫弦，而敲不出单独的音符 ·把锣鼓、手鼓和邦戈鼓敲得砰砰响	·用适当的方式使用鼓、铃铛、三角铁和音块 ·一遍又一遍地弹奏乐器，就像在练习一样 ·用木琴或橡皮筋一遍又一遍地弹奏单独的音符 ·用木槌反复敲打排钟、镲、鼓、音块和三角铁 ·一起拍打沙锤 ·手持铃鼓敲打、摇动 ·来回敲打节奏棒	·为自己的歌选择合适的演奏乐器 ·随着音乐的节奏敲鼓 ·选择并使用个别乐器创作自己的音乐 ·独立演奏乐器 ·用木琴弹奏旋律 ·播放录音，并使用乐器给音乐伴奏 ·用独创的方式使用铃铛、响板和铃鼓 ·随着卡祖笛、纸板喇叭和梳子口琴哼唱
操作区／数学区	·摆弄本来用于分类、匹配和计数的物品 ·把拼图倒出来 ·把用于计数的物品装到容器里，再把它们倒出来 ·把磁性数字拿出来，并将其散落到各处	·一遍遍地拼同一个拼图 ·一遍遍地分类或匹配物品 ·长时间地穿珠子或数纽扣 ·聚精会神地玩收银机、电脑数学程序、算盘或多米诺骨牌	·创编自己的电脑游戏 ·以创造性的方式玩数数或分类游戏 ·以创造性的方式玩多米诺骨牌、算盘和收银机 ·教其他人如何使用电脑游戏、秒表、天平和其他材料
科学区	·用不适宜的方式摆弄放大镜、磁铁、棱镜、尺子或天平 ·把放大镜作为目镜使用 ·把磁铁作为玩具枪使用 ·从望远镜的另一端看 ·将发条尺拉出来，再让它弹回去 ·把物品装到用于收集的瓶子、盒子或袋子里，再把它们倒掉 ·敲打鱼缸的另一面，看看会发生什么 ·用手电筒照别人的脸	·用适宜的方式使用放大镜、磁铁、棱镜、尺子或天平 ·把石头、贝壳等排成一行，用放大镜一个一个地观察 ·拉出发条尺，测量某个物体，再把它卷起来，多次重复这个过程 ·在天平两端堆放物品，直到它们达到平衡，然后把物品倒掉再堆放，不停地重复 ·用磁铁吸起钉子，然后取下钉子，再吸起钉子，不停地重复	·用放大镜观察昆虫，说一说它是什么样的或属于哪个种类 ·展示所收集到的贝壳或石头，谈论它们 ·通过双筒望远镜观察某个物体，描述一下看到了什么 ·测量某个物体，描述测量结果 ·为领养的树创编一个故事或制作一本书 ·识别鸟、鱼、昆虫或蝴蝶，在书上找到它们的图片

四、3-M互动观察法使用的注意事项

学前儿童主要通过与环境中的材料、活动和人的实际互动来构建自己的知识经验，3-M互动观察量表是教师观察、记录儿童互动的有效工具，在使用的过程中，需要注意如下事项。

1. 观察互动的时长与频率

互动阶段与儿童的互动年龄有一定联系，即儿童年龄越小，他们在互动的早期阶段停留的时间似乎就越长，成熟和练习在其中起着同样重要的作用。儿童需要机会、时间与熟悉或不熟悉的材料及活动进行互动，在此期间，他们可能会日复一日地重复某些活动。由于不同的儿童在三个互动阶段的发展速度不同，因此要给予每个儿童必要的时间供他们进行这类自发的、自我教授的学习活动。在判断儿童当前的游戏水平时，不宜生搬硬套，应进行充足而全面的观察和思考。

结合儿童的互动时长和互动频率特点，教师应该尽可能多地观察每个儿童，且观察时间不宜太短，这样更加有利于教师对儿童的发展现状做出准确的判断，以及提出更适宜的促进措施。

2. 回应工作和游戏中的儿童

教师不能做被动的观察者，而应该运用教学策略实现教学目标，在观察儿童与材料、同伴互动的过程中，为儿童搭建支架，帮助儿童达到新的高度。在儿童游戏过程中，教师不仅需要观察、记录、倾听，必要的时候需要对儿童的行为做出回应，适当时抛出问题、提供建议，甚至加入儿童的活动。

在此情形下，教师需要确保自己与儿童的互动有助于建立积极的师幼关系，保持积极的情感。因此，在对工作和游戏中的儿童做出回应时，教师应该把自己放在儿童的位置上，认真倾听儿童，避免"居高临下"地与儿童谈话，避免使用评判性语言。教师应该对儿童所做的事情表现出感兴趣和欣赏的态度，在参与儿童的活动前征得他们的同意。同时教师应该随时做好准备，向儿童做出示范、演示，帮助儿童或为儿童提供挑战的机会，以帮助

他们进步。

3. 观察与记录中新技术的运用

除了纸笔记录外，手机、相机、录音笔等新工具的使用可以帮助教师轻松地观察和记录儿童。但需要注意到，新工具的使用同时存在积极和消极两种结果。

新工具帮助教师更多地关注儿童，而非做笔记；能够反复查看观察记录；可以发现原本错过的儿童行为和儿童语言；有更多时间进行反思和获得新认识。但同时，新工具的使用可能存在着如后问题：价格昂贵；录像中的伦理问题；需要花费更多的时间回顾观察记录；手机、相机等的使用可能会分散儿童的注意。因此教师在教育中投入可能带来便利的新工具的同时，需要认识到新的电子设备不一定适合某个阶段的儿童，在实际运用中需要考虑本班儿童的具体情况。

（摘自［美］Janice J. Beaty著，邱学青、杨恩慧等译，幼儿园自主性区域活动：环境、课程与儿童发展，中国轻工业出版社2021年版。内容有修改。）

（六）参与介入法

成人参与幼儿的游戏，对幼儿游戏的发展起着重要作用。介入幼儿游戏的时机，要根据观察和幼儿的需要而定。教师必须先进行观察，在观察的基础上再决定是否介入幼儿游戏，从而适时地帮助幼儿发展并延伸其游戏。因此，教师在介入幼儿游戏之前，最好先预计其可能的后果是什么。

教师如何介入幼儿的游戏[①]

游戏研究专家萨顿·史密斯（B. S. Smith，1982）提出了介入幼儿游戏的程序，以及观察并仔细辨别幼儿游戏的兴趣与技巧，即：

---

① 参见［美］杰姆·约翰逊等著，郭静晃译：《儿童游戏——游戏发展的理论与实务》，扬智文化事业股份有限公司1998年版。

1. 投入参与；

2. 跳出幼儿的游戏，作进一步观察。

以上程序强调的是观察，这个程序是循环的，可与游戏指导方法配合使用。当幼儿游戏中出现下列三种情形时，教师可以介入幼儿的游戏：

1. 当幼儿并不投入自己所安排的想象或虚构的游戏时；

2. 当幼儿出现难以与其他同伴一起相处的游戏时；

3. 当幼儿进行想象或虚构的游戏时，想一再重复自己玩过的情节，或是将游戏延续下去有困难时。

当教师出现下列四种情形之一时，最好不要介入幼儿的游戏：

1. 不想与幼儿玩的时候；

2. 感觉到自己在干扰幼儿的时候；

3. 认为介入游戏是一种对幼儿好的责任时；

4. 不能从中享受到乐趣或感觉到有心事或太劳累时。

根据教师在游戏过程中影响游戏的形式，教师介入游戏的方法可以分为平行式介入法、交叉式介入法、垂直式介入法三种。教师一般通过这三种方法介入游戏，了解幼儿游戏的情况和需要，从而给予有针对性的指导，提高幼儿游戏的水平。

1. 平行式介入法

平行式介入法是指教师利用与幼儿相同的或不同的材料玩游戏，引导幼儿模仿学习，起着暗示指导的作用。当幼儿对新玩具材料不感兴趣、不会玩，或不喜欢玩时，或只喜欢玩某一类游戏，而不喜欢玩其他游戏时，教师可以在幼儿附近，和幼儿玩相同的或不同材料与情节的游戏，目的在于引导幼儿模仿，教师起着暗示指导的作用。教师一般以平行角色的身份或教师的身份来参与游戏。

小班幼儿由于受到认知发展的限制，特别容易受到外界环境的影响，模仿周围的人和事，游戏发展也处于平行游戏阶段。因此，平行式介入法特别适用于小班。

2. 交叉式介入法

交叉式介入法是指当幼儿有教师参与的需要或教师认为有指导的必要时，由幼儿邀请教师作为游戏中的某一个角色或教师自己扮演一个角色进入幼儿的游戏，通过教师与幼儿、角色与角色间的互动，起到指导幼儿游戏的作用。当幼儿处于主动地位时，教师则扮演配角，根据幼儿的游戏行为做出反应；如果教师认为有必要对幼儿游戏加以直接指导，则可以根据游戏情节的发展，提出相关的问题，促使幼儿去思考。当教师和幼儿都感觉很快乐时，就该退场了，不能待得太久。中、大班幼儿更适合用交叉式介入法进行指导。

3. 垂直式介入法

垂直式介入法是指在幼儿游戏中出现严重的违反规则、攻击等危险行为时，教师以教师的身份直接进入游戏，对幼儿的行为进行直接干预。这种方式很容易破坏幼儿的游戏，因此，一般情况下不宜多用。

教师介入幼儿游戏需思考的问题①

当教师需要介入幼儿游戏时，可思考下面所列的三个问题来判断该提供何种指导。

表2-8　教师介入幼儿游戏的判断和教学目标

问题	目标
1. 以前在类似的情况下，我看到孩子是怎么做的?	专注于孩子发展中的水平和技巧。

---

① 邱学青著:《学前儿童游戏　第四版》，江苏教育出版社2008年版，第164页。

问题	目标
2. 在这种情况下，孩子需要我多少的帮助才能满足和达到"成功"的目标，同时也符合我的教学目标？	考虑哪一种程度的支持是需要的，同时，这种支持不会取代孩子可以承担的责任。
3. 我如何让孩子关注彼此，而不是把目标放在我身上？	在同伴交往的困难扩大之前，及时地介入预防，就可避免教师高程度的干预。

宝宝过生日

小班角色游戏中，小猪妈妈给教师打电话（C代表小猪妈妈，T代表教师，B代表小猪爸爸）。

C："喂，老师。"

T："喂，你找我什么事啊？"

C："到我家来给宝宝过生日。"

T："那我怎么走啊？你是哪一家的啊？"

C："我是小猪家。"

T："那我怎么走啊？"

C："你左拐，再直走就到了。"（这时小猪爸爸到教师面前来接教师了。）

T："小猪爸爸来接我了。好的，我一会儿就来啊。"

（教师把手上其他小朋友的衣服放到衣柜上之后，就到小猪家去了，下面是发生在小猪家的对话。）

T："你们家宝宝过几岁生日啊？"

C："三岁。"

T："有蜡烛吗？"

C："没有。"

T："哦，你们家没有蜡烛啊？"

B："哦，我去买。"

T："哎，你等一下啊，蜡烛是什么形状的啊？"

B："直直的。"（幼儿从百宝箱里拿来了一根又短又细的绿色吸管当蜡烛。）

T："怎么插啊？"

C："这儿插一根，这儿插一根。"

T："插几根啊？"

C："三根。"

B："我去找打火机。"

T："打火机是什么形状的？"

B："是长方形的。"

T："宝宝醒了吗？"

C："醒了。"

T："你家宝宝叫什么名字啊？"

C："就叫宝宝。"（是C和B商量的结果。）

T："宝宝真可爱。"

（接下来教师和幼儿一起唱生日歌，唱完生日歌就是吹蜡烛，吹蜡烛时，发现吹蜡烛的是娃娃家的爸爸妈妈而不是宝宝。）

T："谁吹蜡烛啊？"

C、B："宝宝吹。"（于是C和B便把宝宝弄过去吹蜡烛。）

（接下来是切蛋糕的环节。）

B："没刀。"

T："啊？你们家没刀啊？"

C："有刀。"（C去拿来了刀并把刀给了B。）

（接下来是吃蛋糕的环节，B把蛋糕切好了，首先给了T一份，然后C和B各拿了一份开始吃起来。）

T："为什么先给我吃？"

C、B："因为你是客人。"

T："哦，要先给客人吃啊。"（接着教师假装吃完蛋糕后跟幼儿有礼貌地道别。）

这是一个小班幼儿以"宝宝过生日"为情节引发的游戏。在游戏中，教师亲身介入参与了幼儿游戏，潜移默化地渗透了方位、数字、替代物、招待客人、给宝宝起名字等情节，丰富了幼儿的游戏，使幼儿获得了"宝宝过生日"的完整体验。

这个游戏片段可以分为两个部分的对话：一是以电话为中介的师幼对话，二是小猪家里的现场对话。教师作为游戏中的角色假装和幼儿打电话的过程，其实就是教师在教给幼儿打电话的常识，告诉对方为什么要打这个电话，自己是谁，邀请做客的家在哪里，充分尊重了幼儿游戏的认知发展水平和年龄特征。教师在小猪家的现场对话很好地抓住了幼儿的兴趣点，与幼儿围绕着过生日宝宝的年龄、生日蜡烛的数量和形状、点蜡烛需要的打火机及其形状、怎样插蜡烛、切蛋糕、招待客人等方面的内容提出问题，充分调动幼儿已有的关于过生日的经验，同时发展了幼儿的数学思维和运用，以及礼貌招待客人等能力。教师作为游戏中的参与者，很好地实现了《幼儿园教育指导纲要（试行）》中"善于发现幼儿感兴趣的事物、游戏和偶发事件中所隐含的教育价值，把握时机，积极引导，寓教育于生活、游戏之中"的精神。

（七）讨论建构法

对于幼儿的自主游戏来说，游戏分享尤为重要，它是师幼对游戏的主题、游戏过程、游戏效果进行客观评定的过程，也是将幼儿在游戏中获得的零散经验进行梳理和归类，帮助幼儿形成正确概念的过程。

讨论建构法就是一种有效的分享方法，是指教师引导幼儿把游戏过程中的经验、存在的问题、有创意的想法及做法等讲出来，通过幼儿之间的讨论，使各自的经验发生碰撞，引导幼儿以他们自己的方式来解决问题、分享经验、建构意义，实际上是一种游戏经验的分享。游戏结束之后，教师常以"是什么，为什么，怎么办"等问题引导幼儿就游戏中的各种问题展开讨论，针对幼儿讲述中提到的问题，教师不需要直接帮助幼儿解决问题，而是应该引导幼儿讨论，让幼儿以自己的方式来解决游戏中存在的问题，支持每个幼儿基于已有的经验再现自己对生活的理解。每次讨论应当有重点，不用面面俱到，这样有助于每次重点解决一两个方面的问题，对幼儿经验的整理和分享更加有益。讨论建构法具体表现为以下几种方法。

1. 情景再现法

情景再现法是指教师将游戏中观察到的典型案例或现象，以情景描述、视频、照片、语言等形式提出来，引导幼儿进入情景，展开讨论，以便帮助幼儿意识到游戏中的错误经验及违反常规的行为。例如，教师说："今天我看到一位医生，他把病人的肚子切开来，对病人说你等会儿，就跑去取水了，说是给病人喝水，你们觉得怎么样？"幼儿马上开始对该现象进行讨论，这时有过开刀经历的幼儿就会将自己的经历讲给其他幼儿听，达到经验共享的目的。这种方法中的问题一般针对性强，能有效解决游戏中存在的问题，可以间隔一段时间用一次以集中解决问题。

红眼病①

在一次中班幼儿游戏之后的分享环节，教师和幼儿就游戏中的红眼病问题进行了一段如下谈话。

教师："今天，我发现在医院玩的医生总是往娃娃家跑，你是在干什么呀？"

幼儿："他们家的宝宝生病了。"

教师："宝宝生病了都是去医院的，为什么你们要去娃娃家呢？"

幼儿："因为他们家宝宝得了红眼病。"

---

① 邱学青著：《学前儿童游戏 第四版》，江苏教育出版社2008年版，第173页。

教师："宝宝得了红眼病为什么就要去他们家呢？"

幼儿："因为红眼病会传染。"

教师："那什么叫传染？"

幼儿："传染就是他玩过的玩具，别的人又去玩就会得红眼病。"

教师："那得了红眼病怎么办呢？"

幼儿："看病、隔离。"

教师："什么是隔离呀？"

幼儿："把他和别的人分开，让他一个人在一间房子里玩。"

教师："没有得病的该怎么办？"

幼儿："要预防。"

教师："怎么预防？"

幼儿："洗手、消毒……"

教师："怎样洗手能预防呢？"

幼儿："用84、消毒水、香皂……"

从这段对话中我们可以看出，教师在帮助幼儿整理、提升经验的同时，让幼儿分享了关于"红眼病"的经验，达到了帮助幼儿建构经验的效果。

2.绘画表现法

绘画表现法是指教师在游戏分享环节，让幼儿以绘画的形式表达自己在游戏中的情况、存在的问题及成功经验的一种方法。这给每个幼儿提供了表达游戏情况的机会，弥补了幼儿语言表达能力的不足，有利于教师了解幼儿的真实想法、需要及已有经验，还可以引发新主题，有利于有目的地准备玩具材料。另外，让幼儿用图画表达经验，提供了可以凭借的媒介，有利于幼儿相互交流游戏的经验，在小、中、大班皆可用，中、大班尤为适合。

幼儿游戏活动结束时，教师可以为幼儿提供纸和笔，让幼儿进行绘画，内容为："把你今天玩得开心或不开心的事画下来，也可以画出你想玩或者喜欢玩的游戏。"幼儿稍微思考后即动笔画。教师巡回观看幼儿作画，从画面上看幼儿的情绪和需要，然后分别请幼儿拿着自己的画向大家讲述，教师可在画中适当找一些有代表性的内容，有意识地引导、启发幼儿讲述，并带领大家讨论，共同分享幼儿的知识和经验。

在幼儿绘画的过程中，教师会发现不同幼儿有不同的表达。有的幼儿倾向于人物的绘画，还有的幼儿更喜欢创造性想象。教师可以把每个幼儿的作品摆放在展示区，请其他幼儿欣赏，这既是相互学习的过程，也是培养幼儿的欣赏力、感受力的过程。还可以利用空闲时间，请幼儿讲讲自己的绘画作品，不但锻炼了幼儿的口头表达能力，更重要的是使教师理解幼儿的感情，了解幼儿的兴趣、爱好，从而更好地促进幼儿的发展。可见，运用绘画表现法讨论和建构，需要教师透过幼儿的画面，捕捉到幼儿感兴趣的话题或遇到的问题，对幼儿进行引导、启发，使幼儿得到不同程度的发展。例如，教师请幼儿用绘画来表达和记录他们关于银行取钱怎样排队的经验，幼儿有许多不同的想法。图 2-19 就是不同幼儿关于银行排队的不同表达。通过绘画，教师也可以看出不同幼儿思考、体会和表达的对事物及其之间关系的认识是不一

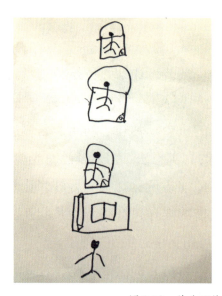

图 2-19　幼儿画的"在银行排队"

样的。根据幼儿绘画的表现，还可以生成认识人民币、银行怎样取钱等活动。

3. 角色反串法

角色反串法是指教师在游戏分享过程中，大胆尝试与幼儿互换角色，让幼儿作为游戏分享的主人。这本身就是一种社会角色的扮演。幼儿是游戏的主人，他们的有些东西只有他们自己能够清楚地知道，作为局外人是不太能了解的。因此，在分享时，偶尔让幼儿充当组织者，有利于幼儿各方面能力的发展。

具体实施上，可以请一名幼儿当教师组织分享，问一些教师常问的问题，例如：你玩的是什么游戏？玩得好不好？为什么？等等。教师以幼儿的身份将自己在游戏中的感受用举手发言的形式讲给"同伴"听，教师的发言其实也是一种隐性指导：一方面是分享经验，另一方面是一种示范，幼儿听了会知道自己该怎样谈游戏。角色反串法的优点是培养了幼儿的自信心，锻炼了幼儿的组织能力，更充分体现了自主游戏的精神；同时，使教师更贴近幼儿，教师的指导作用发挥得更隐蔽。但是，这种方法在使用中应注意阶段性，最好隔一段时间使用一次，保持一定的新鲜感。

可见，利用角色反串法，让幼儿拥有了和教师相同的话语权，支持了幼儿的多元化表达。幼儿对不同角色有了体验，锻炼了幼儿的表达能力，增强了幼儿的自信心。更重要的是他们在这个过程中可以以教师为榜样，学会表达，学会用自己的话来讲述游戏中发生的事情和自己的心情。

4. 网络图示法

网络图示法是指在游戏分享时教师采用图表记录的方法，将幼儿零碎的经验加以整合，提供具有真实表象的情境，解决了以往游戏分享流于形式、无目的性的问题，使分享真正发挥承上启下的作用。

具体实施为教师先准备一张白纸和若干支彩笔，供游戏分享时记录使用；再将幼儿在游戏中遇到的困难、高兴的事、不高兴的事以及他们的创新做法有针对性地选择进行小结。可以采用教师提问、幼儿讲评并结合网络式的图标记录方法，将幼儿的游戏情况真实地反映出来。第二天游戏开始前直接出示该图，帮助幼儿回忆前次的游戏情况，使游戏在前次的基础上循序渐进地开展，从而达到利用游戏分享促进幼儿游戏发展的目的。

对于年龄小的幼儿（如小班或中班初期），适合在教师的带领下，用网络图示的记录方法一步一步地去做，这也是在帮助幼儿回忆和梳理游戏过程和行为，学习和了解如何用书面的形式记录游戏中所发生的事情。对于年龄大一些的幼儿（如中班末期或大班幼儿），由于他们已经具有一定的绘画技能和逻辑分析能力，并且了解记录的流程，可以尝试让幼儿自己来记录。幼儿将游戏中发生的事情记录下来，通过展示幼儿的网络图，不仅能分享幼儿的个人游戏经验，还能够提高幼儿使用书面语言进行表达的能力。

菜刀的替代物

娃娃家游戏中，幼儿使用了替代物来代替家中的菜刀。

教师："今天，玩娃娃家游戏的孩子们，你们要切菜没有刀，怎么办呢？"（教师边说边将写有汉字"娃娃家"的标记贴在白纸上，并在下面画一棵青菜和一把刀。）

幼儿1："我到百宝箱里找了根长积木来代替刀。"（教师出示该物。）

教师："哦！他想的是这个办法。怎么记呢？"

幼儿2："画一个长方形来表示。"（教师记录。）

幼儿3："我找的是个磁卡当刀。"（教师出示该物。）

教师："这是他想的办法，怎么能让别人知道他想的这个办法呢？"

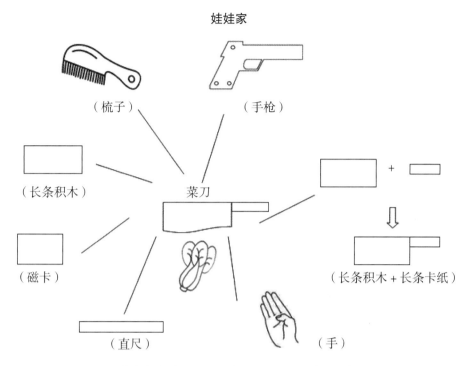

图 2-20　教师根据幼儿的讨论结果绘制的图：菜刀的替代物

幼儿4："画个磁卡的形状。"（教师记录。）

教师："还有一个小朋友用的是这样的刀（教师出示该物），请你说说这把刀你是怎么做的。"

幼儿5："我找了个长条形的积木，又找了个长方形的卡纸，把它们粘在一起，就做好了一个有把子的刀。"（教师根据幼儿讲述的制作过程进行记录。）

幼儿6："这刀真像一把真刀，我也会做。"

教师："他真会动脑筋，不仅知道从百宝箱中找一些材料替代自己需要的物品，还会把这些材料进行简单的加工，使它更像自己所要的东西，真棒！"（通过这一评价，进一步激发了幼儿运用替代物进行游戏的愿望，展现了幼儿勇于思考、积极动脑的学习品质。）

综上所述，在具体的游戏指导中，对不同游戏的指导方法是不一样的。教师要根据幼儿的年龄特征和需要、游戏的特点、不同的游戏主题及其发展阶段等来指导游戏，即对不同主题情节的游戏、不同发展阶段的游戏（游戏的年龄特征、游戏自身的发展规律）、同一主题游戏的不同发展阶段等给予不同的指导。

三、幼儿园游戏指导策略选择与运用的依据

（一）根据不同的游戏类型选择适宜的策略

幼儿在玩游戏时，由于使用的材料不同、游戏的规则不同、幼儿在游戏中的活动范围不同等因素，会表现出不同的特点和形式。在不同的游戏主题中表现出的问题是不同的：在角色游戏中可能是不会与人交往而发生冲突，或材料不能满足需要而发生问题；在结构游戏中可能是技能或辅助材料方面的问题；在表演游戏中也许是文学作品表现、道具的使用等方面的问题；在规则游戏中可能是对规则的理解和遵守方面的问题。因此，需要根据不同类型游戏中的不同问题给予不同的指导。

（二）根据幼儿不同的年龄特点选择适宜的策略

幼儿的年龄不同，他们的兴趣、需要、经验多少和游戏水平不同，即便是玩相同主题的游戏，也会呈现出不同的特点，需要教师根据幼儿年龄特点给予不同的指导。例如，不同年龄班幼儿都会玩娃娃家主题的游戏，但是他们在游戏中表现的内容是有差异的，这是由他们的发展水平和社会经验所决定的。因此，教师要给予不同的指导。

（三）根据游戏发展的不同阶段选择适宜的策略

同一主题游戏在游戏过程中会经历不同的发展阶段，这种发展阶段表现在横向和纵向两个方面。横向的发展阶段是指，在同一年龄阶段，游戏主题的产生、发展、高潮、结束等不同阶段。在游戏的产生阶段，教师应根据幼儿在游戏中的主要兴趣及他们的需要，适时提供环境和材料，并利用多种方法引起幼儿的关注，以促进游戏情节的发展。在游戏的发展过程中，教师应观察幼儿

游戏情节的进展情况，适时增减玩具材料，预期幼儿的经验，及时发现幼儿游戏中的新玩法和想法，从而满足幼儿的多种需要。在游戏进入高潮、即将结束时，教师应该引导幼儿对游戏中的各种经验和感受进行梳理，帮助幼儿分享和提升经验。幼儿在每一个阶段的游戏情节、表现和需要是不一样的，对每一个阶段的指导也应该是不一样的。如果教师没有根据游戏发展的不同阶段来指导游戏，就可能使幼儿的游戏始终停留在原有水平。

纵向的发展阶段是指同一个游戏主题在不同年龄段都可能存在和发展，在不同的时期会有不同的表现，这和幼儿的经验与年龄特征是分不开的。因此，需要教师了解不同年龄阶段幼儿的特点和发展水平，给予不同的指导。

思考与练习

1.问题讨论

请分析、比较下面两位教师指导交警游戏的情景，说一说两位教师的指导行为有何不同？你更赞同哪位？请说出理由。

（1）情景1

两个小交警呈直角站在十字路口的两端，两人商议了一下，倒数十个数换一下信号灯。很快教师发现这两个交警是在同时举起红灯或者同时举起绿灯。教师站在交警1的旁边准备帮助他们。

交警1："10，9，8……"当数到1时，他举起了红灯，隔壁的交警2也举起了红灯。教师用力抓住交警1拿红灯的手放了下去，交警1似乎吓了一跳，他明白了教师的意思，一边继续倒数一边很快把绿灯举了起来。

教师站在交警1旁边继续看。又到了换灯的时刻，交警1把红灯举了起来，可是交警2看到教师站在一边，有点紧张，东张西望了一下，没有换绿灯，而是仍然举着红灯。此时，教师仍然盯着交警1，发现两个交警又同时亮起了红灯。再一次把交警1举起的手摁下去。反复几次，交警1已经不知道自己究竟要举起哪一个灯了。这时，教师又一次进行指导，一边声音很大地帮助他们倒数，一边像牵着木偶一样指挥交警1的动作。两个交警小声附和着教师，交警1按照教师的指示变换手里的信号灯。教师刚满意地离开，交警2和交警1又举出了同色的交通信号灯。

（2）情景2

两个小交警呈直角站在十字路口的两端，两人商议了一下，倒数十个数换一下信号灯。教师很快发现两个交警在同时亮起红灯或者绿灯，她不动声色地站在十字路口的一端，对着交警说："交警，我应该往哪边走啊？都是绿灯，要是走，会不会撞到一起呢？"两个小交警互相望了一眼，其中一个迅速换成红灯。教师很快从亮绿灯的路口通过。两个交警继续很开心地游戏，信号灯也一直顺利更替着。

2.实践练习

（1）尝试组织同学一起玩游戏，并将自己在组织同学玩游戏和参与游戏过程中的体验和感受记录下来，与幼儿游戏特点相对照，找出相同点和不同点。

（2）某教师为小班幼儿布置了两个娃娃家，里面不仅有小床、小桌子、小柜子及幼儿需要的玩具材料，而且提供了大量的家电用品。它们的制作方法是在一个废旧包装盒的表面，贴上一张代表某种用品外形的图画，画面上有表示开关的键或把手，幼儿可以假装操作。可是没两天幼儿就不愿意玩了，致使提供的环境失去了其应有的价值。请尝试帮助该教师找出其中的原因，并提出改进建议。

3.案例分析

下面是一个教师指导幼儿点心屋游戏的案例，试根据本章所讲的内容，并结合《3—6岁儿童学习与发展指南》的精神，分析教师的指导意图。

游戏活动开始了，甜甜选择了在点心屋做蛋卷。游戏开始不久，她就用绿色的油泥成功做了几个蛋卷，她兴冲冲地邀请教师过来品尝她做的蛋卷。

教师品尝之后说："嗯，真好吃，而且手工也很漂亮。不过我有一个小小的建议，就是你可以先做一些单一颜色的蛋卷，然后再做一些里面有夹心的蛋卷，好不好？"

甜甜点头表示同意，教师接着说："好，那待会儿做好之后再请我过来品尝一下哈。"

过了一会儿，甜甜来喊教师说："老师，你尝尝我做的夹心蛋卷。"

教师尝了尝说："嗯，真好吃。你这个夹心蛋卷是怎么做的啊？"

甜甜说："就是在里面放了一块油泥。"

教师继续问："那你开始是怎么做的？"

甜甜说："先把这块油泥弄平，再往里面夹上不一样颜色的油泥，一卷就行了。"

教师继续问："你是把两个颜色的油泥揉在一起，是吗？"甜甜摇头。

教师就问："那是怎么做的？我没想清楚，你能不能再做一个给我看看啊？"甜甜就认真地又做了个夹心蛋卷给教师看。

教师看后说："嗯，不错，你再想一想，怎么样让别人看出来你做的是不同口味的夹心蛋卷？"

甜甜就拿起与夹心蛋卷内夹心同样颜色的油泥做一个小圆点粘在蛋卷表面，表示这个蛋卷就是这个口味的。

教师看了说："哦，这么快就做好了！真能干啊。"甜甜脸上露出了开心的笑容。

教师接着说："现在顾客应该能看出蛋卷是什么口味的了，但是老师觉得还可以做得更美观点儿。你刚刚用了粘小圆点的方法，想想还可以用别的什么方法吗？"教师边说边拿出一小块油泥说："你看这是一个圆的油泥啊，我把它搓长了搓成一条线，然后我把它这样子绕上去，是不是这样更好看？"甜甜点点头。

教师接着说："那好，你再想一想能用什么方法做得更好看，这样人家就会更愿意买你的蛋卷了。待会儿我再过来看你做的蛋卷，好吗？要做两种口味的而且非常漂亮的蛋卷，好不好？试试看啊。"

过了一会儿，甜甜又带着自己做好的蛋卷找教师，说："老师，你看我做的蛋卷。"

教师说："我来看看。哇！越来越漂亮了！好棒啊！你看，这是你原来做的蛋卷，这是现在的蛋卷，两种蛋卷我会更喜欢这样的。嗯，加油，再想一想怎样做得更好，好不好？"

甜甜更加认真地做起蛋卷。最后，她拿着自己做好的蛋卷给教师看，这次她把蛋卷做得更漂亮，而且连装蛋卷的小盒子都用油泥装饰得很漂亮，教师赞扬她的作品，她脸上洋溢着开心与自豪……

第三章

角色游戏的特点与指导

| 本章提要 |

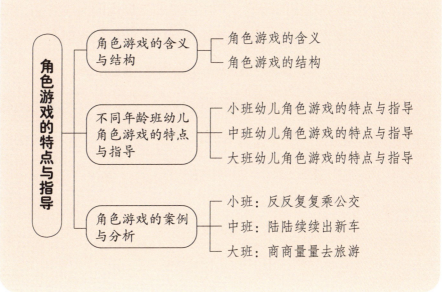

角色游戏的特点与指导

- 角色游戏的含义与结构
  - 角色游戏的含义
  - 角色游戏的结构
- 不同年龄班幼儿角色游戏的特点与指导
  - 小班幼儿角色游戏的特点与指导
  - 中班幼儿角色游戏的特点与指导
  - 大班幼儿角色游戏的特点与指导
- 角色游戏的案例与分析
  - 小班：反反复复乘公交
  - 中班：陆陆续续出新车
  - 大班：商商量量去旅游

第一节　角色游戏的含义与结构

一、角色游戏的含义

角色游戏是幼儿扮演角色，通过模仿、想象，创造性地表现现实生活的一种游戏，具有创造性、过程性、变化性三大特征。幼儿一般会扮演自己熟悉、喜爱的角色，模仿的主要对象是家长、教师、周围其他成人和同伴等。游戏过程中幼儿的主动性、自主性、创造性往往能够得到充分发挥。在表演游戏和结构游戏中，也会出现角色扮演的成分，但是这两种游戏和角色游戏实质上有着很大的区别。

（一）角色游戏与表演游戏的区别：角色来源不同

幼儿在角色游戏和表演游戏中都扮演角色，但两类游戏所扮演的角色原型不同。角色游戏的角色来源于现实生活中的各种人物、动物或事物，游戏情节主要反映幼儿对现实生活的认识和理解。表演游戏中的角色，来源于经加工提炼的文学作品，反映文学作品的情节内容，是在文学作品基础上的想象和创造（见表3-1）。

表 3-1　角色游戏与表演游戏中角色的比较

	角色游戏中的角色	表演游戏中的角色
相同点	扮演角色	扮演角色
不同点	来源：现实生活中的各种人物、动物或事物 情节：现实生活的印象 内容：可由幼儿自己选择创造	来源：文学作品中的角色 情节：反映的是文学作品的情节内容 内容：在文学作品的基础上自己想象、创造

（二）角色游戏与结构游戏的区别：材料与技能的要求不同

角色游戏和结构游戏都属于创造性游戏，但二者对玩具材料及操作技能的要求不同，对幼儿认知和社会性的发展价值各异。

玩具材料是游戏的支柱。当缺乏玩具材料时，角色游戏可以通过"以物代物"继续游戏，结构游戏则因为缺乏材料而无法展开游戏。角色游戏对操作材料没有专门要求，但结构游戏就包含了一定的操作结构物的技能和要求。

表 3-2　角色游戏与结构游戏的比较

	角色游戏	结构游戏
本质	扮演和象征	结构各种材料
物品缺乏时	可以"以物代物"，以假想来反映角色的身份	无法开展游戏
反映的主题	在现实生活的基础上想象、创造	在现实生活的基础上想象、创造
技能	要求一般	要求一定的结构技能

二、角色游戏的结构

不同类型的游戏有其不同的结构，角色游戏的结构主要包括主题、角色、动作和情节、材料、规则等几个方面。

（一）主题

角色游戏的主题具有社会性，反映了社会及现实生活中的人、事、物。现实社会生活经验是角色游戏的源泉。幼儿游戏中的主题一定是基于幼儿自身的经验和兴趣，来源于他们熟悉的社会生活情景中的人物和事件。角色游戏是幼儿对社会现实生活的积极主动的反映和表现。幼儿依据自己个人对社会生活的经验和兴趣，从熟悉的家庭生活逐渐向家庭以外的社会生活过渡，经历了由近及远、由简单到复杂的过程。

例如，教师在游戏中为幼儿设置了家、医院、超市、理发店、4S 店等主题，发现幼儿对家、医院、超市的喜爱程度一般会高于理发店和 4S 店。这是因为，家、医院、超市都是基于幼儿的生活经验。家是幼儿生活的主要场所，在家里吃喝拉撒等行为都是他们的亲身经验；医院能够满足他们生病看医生，进而模仿神秘医生的愿望；超市能满足幼儿模仿成人自主选择的购物欲望。

从精神分析理论的角度来看，这些主题都能满足幼儿"快快长大成人、做大人的事情、克服恐惧事物"的心理需要。而理发店更多满足了幼儿操作摆弄物品的需要，但由于缺乏相关经验，兴趣难以持久；4S店离幼儿生活较远，尽管他们有乘坐汽车的经验，对4S店却相当陌生。可见，幼儿游戏的主题是以幼儿的兴趣和经验为基础的，是幼儿自己决定要玩什么，而不是成人帮幼儿决定玩什么。

因此，游戏主题的社会性，是基于幼儿已有的社会生活经验。生活在不同环境中的幼儿，其经验不可能完全相同。因此，不同地区、不同的幼儿园在创设游戏的主题时，主题应该有所不同，有准备的环境要能反映幼儿经验的个别差异，例如，可根据地域、园所周边环境、幼儿经验等的不同而选择汽车、旅行团、花店、烧烤屋、超市等不同的主题。即使是相同的主题，幼儿有共同的经验，但在情节方面还是会有个体差异而不能求同。

图 3-1　户外娃娃家游戏

（二）角色

角色游戏的实质就在于扮演某个角色，即幼儿通过自己的身体、动作、表情、言语等来塑造一个特定的人物。扮演角色呈多样性的特点。例如，扮演爸爸妈妈、扮演医生、扮演司机、扮演警察等，还有幼儿扮演交警的领导，认为交警的领导就是专门在办公室接电话。不管扮演什么角色，都是源于幼儿对该角色的熟悉和理解程度。

1.幼儿扮演的角色类型

幼儿在角色游戏中所扮演的角色类型呈多样性的特点，可以概括为机能性角色、互补性角色、虚幻性角色三种类型。

机能性角色是指幼儿通过扮演角色的一两个最典型的标志性

动作，来象征他们所扮演的角色，在扮演角色的过程中重复该角色最典型的一两个动作。例如，喂宝宝吃饭是扮演妈妈最典型的角色行为；双手位于胸前做出抓握并转动方向盘的动作，表示扮演汽车司机的角色；拿个棍子或竹竿跨在腿下，边跳边跑，甚至还用手作扬鞭状，一看就知道是骑马的典型动作。

互补性角色是指幼儿在游戏中喜欢扮演具有互补关系的角色。互补性角色以成对的方式出现，一般都呈现出一方以另一方的存在为条件的互补关系。这种关系基本上以一方为扮演动作的主动发起方，另一方为扮演动作的承受方，来源于幼儿日常生活中互动较为频繁的主要社会关系。例如，妈妈和宝宝、医生和病人、顾客和售货员、司机和乘客等。这些角色都是幼儿身边熟悉的人，幼儿有着亲身的经历和体验。幼儿一般喜欢扮演主动发起动作的角色，而不太喜欢扮演被动承受的那类角色。例如前面提到的妈妈、医生、司机等都是幼儿喜欢扮演的角色。这些角色都是幼儿在日常生活中可以经常见到，并能面对面模仿的客体。他们在游戏中扮演着在日常生活中对他们影响深远的成人。

图 3-2　小医生和小护士

虚幻性角色是幼儿经常扮演的另外一种角色类型。虚幻性角色并不存在于现实生活中，主要来源于故事、童话、绘本、电影、电视等影视文学作品中，却是幼儿在日常生活中经常接触和熟悉的。通过幻想，幼儿扮演其中印象深刻的角色，重复模仿其典型动作和情节，满足他们的愿望。例如，《喜羊羊与灰太狼》里的懒羊羊、《天线宝宝》里的宝宝、《巴啦啦小魔仙》里的魔仙，还有奥特曼、小飞侠等。这些角色都不存在于现实生活中，但幼儿也会喜欢这类假想的角色，并且愿意在游戏中扮演这些角色。

2.影响幼儿角色扮演的因素

现实生活中的角色繁多，幼儿并不是把所知道的角色都扮演出来，而是有选择性地扮演某些角色，幼儿扮演角色有着高度的情绪选择性。

首先，对角色的喜好程度直接影响幼儿对角色的选择。幼儿喜欢扮演的角色，都是他们爱戴、喜欢、尊敬、崇拜、羡慕或恐惧、害怕的成人。幼儿通过扮演角色，对角色服饰、言行、职业的模仿，可以满足他们在现实生活中想成为这类成人但又不能实现的愿望。正如奥地利精神分析学家弗洛伊德所言，幼儿扮演角色有着高度的情绪选择性，支配幼儿扮演角色的动机是幼儿的情绪，基于幼儿对所扮演角色的感情。

其次，性别差异影响角色扮演。幼儿能意识到自己的性别，在游戏中会根据自己的性别选择相应的角色扮演，把自己与同性别的成人角色相对应，根据不同性别的外貌特征作性别归属，通过服饰、生活习惯等对所扮演的角色加以区分。例如，以卷发、高跟鞋、项链、烧饭等作为妈妈的角色标志，以领带、抽烟、看报纸等作为爸爸的性别标志，以拿手机、头戴圆盘帽作为警察的标志。

最后，角色熟悉程度影响角色扮演。幼儿对某个角色的扮演，源于幼儿对该角色的熟悉程度。他们在游戏中喜欢乐此不疲地扮演爸爸、妈妈、医生、超市收银员等角色，是因为幼儿熟悉这些角色的活动内容和性格特征，能较逼真地模仿角色的动作和语言。而对于远离他们生活的、他们不熟悉的角色，即使提供了扮演这类角色的道具，幼儿也会因为不熟悉、不了解而无法成功地扮演，例如银行监督员、超市进货员、售楼人员、4S店洗车工人、洗衣店老板等角色。

（三）动作和情节

1. 概括性

角色游戏中动作和情节的概括性，是幼儿角色游戏十分突出的特点。尽管幼儿在游戏中模仿着他们熟悉的成人社会生活，但这种模仿并非成人社会生活中具体的某个人、某个动作的翻版，不是完全照搬所扮演的角色的所有动作和行为，而是概括、提升他们对同一类人的某种动作的多次观察和印象。幼儿会通过使用玩具材料表现出相应的动作，概括性地抽取出经典的动作来表现假想的游戏情节，以高度概括的动作和经典的情节，表现出自己对现实生活的理解，表达自己的思想、感情和体验。例如，司机驾驶方向盘的动作，幼儿在游戏中反映出来的是他们对现实生活中司机职业动作的感知，是对所观察到的所有司机动作的概括和组合。

2. 假想性

角色游戏动作和情节的假想性，是幼儿开展角色扮演的重要支撑。幼儿的角色扮演是通过假想的动作和情节来模仿和再现成人的言行举止、职业身份、生活片段等。例如：娃娃家游戏中，妈妈一手抱着娃娃，另一只手在假想的水龙头下抓握并抖动，表示洗毛巾为宝宝洗脸；把右手拇指和小指翘起放在耳朵旁边表示打电话；公交车游戏中，司机转动方向盘表示开车，乘客上车把手掌紧贴车门旁并发出"嘀"的声音表示刷卡，手呈抓握状悬在空中表示乘公交车时拉好扶手（见图3-3）；等等。动作和情节的假想性，为幼儿在游戏中自由发挥想象，构思新的游戏情节提供了创造的空间。

图 3-3　乘坐公交车时拉好扶手

（四）材料

幼儿在游戏中通过"以物代物"的方式利用材料。"以物代物"是指用一件现实物品代替另一件想象中的物品，是幼儿角色游戏的典型特点。例如，一根细细长长的积木，不同的幼儿会把它想象成不同的东西：钥匙、打火机、生日蜡烛、温度计、小棍子……以这根细细长长的积木代替游戏中需要的但是又不在眼前的这些东西。

对物品的选择和假想，由幼儿思维发展水平决定，"以物代物"受幼儿具体形象思维的影响和制约。一开始，幼儿只能按照物体和情景的直接知觉和当时印象去行动，如幼儿看见梳子就做出梳头的动作，看见碗就做出吃饭的行为。发展到后来，幼儿能够逐渐摆脱具体事物的束缚，能根据情景的意义去行动。例如，在医院游戏中，医生给病人打针，注射器只是一个棍子，打针的动作来自于幼儿头脑中已有的打针的经验，不是来自于眼前的棍子。幼儿的"以物代物"呈现出相似形状替代和语言固定功能两个特点。

1. 相似形状替代

幼儿在游戏中"以物代物"的过程，并非毫无目的地盲目代替，而是按照事物本身的形状、特征，用另外一个东西来代替。幼儿游戏中"以物代物"的东西都与他们所想象的、不在眼前的东西在外形上存在一定的相似性。一般有直接替代和组合替代两种类型。

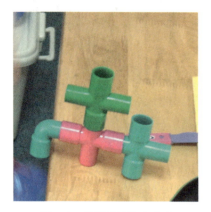

图3-4　弯管拼插的水龙头

直接替代是指根据被替代物的外部特征加以替代。例如：拱形积木当电话；弯管插塑当成水龙头（见图3-4）；两个瓶口对口当榨汁机；牛奶包装箱当微波炉；形状稍宽一点的积木，通常会被幼儿想象成面包、肥皂、饼干、枕头、砖头；等等。这些替代物和被替代物之间具有形状上的相似性。

组合替代是指根据被替代物的特征或功能，将某两种或两种以上物品加以组合，使其具备被替代物的外形特征或功能。例如，图3-5中的幼儿为了想开洒水车，将家里废旧的淋浴花洒带到幼儿园，把它和代表方向盘的圆圈绑在一起，组合成洒水车，并在方向盘中间贴上自己画的"四个圆圈"的汽车品牌标志，成为一辆奥迪牌洒水车。她将淋浴花洒、方向盘、奥迪车牌等零散经验加以组合，创造出既能体现洒水车功能，又能满足她表现已有汽车品牌经验愿望的游戏材料。另外，还有幼儿用软胶水管、圆圈、红布组合成

图3-5　自制洒水车

消防车，满足了将消防车颜色、功能进行组合的替代要求。

2. 语言固定功能

游戏中，我们怎样才能都知道这个是干什么的呢？这就需要幼儿运用语言把个人的象征变成集体的象征，通过语言来固定这个物体的名称和功能。因此，幼儿在"以物代物"过程中，会借助语言表达来固定被代替物的名称、功能，用某个词（代表不在眼前的某个事物）来代替被替代的事物，使参与游戏的其他幼儿能够理解，保证游戏中沟通和交流的顺畅。这就能够使幼儿的思维在摆脱具体事物束缚的过程中得以发展。另外，幼儿在游戏中的"以物代物"，常常呈现一物多用的特点。雪花插片既可以是钱币、食物、门票，还可以是乘地铁卡，稍加拼插还会变成水龙头。废旧纸盒既可以当家用电器，又可以当快递包装，也可以是加油箱、自助取款机、收银机，甚至还可以拼接成一排做娃娃家的围墙（见图3-6）。

图 3-6　用纸盒搭建的娃娃家围墙

（五）规则

游戏都有规则，但是在实践中，由于对游戏名称字面意思的误解，有些教师误认为只有智力游戏、音乐游戏、体育游戏等有规则游戏才有规则，角色游戏、结构游戏和表演游戏等创造性游戏没有规则。实际上，游戏都有规则，规则游戏的规则是明显并唯一的，制约着游戏者的行为，是每个游戏者必须共同遵守的规则；创造性游戏的规则却表现出内隐性和多元性两个特点。

1. 内隐性

角色游戏的规则包含在角色扮演当中，制约于表现现实生活中人物的动作、态度、语言、声调、情感态度等。在扮演角色的时候，幼儿虽然知道自己是假装的、假想的，但是他们在游戏中仍然尽可能真实地、准确地再现他们观察到的生活当中的各种各样的人们的活动。正是这种内隐的规则，让每个人物角色不同的言行举止、性格特点得以表现，使幼儿所扮演的不同角色得以区分。例如，娃娃家的妈妈对待宝宝的态度总是体贴入微，小医院的医生对待宝宝的态度却是恪尽职守。

2. 多元性

多元性是指幼儿的角色扮演与幼儿的经验紧密相连，不同生活经验的幼儿所反映的游戏情节和人物角色呈现出不同特点。因此，十个幼儿表现出十种妈妈的态度、行为和情绪，十个幼儿也可以表现出十种教师的性格、态度和行为，但是所扮演的妈妈和教师的角色仍然会呈现出某些相同的特点。这就体现出了多元性和内隐性的结合，同时反映了幼儿不同的生活环境、生活经验以及独特的想象力与创造力。

第二节　不同年龄班幼儿角色游戏的特点与指导

一、小班幼儿角色游戏的特点与指导

（一）小班幼儿角色游戏的特点：平行的象征性游戏

1. 由独自游戏向平行游戏过渡

小班幼儿角色游戏的社会性发展水平处于由独自游戏向平行游戏过渡的阶段。上学期，小班幼儿在游戏中很少与同伴交往，主要和玩具发生互动；到了小班的下学期，平行游戏逐渐占据游戏的高峰，人际之间的互动开始增加。

2. 由重复模仿动作到扮演角色

小班幼儿角色游戏的认知发展特点呈现出由重复模仿动作发展为扮演角色的特点。小班上学期，幼儿以练习性游戏为主，象征性游戏开始萌芽，喜欢重复操作、摆弄玩具，喜欢模仿成人的动作但无角色意识；游戏过程中表现出大量的重复操作、摆弄玩具的行为；游戏主题不明确，情节单一，角色意识较差。小班下学期，幼儿的象征性游戏呈逐渐上升趋势，喜欢扮演身边熟悉的角色。

（二）小班幼儿角色游戏的指导

针对小班由独自游戏向平行游戏过渡的社会性发展水平，角色意识逐渐萌芽等特点，小班角色游戏的指导要点表现在以下几方面。

1. 创设以"家"为中心的游戏主题

小班幼儿最主要的生活经验都来自于家庭，与他们生活密切相关的经验为吃饭、过生日、逛超市、生病、出游等。因此，游戏主题应该以娃娃家为主，适当安排汽车、医院、超市、菜场等与幼儿生活经验相关的主题。例如，图3-7中是以野餐为主题的平行游戏，与家庭出游的经验密切结合，每家的主题情节较为相似。

图3-7 野餐游戏

小班幼儿不可能一开始就能很完整地反映现实生活，他们只能反映他们熟悉的经验。因此，游戏主题的设置是依据幼儿的经验逐渐丰富的，游戏的内容和情节应遵循由简单到逐渐复杂的规律，并非一蹴而就。有些教师在给幼儿创设游戏环境时，总是追求热闹、真实、全面，以成人的经验为幼儿设置两个娃娃家，以及医院、菜场、银行、理发店、汽车美容店等游戏区域，其结果往往会因为幼儿缺乏相应的经验而导致游戏无法开展。例如，教师建议幼儿玩乘飞机的游戏，看见幼儿去买票了，却发现幼儿并不知道如何买票，如何登机，飞机如何飞达目的地等，游戏很难开展下去。这是因为这些事情幼儿没有亲身经历过，所以在游戏中表现出不会乘飞机的问题。

2. 提供种类少、数量多的成品玩具

教师所提供的角色游戏材料和区域创设要尊重小班幼儿以平

行游戏为主的特点，同一个班级的区域数量和大小要满足大部分幼儿的需求。玩具应当呈现种类少、数量多的特点，即，玩具的相同性程度要大，并随着幼儿的发展要适当增减。

对于小班幼儿来说，成品玩具更加具体形象，能引起幼儿对已有生活经验的回忆，帮助幼儿将现实生活的经验迁移进游戏，练习模仿成人生活经验。例如，可提供餐具、婴儿用品、医院用具、娃娃家玩具等类型的玩具，满足幼儿平行游戏的需要，避免幼儿为争抢玩具而发生不必要的矛盾纠纷。

3. 尊重幼儿自主扮演角色的意愿

幼儿在角色游戏中常扮演的三种角色类型为技能型角色、互补性角色和虚幻性角色。就互补性角色而言，幼儿喜欢扮演动作的主动发起方，而不太愿意主动选择扮演动作的承受方。因此，教师应尽量尊重幼儿，让他们自己选择喜欢模仿的角色，而不要人为给幼儿安排他们不愿意或没有能力模仿以及缺乏经验的角色。例如，小舞台游戏中，没有人愿意当观众，有的教师就会安排某个能力弱小的幼儿去当观众，而不考虑这名幼儿的感受。又如，小医院游戏中，幼儿喜欢扮演医生，教师却因医生已经满员，而随意安排该幼儿去扮演病人，完全违背了幼儿本身的意愿。相反，教师应当充分利用游戏的补偿功能，尊重幼儿意愿，支持幼儿在游戏中扮演医生的角色，帮助幼儿把现实生活中因生病进医院的有关打针、吃药的恐惧经历和感受发泄出来，使幼儿心理趋于平衡的状态。

值得注意的是，小班幼儿都想玩娃娃家游戏，为了满足幼儿的需要，教师可以添加娃娃游戏区，增加娃娃家的角色。在娃娃家游戏中，幼儿一般都喜欢扮演爸爸妈妈等成人角色，没人愿意扮演宝宝，因为这种与现实生活等同的宝宝，同样是被动接受成人安排的角色，并不能帮助幼儿获得"快快长大成人、做大人做的事情"的满足感和成功体验。而布娃娃、毛绒玩具娃娃就成为游戏中的娃娃，任由爸爸妈妈摆布。因此，教师在指导游戏的时候，切记不要凭成人主观愿望给幼儿安排此类被动顺从的角色。

4. 以提供榜样示范的平行游戏法介入

跟幼儿一起玩，加入幼儿的游戏当中，有利于观察幼儿在游戏中的发展变化过程，在与幼儿游戏的过程中达到指导的目的。小班幼儿角色意识比较差，教师应当以平行游戏者的身份介入，满足幼儿平行游戏的需要。教师可以在幼儿的旁边玩一个游戏来吸引幼儿，给幼儿起到示范的作用；或扮演幼儿喜欢的角色参与到游戏中，给幼儿做出示范并提供具体形象的模仿榜样，跟幼儿一起玩。

失火了

小班娃娃家失火了，妈妈在家里喊："失火了，失火了！"其他孩子也跟着喊："失火了！"游戏表现出经验零散、情节简单的特点。这时候，教师扮演消防员开着消防车来到娃娃家，告诉孩子们："听说娃娃家失火了，我是来救火的消防员！"孩子们纷纷说："赶紧用水灭火啊！"教师用本子卷成一个管状物，做出一系列灭火的动作。旁边的孩子们在教师的示范下，也纷纷学习开着消防车，找来各种替代物品做出灭火的动作。可见，教师在孩子们缺乏经验的前提下，以平行游戏者的身份介入游戏，在示范的过程中丰富了游戏情节，达到了指导的目的。

5. 创设促进目光交流的机会

美国心理学家豪威斯（Howes，1980）研究指出，平行游戏有两个发展阶段：第一阶段没有目光接触，各自玩着相同的游戏；第二阶段有目光接触。人与人交往的前提是目光对接、眼神交流。离开目光的交集，幼儿不可能或很难和别人产生社会性交往。幼儿的平行游戏往往会从无目光接触的低水平向着有目光接触的高水平阶段发展。因此，在平行游戏阶段，教师要创设低于幼儿视线的环境，保证幼儿在游戏过程中能有目光接触的条件与可能。

6.仔细观察，支持幼儿游戏情节的发展

教师在游戏过程中仔细观察并读懂幼儿的游戏行为，是有效实施指导的重要前提。误读就会带来错误盲目的指导。因此，教师要注意观察游戏中新出现的情节，捕捉并辨别幼儿的经验和兴趣点，及时给予必要的支持。例如，在玩公交车游戏的过程中，幼儿每次走到公交车门的地方，嘴里就会发出"嘀"的声音，同时用手去碰车门的位置。观察了一段时间后，教师认为幼儿可能具有公交车刷卡的经验。因此，教师就给幼儿在车门处做了一个刷卡机。自从教师增加了刷卡机之后，促使幼儿的游戏情节由坐私家车变成了乘公交车，游戏情节得以扩展和延伸。

图3-8展示的游戏是小班幼儿带宝宝晒太阳。以成人的眼光也许会有疑问：宝宝为何睡在煤气灶上？但幼儿有自己的想法：

图3-8　带宝宝晒太阳

外面有太阳，带宝宝来晒太阳，宝宝睡觉了，她睡在枕头上。小班幼儿为了带宝宝晒太阳，可以把家搬到户外来，门也搬到户外来，当他们需要枕头的时候，煤气灶就被替代成了枕头。可见，他们在户外的兴趣并不在烧饭上，而是宝宝睡觉，这也是他们自己生活经验的再现。

7.萌发初步的规则意识

小班幼儿处于规则意识和行为发展的萌芽阶段，他们开始初步认识和理解规则，并且尝试运用规则，在提醒下能遵守游戏和公共场所的规则。例如，在成人提醒下爱护玩具和其他物品。因此，在指导过程中要把规则意识的培养渗透在游戏中，从学习"把玩具材料放回原处"等最基本的常规开始，让幼儿知道该做什么、不该做什么，逐渐学习和遵守使用玩具物品、人际交往等基本的规则。教师可以在游戏结束时以

"今天你是在哪里玩的？""都干了什么事情？""你是怎样照顾宝宝的？"等话题，引导幼儿主动表达自己在游戏中的感受，了解幼儿在游戏中玩了什么、表现了什么、情绪体验如何，等等，不断增强幼儿的角色意识和规则意识，鼓励幼儿愉快地参与游戏，鼓励幼儿与教师、同伴交往。

二、中班幼儿角色游戏的特点与指导

（一）中班幼儿角色游戏的特点：角色游戏的高峰期

1. 角色间有交往愿望却缺乏交往技巧

升入中班，幼儿知识面扩大，生活经验更加丰富。中班进入了平行游戏的后期，幼儿之间有较多的目光接触行为；社会性发展水平处于联合游戏阶段，有了与同伴交往的愿望，但尚处于"自我中心"阶段，往往带着自己的想法试图与别人交往。例如，幼儿甲和幼儿乙都想和对方玩，但两个人在一起后，却都要求按自己的想法玩，不能很好地去"自我中心"，不能从别人的立场看问题，不能很好地协调与同伴的观点冲突，时常因想法不一致而发生矛盾冲突，缺乏交往方法和技能，结果会因互不相让不欢而散。

2. 角色游戏占主导地位

中班是象征性游戏的高峰时期，大量出现角色游戏。由于幼儿身心发展水平的提高和生活经验的扩展，幼儿在游戏中尝试更多的反映社会生活经验的游戏主题。幼儿的角色意识增强，有角色的归属感，往往会主动选择某个角色并以此角色身份参与游戏，并有较多的角色之间的交往互动。同时，游戏中主题之间的互动增加，游戏内容和情节比较丰富，但是他们的游戏主题还不稳定。他们会受到很多东西、很多区域、很多材料的吸引，会频繁地变换游戏，尤其是游戏初期常不断地更换主题和角色。例如，中班幼儿也喜欢玩娃娃家类的角色游戏，且游戏的角色和主题也会比小班有更多的扩展，但是，娃娃家里的人可能会带着自己所扮演的角色身份，频繁外出与同伴交往，使家看上去不如小班热闹。

（二）中班幼儿角色游戏的指导

1. 提供丰富的游戏材料，支持幼儿玩多种经验的游戏

教师应根据中班幼儿的需要，提供种类多、数量多的玩具材料，并给幼儿适当提供操作的半成品材料和替代物品。教师还应鼓励幼儿玩多种基于生活经验的主题或相同主题的游戏，投放的成型玩具和半成型玩具要以一定的比例呈现。教师要充分发挥幼儿的主动性，例如，中班幼儿非常乐意和教师一起布置场地和收集材料，教师可以尊重幼儿的这一需要，和幼儿共同创设环境与收集材料。教师还可以和中班幼儿共同讨论主题的产生，根据幼儿的经验和需要，开设美食店、加工厂、理发店、银行、菜场等主题。

2. 根据幼儿的兴趣和需要增减角色

角色游戏是中班幼儿非常喜欢的游戏，但是在实际中，由于教师设置的热门游戏区的数量较少，或对每个角色游戏区人数加以限制，导致一些幼儿无法实现自己的角色扮演意愿。因此，教师应根据幼儿的需要，增加或调整区域数量和角色人数。

一方面，适当增加热门游戏区域的数量。角色游戏中，中班幼儿非常喜欢扮演与他们生活密切相关的内容，且主题较小班幼儿更加多样。因此，教师一定要跟随幼儿的兴趣，满足幼儿的需要，充分调动幼儿参与游戏的主动性和积极性，尽可能为幼儿创设条件积极投身游戏中，实现游戏应有的教育价值。例如：幼儿都喜欢玩娃娃家，教师不妨扩大娃娃家的面积，或者增设多个娃娃家，满足幼儿游戏的需要；当幼儿对汽车感兴趣时，教师可以提供多种材料，满足幼儿扮演出租车、公交车、110警车、消防车等多种汽车司机的角色的愿望。

另一方面，根据幼儿的经验和兴趣，适当增加热门角色，减少冷门角色。教师不应该规定由幼儿来扮演被动的一方，除非是幼儿自己的选择。例如：在医院游戏中，大多数幼儿都喜欢扮演医院的打针医生，而不愿做医院的挂号医生，那么教师可以提议取消挂号医生的角色，设置多个打针医生的角色，或让打针医生兼顾看病和打针的职责；在娃娃家，幼儿都想扮演家长的角色，而不是扮演娃娃，那么教师可以提供玩具娃娃，让玩具娃娃来做被动的一方；在小吃店游戏中，幼儿都喜欢扮演厨师，不愿做顾客，那么可以只设置厨师的角色，并且建议娃娃家、医院等其他角色游戏区的幼儿扮演顾客到小吃店进餐。这样既满足了幼儿的需要，又能使游戏顺利开展。

3. 以游戏者身份参与游戏，观察、了解游戏中幼儿的想法和需要

中班幼儿的思维和语言得到了较大的发展，他们更加愿意与成人及同伴交流。教师以游戏者身份参与游戏，不仅可以激发幼儿游戏的意愿，还可以帮助教师深入游戏情景，持续地观察幼儿游戏的行为，理解幼儿在游戏中的真实意图，发现游戏中的想象情节和"以物代物"行为，及时了解幼儿在游戏中的需要、存在的问题和矛盾纠纷等。同时，不会轻易破坏游戏的连贯性，为幼儿开展游戏提供了操作和实践的机会。

小案例

包店游戏

中班包店游戏是在"我设计的包"这一手工活动的基础上新生发出的角色游戏。游戏角色主要有设计师（负责做包）、营业员以及收银员。幼儿将自己制作的或者是从家里带来的各种包包进行售卖。下面是教师对该游戏进行的观察与指导。

问题情景：没人买包怎么办？

乐乐是设计师，丁丁和毛毛分别是营业员和收银员。游戏开始一段时间后，教师走进包店，却发现店里只有乐乐一人在做包，丁丁和毛毛不知去了哪里。等了会儿，只见两人手里各自拿着一个"手机"回来了，原来他俩去"商场"了。

教师："你们怎么都不在店里呢？我要来买包怎么办呢？"

丁丁："一直都没有人来买包，我们才去买手机的。"

教师意识到"没人买包"才是丁丁和毛毛"擅离职守"的原因所在。

教师："哦！我都不知道这里是包店啊。你们能不能想想办法把包卖出去呢？"

策略提升1：礼貌待客

这时，来了一个顾客，教师就站到了一旁。

丁丁："你要买什么包？"

顾客："我想要一个小一点的一块钱的包。"

丁丁笑眯眯地拿了一个包给她，顾客接过毛毛刷过的卡就走了。

教师蹲下来对幼儿说："我发现刚才你们对来买包的顾客很友好，这是个好办法！我也想买一个包。"

策略提升2：推销

教师："能告诉我你们都怎么卖包吗？"

毛毛："还可以推销。"

教师："那要怎么推销呢？假如我现在是一个过路的人，你要给我推销哪种包？"

毛毛拿了一个上面粘满小贴画的包："我要推荐这个包，这个包很漂亮，上面有很多小贴画。"

教师："除了小贴画，这个包还有什么好处呢？能再介绍一点吗？"

毛毛："这个里面还可以装轻点的东西，拿起来就可以轻松一点。"

教师："听你这么介绍，这个包好像真的挺好的，我想买了。"

策略提升3：降价

教师接着上面问："那这个包多少钱啊？"

毛毛："7块钱。"

教师："这么贵啊！能不能便宜点呢？"

毛毛："可以，那就4块钱吧。"

教师："从7块降到4块，便宜了好多啊，那我就买了吧。如果其他顾客来，你们也能便宜点，他们会乐意买你们的包。"

教师拿着包就离开了。

策略提升4：买一送一

教师离开后，又有一个顾客来买了个包。过了一会儿，这个顾客拿着包又回来了，说："老板，你看我买的包带子断了，我要退货。"

丁丁："这个粘上就可以了。"顾客还是不满意，丁丁接着说："那我再送你一个包好了。"顾客高兴地答应了。

教师这时看到了，就问丁丁："刚才的包是用什么办法卖出去的？"

丁丁："买一送一。"

教师："嗯，用买一送一的办法来卖包，相信你们的包会很快都卖出去的。"

策略提升5：调整位置

有了上述的几个办法，包店的生意越来越好了。很快，挂在墙上的包就所剩无几了，于是丁丁就把挂在下面的包往上面挪了挪。

教师看到后问："丁丁，你为什么要把下面的包挪到上面去呢？"

丁丁："因为挂在下面别人都看不到。"

教师："那挪到上面会怎么样呢？"

丁丁："别人就能一眼看到，就会买了。"

教师："你们真能干，还能通过移动包的位置来把包卖出去。"

游戏分享：整合、提升幼儿经验

游戏结束后的分享环节，教师通过询问包店的幼儿"包店今天遇到困难了吗？""你们是怎么解决困难的呢？"等问题帮助包店的幼儿整理、提升了在游戏中获得的经验。同时，也使包店幼儿的个别经验经由分享变成了所有幼儿的共有经验。更重要的是，幼儿在游戏中积累了问题解决的方法，提升了问题解决的能力。游戏真正促进了幼儿的发展。

4.引导幼儿分享游戏经验，丰富游戏情节

基于中班幼儿语言和思维能力的进一步发展，教师可以用"今天玩了什么游戏？""和谁在一起？""今天玩得高兴吗？"等问题，鼓励幼儿主动分享游戏经验，分析纠纷产生的原因，引导幼儿逐步获得与同伴交往的方法和技能，鼓励幼儿学习同伴的优点，学习自己解决简单的问题。在此过程中，就可以达到帮助幼儿整理游戏中的经验的目的，同时会促使游戏经验得以持续发展、游戏情节更加丰富。

交警游戏分享

游戏结束时，教师请扮演交警的幼儿介绍今天做了什么事情？

交警："因为他乱停车，我给他开了罚单。"

教师："你是把车停在哪里的？"

司机："我是把车停在商场门口的。"（压根就意识不到什么叫乱停车。）

教师："小朋友们说说，把车停在商场门口是不是乱停车？"（把问题抛给幼儿。）

幼儿1："不算。"

幼儿2："这个地方万一不是停车的呢？"

幼儿3："就会挡住别人，挡住行人。"

幼儿4："建一个停车场。"

可见，教师并没有直接告诉幼儿什么应该做、什么不应该做，而是充分发挥幼儿的主动性，把问题抛给了幼儿，鼓励幼儿自由自主讨论问题解决的办法，达到了帮助幼儿梳理游戏经验、丰富游戏情节的目的。

三、大班幼儿角色游戏的特点与指导

（一）大班幼儿角色游戏的特点：处于合作游戏阶段，喜欢主题新颖的游戏

1.主动选择并有计划地开展游戏

大班幼儿计划性开始增强，能按自己的愿望主动选择并有计划地游戏，清楚地知道今天要玩什么、需要什么、打算怎么玩。在游戏中解决问题的能力增强，能尝试自己独立并成功地解决问题。

2.游戏主题新颖

大班幼儿游戏经验相对丰富，在游戏中能主动反映各种各样的生活经验。游戏主题新颖，内容丰富，能够反映复杂的人际关系，但是游戏情节会有一定的跳跃性和随意组合的特点。例如，旅行团游戏中，开旅游大巴的司机，在玩了一段时间旅行团之后，开始出现开飞机的新主题，带旅行团坐飞机出去旅游。但是，虽然飞机的游戏主题很新颖，情节却往往会停留在再现旅游大巴的游戏内容上。因此，他们在游戏中会出现开着飞机直奔小吃店吃饭的情节。

3.角色意识明显，角色有分工合作

大班幼儿在游戏中角色意识十分明显，能生动形象地再现所扮演角色的特征，反映较为复杂的人际关系；能主动反映各种各样的生活经验，也能反映事物的细节特征。游戏中有明确的分工与合作，游戏群体中会出现负责角色分工的领导者来领导集体构思情节，能够共同合作玩相同主题的游戏，协商不同游戏主题的游戏角色。例如：医院的医生、护士、病人、家属；小吃店的老板、收银员、服务员、厨师；旅行团的司机、导游、游客；银行存钱、取钱、发号的工作人员；理发店的发型设计师、洗发员；等等。

4.游戏中能反映情节的细节特征

大班幼儿在游戏中不仅能反映丰富的游戏情节，还能非常细

致地反映出情节的细节特征，还能实现角色的迅速转换。例如，能够根据不同情景的需要扮演双重角色。

洗澡

一个小姑娘是娃娃家的妈妈，她在娃娃家里给娃娃洗澡。她洗得非常仔细，有抹沐浴露、搓澡、冲淋等细节动作。

问："你在干什么？"

答："宝宝太脏了，给她洗澡。"

问："为什么太脏啊？很久没洗澡吗？"

答："洗的，我不在家，爸爸洗得很不干净。"

问："你不在家去哪里了？"

答："去银行苦钱。"

问："苦钱是做什么啊？"

答："上班很辛苦，我要去很辛苦地挣钱。"

之后，她穿梭于娃娃家和小银行之间。去小银行把象征钱币的雪花插片从箱子下面抓到小银行自助取款机的出口。回家后，又继续给宝宝洗澡、烧饭、拖地，还抱怨爸爸不干活。可见，游戏的内容、情节非常丰富。小姑娘同时扮演了不同情景中的两个角色：娃娃家的妈妈和银行的工作人员，很好地进行着角色之间的转换，并且反映了家庭生活的细节特征。

（二）大班幼儿角色游戏的指导

1.鼓励幼儿和教师一起准备材料及布置场地

大班幼儿完全有能力、有主见自己规划游戏场地，收集并准备游戏材料。教师可放手让幼儿一起准备材料和场地，让幼儿根据自己的意愿决定玩什么内容，让幼儿按照自己的意愿和需要使用玩具材料，给予幼儿想象和创造的空间，满足大班幼儿独立和自己动手的要求。在开始玩游戏前，教师可以先引导大班幼儿自己想好玩什么、在哪里玩，之后就让幼儿自己布置游戏场景，在游戏中为他们提供锻炼能力的机会。当幼儿需要帮助的时候，教师提供必要和及时的帮助。

另外，教师要为幼儿合作进行游戏创造条件，不仅在材料的种类和数量上，还要在材料的特征方面加以考虑，为幼儿提供多元化的、能反映物体细节特征、促使幼儿去探索发现的多种材料。例如，提供餐具，就要考虑餐具的多种类型及用途等特征，尽可能通过多样化餐具的提供来丰富幼儿的游戏。

2. 在自由选择游戏中学会自我调适

自我调适能力是大班幼儿正在发展的一种重要能力，需要在真实的情景中、在与人交往的过程中去直接感知和体验，让幼儿以自己的方式去解决所碰到的问题，充分满足幼儿的游戏愿望和主动学习的积极性。角色游戏能够为大班幼儿提供充分自由游戏的机会，支持幼儿在真实的情景中，通过与人交往及同伴互动学习自我调适，并解决交往中的冲突和问题。

在角色游戏中，由于班级幼儿人数较多，教师主要采用"插牌预定""优先选择"等方式，来调控游戏区域之间人数的均衡，使每个地方都有人玩，避免了幼儿在选择游戏过程中出现的矛盾和争执现象。教师选择这些策略并非完全出于对游戏秩序的维持，更多是基于对幼儿自我调适能力的初步培养。因为在现实生活中幼儿的愿望不可能都得到满足，要根据实际情况学会调适自我。但是，自我调适能力的培养绝不意味着以牺牲部分幼儿的自主性，形成被动退缩、消极放弃的行为习惯为代价。不管是事先插牌还是现场优先选择，游戏的主动权其实都被操控在教师手里。当幼儿喜爱的某个区域满员后，幼儿只有无奈地选择另一个自己不太喜欢的区域或角色，或被动听从教师的安排，接受一个自己根本不愿意玩的游戏。长此以往，幼儿失去了自由探索、主动进取的精神，当问及某些在游戏中无所事事的幼儿为什么要选这个不好玩的游戏时，幼儿的回答总是："老师让我玩的。""老师说那个不可以玩。"结果，最注重幼儿游戏自由的创造性游戏，反而是最不自由的，幼儿失去了最基本的选择游戏的权利。"插牌预定"和"优先选择"两种策略的使用，教师虽然人为地控制了可能出现的矛盾和冲突，保证游戏能按照预定的方向发展，但同时剥夺了幼儿学习自我调适、与人沟通交流、拓展人际关系的宝贵机会。因此，教师的策略选择应当以尊重和充分发挥幼儿的主动性为前提，赋予幼儿实际的自由，支持幼儿在自由自主的游戏中学习自我调适。

我想做舅舅

兵兵由于年龄偏小，在小班时一直选不到自己想玩的游戏区域，总是被教师安排去填补那些没有人愿意玩的游戏区域。进入中班后，选择游戏的方式发生了改变，教师放手让幼儿自己去选择游戏区域。经过几次的徘徊之后，有一天，兵兵终于勇敢地进到一个娃娃家去做舅舅，可是一进去就被同伴拒绝。遭遇过两次拒绝以后，兵兵尝试改变了策略，首先对娃娃家的幼儿说："我是来商量的。"等同伴愿意听他商量时，他说："我来做舅舅好不好？"再次遭到同伴拒绝后，兵兵没有放弃，终于找到了只有一个人的"菜场"，开心地玩起了买菜的游戏。

可见，当幼儿被赋予了自由游戏的权利，自己决定玩什么游戏，扮演什么角色，尝试自主选择、自由结伴时，幼儿会自然而然地在游戏过程中不断调适自我。如案例中的兵兵这样被动顺从的幼儿，教师一旦放手，他也开始凭借自己的能力去尝试各种方法策略，根据外界的反应积累经验进行自我调适。在一次次的亲身体验中让自己内心变得独立，逐渐由一个被动顺从的孩子变成一个有想法的、敢于尝试的主动参与者，同时在自主选择的过程中逐渐形成能承受挫折、换位思考等能力。

3. 允许幼儿自发生成新角色

在角色游戏中，幼儿是游戏的主人，教师不能以成人世界的眼光去看待幼儿的游戏，要给幼儿留有自由创造的空间，让他们自己去体验角色，创新角色行为。教师适当引导，让幼儿自由地创造与发挥，让幼儿以他们自己的方式去解决问题，这样才能有效发挥游戏的价值，真正促进幼儿综合能力的发展。例如，图3-9中一个大班下学期的小女孩，跑来告诉教师："我是宝宝！"并用手指着自己的屁股说："这是我穿的纸尿裤！"原来她扮演的是穿纸尿裤的婴儿。大班幼儿能扮演婴儿，属于"低于身份"角色的扮演，这也是幼儿可能扮演的角色类型之一。教师应进一步观察幼儿扮演该角色的表现，不能以大班幼儿不该再玩此类游戏为由而阻止幼儿。

图 3-9 穿纸尿裤的宝宝

4. 引导幼儿进行必要的讨论，推动游戏情节发展

大班幼儿的思维和语言能力都有了很好的发展，他们能够独立思考问题，并且能够清晰地表达自己的观点和看法。教师应当密切关注幼儿角色游戏的进展情况，及时发现其中的问题，并且选择适宜的时机和方式引导幼儿进行必要的讨论，分享彼此的观点和认识，进而推动游戏情节的发展。

银行取钱

小银行游戏中，银行工作人员看见有人来取钱，就立刻出示表示关门的标志，导致有的幼儿三次都未取到钱。针对这个问题，教师和幼儿进行了如下交流。

教师："银行为什么见顾客来就关门啊？"

银行职员："因为人太多。"

教师："银行人太多，可以怎么办？"

图 3-10　坐在椅子上排队

女孩1："可以在银行前放条线，就不挤了。"

女孩2："就是到你了，才能站在线上去取钱。"

教师："哦！有条线可以保证不挤。还有什么办法吗？"

男孩1："可以在旁边用线拦起来（双手比划类似排队的平行线）。"

女孩3："我去机场坐飞机时看过这样的线。"

教师："还有什么办法？"

男孩2："可以坐在椅子上排队。"

男孩3："在椅子上贴号码。"

教师："大家讲了好多办法，第一种办法是在银行取钱的地方放线（一米线），取钱的人要排在线的后面；第二种办法是坐在椅子上排队（见图3-10）……以后在游戏中可以试试。"

可见，教师只是扮演一个引导幼儿讨论的角色，充分尊重和保护了幼儿的好奇心和学习兴趣。幼儿在教师问题的引导下，根据已有经验分享和积累，根据自己的理解逐步完善经验，对角色的认知和角色体验进一步深化。通过这样的讨论，能培养幼儿发现并尝试解决问题、主动学习和积极建构经验的能力，也体现了幼儿积极的态度和良好的行为倾向。

5. 利用分享环节，关注幼儿良好行为习惯与学习品质的培养

教师在组织幼儿分享游戏经验的过程中，既要关注幼儿游戏中的经验，也要关注幼儿良好行为习惯的培养，注重养成幼儿良好的学习品质，使其终生受益。游戏中蕴含着社会生活的方方面面，游戏结束后，教师及时针对幼儿在游戏中的学习习惯、规则意识等具体表现，引导幼儿充分讨论、分享经验，就能够促使他们学会发现和学习同伴的长处，学会学习和创造，取长补短，开阔思路，在游戏中促进认知和社会性发展。

怎样让别人能听清楚？[1]

教师："看到很多小朋友笑嘻嘻的样子，好像很想说说自己在游戏中的事情。有小朋友在游戏中遇到了一些问题，很想让大家一起来帮帮忙，是不是啊？那我们先说在游戏当中你遇到了什么问题和困难，需要我们大家帮助解决的。在说之前，我要问一个问题：'你站起来说话的时候，你说的话是给谁听的？'"

幼儿："大家听的。"

教师："对。那么声音要怎么样？"

幼儿："响亮。"

教师："很好。我现在发现，有很多小朋友很想说话。但是，他的声音有一点点轻，只能让旁边的小朋友听到。我觉得这样的声音有点低，你的话是说给大家听的。而且，我们是大班小朋友哦！说话的人声音要响亮。听的人呢？听的人怎么听？"

幼儿："安安静静地听。"

教师："哦，还有呢？"

幼儿："竖起耳朵听。"

教师："竖起耳朵听，我们可以认真地听，是不是啊？你说呢？"

幼儿："要认真听，认真说。"

教师："我们要把别人说的事情听进去，而且要想一想，对不对？从你的眼睛当中，我就能看出来别人说话的时候，你是不是在认真地听。大家看，我在说话的时候，大家都把手放好，眼睛紧紧地盯着我。一会我要看一看，你对别人是不是这样。最后一排的小朋友虽然离我很远，但是坐得很好。我希望待会儿别的小朋友说的时候，你能像现在一样，认真地听，仔细地听，好不好？"

幼儿："好！"（一个小朋友站起来说话，但是他的声音很小，

---

[1]　引自刘焱编著：《幼儿园游戏与指导》，高等教育出版社2012年版，第316页。

而且外面非常嘈杂，教师适时地打断了他。）

教师："你现在说的可能你旁边的小朋友能听到。但是现在外面怎么样啊？很吵，你能不能声音响一点啊？"

幼儿："今天我是玩小吃店的，有很多人要买烧烤了，就问我几块钱，我很累！"

教师："哎呀，这个声音你们都听到了没有？"

幼儿："听到了！"

教师："很好，我知道你今天已经是鼓足勇气，很用力地在说了，是不是？我们表扬一下。"（一片鼓掌声。）"他的声音你们听到了吗？"（幼儿答听到了。）"谁来说他刚才提到什么问题？你如果能把他刚才说的话、他的问题说出来，说明你是认真听了。"（教师点了一名小朋友复述。）

幼儿："他说他是玩小吃店的。他一会要拿烤串，一会要拿海带串，他还要收钱，他很累！"

教师："你是这个意思吧？谁有不同意见？"

案例中的这位教师，就是利用幼儿喜爱游戏的特点，在游戏过程中关注幼儿行为习惯的培养，通过具体的语言、动作示范、情景体验，让幼儿明白当别人说话时要看着别人的眼睛，竖起耳朵认真地听，声音响亮地讲。通过教师的引导，幼儿的行为表现又给教师以及时的反馈，充分体现了"通过游戏来教"的理念，培养了幼儿以自己的方式解决问题的能力，通过游戏统整了幼儿的学习经验。

培养幼儿良好的行为习惯和学习品质，对幼小衔接乃至终身学习都十分重要。教师应当充分利用游戏的教育价值，注重培养幼儿良好的行为习惯和学习品质，例如倾听习惯、流畅表达、积极思考、专心专注等习惯和品质。具体来说，教师可以从以下三个方面着手。

第一，利用真实的情景，引导幼儿直接感知"倾听、轮流等待、专心"等要求的含义。例如，每个幼儿都着急想把自己的问题与大家分享，却不愿意听别人的想法，教师就可以利用这个现象引出类似下面的对话。

教师（问没听别人的幼儿 A）："请你告诉大家，刚才×××小朋友讲了什么事情？"

幼儿 A："不知道。"

教师（面向全体幼儿）："为什么不知道的呢？小朋友们想想为什么他不知道？"

大家："因为他没听……"

教师："我知道有些小朋友在认真听，因为我看到他的眼睛是看到这里的（指说话人）……"

教师利用此机会告诉幼儿要学会倾听，以及"眼睛看着说话人"的具体要求，并且在具体情景中培养幼儿学会怎样倾听，进而帮助幼儿建立良好的倾听习惯。

第二，在实际操作过程中帮助幼儿理解做事的方法。在大班幼儿的角色游戏中，教师要注重幼儿在游戏中的学习体验和操作经验的获得。例如，教师可以充分利用游戏中常常被忽略的材料整理环节，引导幼儿在实际操作中习得生活中的一些重要能力，如《3—6岁儿童学习与发展指南》中提倡的"将玩具图书放回原处""整理自己的物品""按类别整理好自己的物品"等要求。让幼儿尝试自己收拾整理游戏材料，不仅可以培养幼儿的责任感，养成良好的收拾整理物品的习惯，更重要的是在收拾整理的过程中，练习并学会按类别整理、根据物品大小整理、有顺序合理地收放等方法。这种保持环境整洁，有序保管自己物品，做事有条理并有始有终等良好的生活能力和习惯将使幼儿终身受益。可见，如果我们把游戏开始和结束时的游戏环境布置和收拾整理环节，都看成是幼儿学习规划、整理环境的机会，就能够促使幼儿在游戏中学习和成长。

第三，在亲身体验和同伴交往的过程中学习各种方法策略。

角色游戏为大班幼儿提供了很好的亲身体验和同伴交往的机会，大班幼儿思维、动作及各项能力的发展也使得他们的体验和交往更加积极和主动。因此，教师应当把幼儿作为学习的主体，充分调动幼儿全身心地参与游戏活动，并且帮助幼儿梳理并提升在游戏中获得的经验，促使他们通过亲身体验和同伴交往来主动学习。

游乐场的故事

幼儿："今天我是玩游乐场的，我是游乐场管卖票的那个。今天我们赚了很多钱，我们用了两个方法。"

教师："哪两个方法？"

幼儿："我们用的第一个方法是：第一个来的人免费，第二个来只要一块钱，因为是第二个来的。楠楠第三个来，她玩了好几次，花了七块钱。还有两个十块钱。"

教师："哦，他今天讲得清不清楚啊？"

幼儿："清楚！"

教师："声音又响亮又清楚，很好！你刚刚说了两个办法。第一个办法你们听明白了吗？"

幼儿："听明白了。"

教师："他们第一个办法就是第一个来的人怎么样？"

幼儿："免费。"

教师："第二个来的人怎么样？"

幼儿："一块钱。"

教师："那你们正常卖票多少钱？"

幼儿："七块钱一张。"

教师："第二个来的人几块钱啊？"

幼儿："一块钱。"

教师："这样来玩的人就很多了，是不是？好，这是用的第一个方法。那第二个方法是？"

幼儿："第二个方法是人来了，如果他三次投沙包都投到了那个套圈，就送一个小礼盒。蝴蝶结没有了，就想了一个好办法，送一个小礼盒。"

教师："哦，还可以奖励别人。他今天讲了几个办法吸引别人？"

幼儿："两个。"

教师："两个。第一个是优惠政策，游客来有优惠；第二个是奖励。"

可见，教师在游戏之后的总结中充分调动了幼儿的亲身体验和交往经验，以开放性的问题帮助幼儿一步一步地梳理幼儿游戏中获得的经验，并适时地加以提升。全体幼儿都分享了游乐场可以利用优惠和奖励来吸引更多游客的办法，扩展了幼儿的思维和经验。

第三节　角色游戏的案例与分析 [①]

本节内容是一个为期三年的角色游戏指导案例，描述了幼儿从小班到大班的游戏历程。在角色游戏过程中，教师持续关注并观察幼儿汽车游戏中的情节、兴趣、经验和行为，及时给予必要的支持和帮助，实现了游戏教育功能的最大化。

一、小班：反反复复乘公交

继上学期开展了娃娃家、医院、蛋糕店等主题的游戏之后，小班下学期开始，角色游戏中出现了娃娃家出游需要乘车的情节。教师为幼儿准备了一个有前后两个座位的车。每家出门都轮流乘坐唯一的车，当车上有某一家乘车时，另一家则在旁边稍作等待。在幼儿的心目中，也许都把那辆车假想成自己家的车。

（一）游戏场景：私家车和公交车懵懂经验的交织

一天，游戏中出现了经验冲突，引起了教师的关注。A家的

---

① 本节内容参见邱学青：《由模仿到创造：角色游戏"汽车"的产生与发展》，《幼儿教育（教育教学版）》2013年第12期。作者进行了部分改动。

爸爸妈妈已经坐在了车上，此时B家的爸爸在车门口用手掌靠了一下车门，并对身后的妈妈说："上车吧，刷过卡了。"由此，A、B两家发生了争执。A家认为是自家的车，B家认为是公交车。两家幼儿都不愿意让步。于是，教师调整了车的内部结构，把含驾驶的座位由原来的两个增加至五个，幼儿们高兴地坐上了公交车。但他们对于乘车的规则、公交车的结构、前后门的功能等印象模糊，游戏重复着上车、下车的简单情节。

（二）教师指导：丰富幼儿关于公交车的经验

结合小班幼儿对交通工具的兴趣，教师通过参观、绘画、谈话、制作等活动丰富幼儿对公交车的具体感知。考虑到安全等因素，教师请家长配合，周末带幼儿乘坐一次公交车，体验上车、刷卡、投币、下车等整个过程。在幼儿亲身体验乘车后，教师引导幼儿谈话，把自己乘车看到的内容说出来，并通过绘画的形式添画公交车的结构。经过讨论，幼儿形成了前门上后门下、司机开门才能下车、上车刷卡投币等乘坐公交车的经验。在吸纳幼儿经验的基础上，教师对原有的车进行改造，公用的私家车变成了公交车。

（三）游戏行为的变化和幼儿的收获

乘坐公交车的经历，调动了幼儿已有的乘车经验，并激发了他们的兴趣。他们在游戏中有了适合自己的公交车，乐此不疲地上车下车，遵守着真实世界的交通规则，模仿着成人世界的乘车行为。

图 3-11　热闹的公交车

幼儿对群体的游戏活动更加感兴趣，在游戏的过程中对感兴趣的汽车能仔细观察，发现公交车的明显特征，认识了一种新的交通工具，知道了乘坐公交车的简单规则，认识了汽车司机的工作，体验了模仿和反映现实生活经验的乐趣。同时，在师幼对话的过程中变得更加愿意说话并能大胆表达。

二、中班：陆陆续续出新车

中班角色游戏主题比小班丰富了许多，出现了医院、包店、超市、理发店、小剧场等，公交车仍然是众多游戏区域中的一个区域。由于中班变换了活动室，教师在新的活动室里为幼儿制作了一个比小班时稍微大一些的公交车。一开始，公交车并没有想象中那么热闹，只有一个在小班期间很少乘坐公交车的男孩，坐在驾驶的位置上双手不停地转动着方向盘，尽管没有一个乘客，但他依然十分开心。一段时间过后，公交车又恢复了小班时门庭若市的景象，而开车的司机也逐渐开始和同伴有了交往。可见，公交车区域的设置不能因为活动室搬迁或以为幼儿不感兴趣就想当然地随意撤掉。

（一）游戏场景一：公交车开走了，出租车登场

一天，娃娃家妈妈手抱娃娃在公交车站台焦急地等车，教师上前问："妈妈，你看上去很着急，有什么事吗？"妈妈："我的宝宝生病了，要去医院，可公交车开走了，没车坐了。"

游戏结束后，教师请扮演妈妈的女孩把游戏中的困难说出来，让大家想办法解决。

幼儿："可以打车呀！使用打车软件，车子就会停在面前，可方便了。"

教师反问："可我们游戏中没有出租车呀？"

众幼儿："那就做一辆出租车吧！"

之后，幼儿找到晨间锻炼用的塑料圈做汽车的方向盘，松紧带做车厢，出租车登场啦！由于出租车的自由流动性，可以随意地在各个游戏中穿梭。游戏中到处是打车的景象：去医院看病的、看完病回家的、去超市的、去戏院看戏的……一辆不够又添一辆，司机们忙得不亦乐乎。

（二）游戏场景二：出租车乱行，生发出关于交通标志的活动

教师受幼儿邀请，打车去小戏院。出租车直接把教师送到戏

院的座椅旁，戏院的幼儿大声叫道："喂！车子不能开到观众席。"

教师："那出租车应该停在什么地方？"

戏院幼儿："开到我们门口就停车，不能进去。"

教师再问："出租车司机，你同意吗？"出租车司机点头表示同意。

教师又问："今天的司机知道了，明天的司机小朋友又不知道了，怎么办呢？"

戏院幼儿："在戏院门口放一个标志。"

教师接着问："放什么标志？"

戏院幼儿："画一辆汽车在上面打个叉，表示汽车不能开进去。"

教师又接着问："你这个办法很好，但我想知道你是怎么想到这个办法的？"（正是幼儿的想法让教师想到了交通标志，教师接着问是为了验证幼儿是否具备马路上交通标志的经验。）

戏院幼儿："我看到马路上有许多牌子，上面告诉司机该怎样开车。"

教师的想法得到了验证，于是决定结合中班学习标志的经验，围绕交通标志开展相应的活动。

1. 教师用海报和短信的形式告诉家长在接送幼儿的途中有意识地引导幼儿观察马路上的交通标志，了解不同标志所代表的意思。第二天就有幼儿带来自己画的或家长从网上下载的交通标志。教师把它们张贴在墙上，幼儿在空余时间都喜欢去指认自己认识的交通标志。兴趣是最好的老师，幼儿主动学习，很快就能清楚地说出常见交通标志的名称及作用，如禁止鸣笛、限速、停车场、禁止驶入、注意行人等标志。

2. 为了进一步让幼儿感受到马路上的交通标志的作用，教师组织幼儿参观大马路。幼儿在马路边找到了各种熟悉的标志，他们在兴奋的同时，也理解了交通标志的作用。例如，幼儿看见一辆出租车在禁止停车的路段下客，立即叫道："老师，他停车了，他违章了！"回到幼儿园，教师为幼儿增设了一个大马路的区域，投放了幼儿认识的交通标志牌，幼儿自己从家里带来了各种小汽车，在大马路区域里摆放小汽车和标志。一次，两名幼儿因为停车而发生争执。幼儿A说："你的车不能停在大马路上，这条路是禁止停车的！"幼儿B却说："我现在要去上厕所，不停在这儿停哪儿呢？"由此，大家提出要建停车场，也因此调动了已有经验，即，马路两旁有超市、医院、剧院、食品店、加油站等。幼儿还在剧院门口放禁止驶入的标志，在医院门口放禁止鸣笛的标志。幼儿每天都要抢着放交通标志，并在互相监督中兴趣浓厚地丰富着游戏的经验。由此，教师提出了一个问题："马路上的交通标志是谁想放就可以放的吗？交通标志应该由谁来放？"幼儿说应该由交警来管，交警的角色由此产生。

3. 交警作为一个新角色备受幼儿青睐，但交警能干些什么呢？幼儿的经验在哪里？通过观察，教师发现交警不仅摆放交通标志，还自己找来绳子做人行横道线，并且出现了红绿信号灯，还出现了工作人员打电话给交警的情景。"喂，是交警吗？我们小剧院有人在捣乱，你能来一下吗？""我家出现了小偷，需要交警处理。"……可见，幼儿知道交警这个职业，却不了解交警的工作性质和职权范围。于是，教师给幼儿搭建了一个"支架"——请交警来幼儿园作介绍，增加相关感性经验。教师利用家长资源，把交警请进幼儿园，给幼儿介绍交警的职业、服装、口令、手势等。接下来的游戏中，交警不再去抓小偷了，而是用现学的手势指挥交通。一个女孩用硬纸板装饰红绿灯，一手举一个，手边举信号灯嘴里还边说："10，9，8，7……2，1。"当教师问她为什么数数和平时不一样时，幼儿的回答反映了她对生活中信号灯细节的关注："马路上的信号灯数字就是从大到小的。"之后，游戏中又出现了闯红灯开罚单、重考驾照再开车、安装摄像头、设立加油站、设立修理厂、提供洗车服务等情节。

4. 教师还提供了两类材料：一类是可以作为方向盘的圆圈，并用绳子在圈里面绑个十字架，以方便幼儿在上面固定他们想要

图 3-12 标有车牌号码的方向盘

表征的东西，例如在方向盘上写上自己的车牌号码。另一类是提供了幼儿可以随意将想法用书面形式表达出来的纸和笔，支持幼儿在教师提供材料的基础上，尝试通过图画和符号来表征事物，例如开罚单、写通知等。

随着活动的进行，幼儿在游戏中表现出对交通标志的浓厚兴趣，他们不断地把在马路上寻找到的交通标志迁移到游戏中。有幼儿用塑料弯管拼插了摄像头，有的则用红、绿色纸板模仿红绿灯，还有的用纸笔自己画罚单，在纸上给自己的车写上牌照，还有些幼儿聚精会神地学习交警指挥交通的手势，并在游戏中认真地模仿运用……关于交通标志的游戏不断深入，与之相关的各种游戏行为不断出现和丰富。

（三）游戏场景三：消防车的出现，激活了幼儿关于各种功能汽车的经验

幼儿园附近某著名寺庙失火，居住在附近的幼儿因此有所耳闻。所以，游戏中突然增加了打119电话、叫消防车的情节。但是，幼儿只是满足于做出打电话、用消防水管灭火的动作。于是教师找来了有关消防车的卡通视频，与幼儿一起观看并讨论怎样打119电话、怎样自救、发生火灾怎么办等问题，不仅厘清了幼儿的经验盲点，丰富了游戏的情节，也适时地进行了安全教育。

在游戏过程中，幼儿能抓住消防车红色及用管子灭火的典型特征，在教师提供材料的基础上，自己创造了消防车。同时，受到消防车经验的启发，调动了幼儿关于汽车的相关经验，之后出现了120救护车、交警巡逻车、110警车、超市运货车、洒水车等汽车类型。另外，幼儿还关注到有关汽车的细节特征，出现了关于汽车品牌

图 3-13 120急救车

和牌照的游戏行为。

幼儿更加喜欢和同伴一起游戏，能用图画和符号表达自己的愿望和想法，能抓住事物的典型特征借助材料反映现实生活经验。幼儿进一步认识了常见的安全标志和交通标志，能遵守基本的交通规则，并知道了火灾的简单求助方法。

三、大班：商商量量去旅游

新学期开始，升入大班的幼儿，再次搬迁了活动室，由原来的二楼搬到了一楼，活动室外面的操场成为大班幼儿晴天的游戏场地。他们对游戏的兴趣依然浓厚，他们喜欢组成一个大家庭，以家为中心开展游戏，出现了银行、超市、医院、小吃店、花店、游乐场、烧烤店、幼儿园、娃娃家等反映他们生活经验的游戏主题，汽车在他们的游戏中几乎消失。但是，国庆节长假结束以后，交通工具，包括汽车在内，又成为幼儿关注的热点，外出旅行把所有的游戏区域串联了起来。

（一）游戏场景一：乘坐大巴去旅行，因为拥挤而增加车辆

幼儿园九月份的主题活动都与秋天、国庆等有关。国庆节长假之后，幼儿又出现了开汽车的游戏。不同的是，汽车成为幼儿反映旅游经验的一个辅助工具，幼儿玩起了旅游大巴的游戏。大巴上不仅有司机，还有导游，乘客上车后有统一的帽子。当汽车把乘客带到某个海边后，司机、导游和乘客全部热衷于在海里嬉水玩耍。针对这种情况，教师通过分析认为：对于旅游，幼儿印象最深的应该是海滩。但是，旅游过程中还有许多经验，幼儿并没有机会表现出来。因此，教师及时追问一些问题，如"几点集合？""什么时候带乘客去吃饭？""还会去哪里游玩？""车上一共有几个人？"等，促使幼儿调动已有经验，推进游戏情节的发展。下面是教师引导幼儿围绕"大巴可搭乘多少人？"这个问题的讨论。

教师："我看见你们都很喜欢旅行团的游戏，参团的游客们

太多了，大巴车上全是人。小司机来说一说，你一共有几个乘客啊？"

司机："6个，还有一个导游。"

教师："那大家玩得开不开心啊？"（众幼儿都很开心，只有一个幼儿月月提出反对意见。）

月月："我站在大巴的最后一个，很难受。"

教师："为什么难受啊？"

月月："因为太挤了，人太多啦，我都快要摔倒了。"

教师："那怎么办呢？"

明明："下次少带几个人。"

教师："那我们带几个人会比较合适呢？其他想当游客的怎么办呢？能不能想个办法呢？"

月月："4个，还有一个导游，一个司机。"

明明："可以再增加一辆大巴车，两辆大巴车就能装很多人了。"

可见，这是一个关于游戏安全的问题，如果教师不让幼儿意识到人多拥挤容易出危险，如果幼儿没有亲身的体验，就不会直接接受教师减少人数的建议。教师在游戏结束后把问题提出来，交给幼儿自己去解决，这样的方式幼儿既能接受，又能实现教师指导的目的，既丰富了游戏的情节，也促进了幼儿能力的发展。同时，大巴人数的限定，保证了幼儿游戏中的安全，教师就可以放心地让幼儿自由游戏，旅游大巴的游戏情节也逐渐由海滩戏水、小吃店用餐，扩展到去游乐场、参观风景名胜等。班级国庆节前期开展的"祖国，祖国，我爱你"主题教育活动的经验也在幼儿的游戏中有所反映，幼儿的游戏内容更加丰富。

（二）游戏场景二：由图画到文字，因为游戏情节需要而主动书写汉字

幼儿对旅行团的游戏非常感兴趣。游戏的主要情节是游客到登记处报名登记后，司机开着大巴车，导游带领游客到某个地方玩耍。游戏刚开始时，旅行团免费不要钱。但因为有一次导游带

游客到游乐场去玩，游乐场的人要收钱。

导游："那没带钱。"

司机："我有卡，那就刷卡吧！"

游乐场的人："今天刷卡机坏了，卡不能刷。"

导游："那我们没有钱，没有收到钱。"

之后，旅行团开始在报名时要游客付钱，并解释说："付了钱我才能有钱带你们去玩。"但登记处不停有人问："到哪里去多少钱？"为了方便登记，导游拿来一张纸，试图做一张价目表。但因为不会写字，最开始用图画表示地名，用数字表示价格。一开始，不管到哪里去，都是一个价格。图3-14和图3-15显示幼儿迁移了统计的经验，传递了两层意思，即地点和价格。图3-14表示绘制好的广告宣传画，图3-15是将画好的广告贴在橱窗里，让游客看得清楚。

图3-14 广告宣传画

图3-15 展示广告宣传画

随着游戏的进行，不同地方有了不同的价格。幼儿通过讨论、询问教师和家长也知道：远的地方比近的地方价格贵；相同地点，不同交通工具，价格也不同，例如，飞机快但价格就要比大巴贵。幼儿拥有这些经验以后，就在后面的游戏中把交通工具画进了价目表。图3-16就是大班上学期幼儿绘制的价目表。其中，涉及地点、价格、交通工具三个维度。可以看出幼儿对数字、文字的前

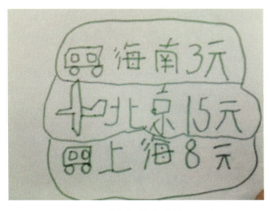

图 3-16　幼儿绘制的旅游价目表

书写水平，他们在用不同的表达方式来传递想要传递的信息。

实际上，书写汉字对大班上学期的幼儿来说是有难度的。他们刚开始是用图来表示，到上海画东方明珠，到海南画椰子树，到北京画天安门。后来，他们看见展板上的文字，就总喜欢模仿写字，照着那个字"依葫芦画瓢"画下来。简单的字他们都能画出来。北京、上海、海南等文字中，"海"字的结构较为复杂，笔划较多，每次遇到这个"海"字，幼儿都请教师帮他们写。有一天，有个幼儿非常兴奋地告诉教师说："我回家练了，这个'海'字我会写了，以后不用你帮忙了。"通过家长了解到，幼儿天天在家里写"海"字，自己把这个字练会了。可见，兴趣是最好的老师。从幼儿文字书写的例子中我们可以看出：当书写作为一种任务时，幼儿常常感到困难，并以不会而拒绝；但如果是幼儿需要书写时，他们就会克服重重困难来达到目的。

幼儿的游戏中蕴含了大量主动学习的因素。在旅行团游戏中，幼儿的经验已不再停留于单纯的乘车，而是扩展到旅行前的报名、登记等细节方面。他们开始从绘画表征逐渐过渡到文字表达，由免费到关注价格，对旅行到达地点的远近、所乘坐的交通工具、旅游项目与价格、地点与文字等内容都产生了极大的兴趣，并在游戏的过程中不断地再现和完善相关经验。教师则在观察幼儿游戏情节发展的基础上，为幼儿提升经验给予必要的材料支持。图 3-17 是教师基于幼儿游戏经验提升为幼儿提供的表，省去了幼儿每次制表的时间。由这张表可以看出，

旅游价目表		
	🚌	✈
北京	4元	9元
上海	3元	6元
海南	2元	5元

图 3-17　教师提供的旅游价目表

教师协助幼儿把数学、语言等领域的知识和游戏有机地结合起来。

（三）游戏场景三：从假想到实物，利用时钟计划活动

在玩旅行团及飞机的游戏中，幼儿逐渐迁移了大班数学活动中认识时钟的经验，在游戏中通过与时钟的不断接触，加深了对时钟的认识和理解。借此机会，教师请家长和幼儿一起制作时钟，并把这些制作好的时钟投放在游戏的不同区域里，幼儿在游戏中操作摆弄时钟。例如，娃娃家的妈妈一边拨时钟，一边构思游戏的情节："宝宝，已经八点了，起床吧，上幼儿园要迟到了！""十一点了，该烧饭了！""医院"的医生给病人挂水时说："我十五分钟后来看啊！"这样就把时间和游戏的行为联系了起来，感知和认识时间也成为了游戏的内容。在接下来的游戏中，出现了真正的"看钟写营业时间"的情节。幼儿对时钟的兴趣和认识，已经远远超过了《幼儿园教育指导纲要（试行）》中认识整点和半点的要求。图3-18是一组幼儿看钟写下的时间。

图 3-18 幼儿自己看钟书写的时间

可见，结合大班下学期认识时钟的数学活动，教师创设相关环境，幼儿自动迁移相关经验，在游戏中主动操作练习，不仅能达到国家相关文件中规定的认识整点和半点的要求，而且每个幼儿都能认识分钟。这些事实都证明了游戏可以创造幼儿的"最近发展区"。

（四）游戏场景四：飞机能不能开到小吃店？——经验的碰撞、共享与提升

随着游戏的进行，在旅行团游戏的基础上产生了飞机的游戏内容，这是因为国庆节期间家长带幼儿外出游玩，幼儿拥有了乘坐飞机的经验。飞机游戏和旅行团游戏一样，游客要先去登记报名。飞机是在旅游大巴的基础上产生的新交通工具。由于幼儿对飞机相关经验的缺乏，游戏中出现了飞行员带游客进游乐场游玩，以及飞机直接开进小吃店的现象。于是，教师组织了下面的讨论。

教师："今天在游戏中有什么问题需要解决？"

幼儿1："今天嘟嘟没付钱就带着游客进游乐场了。"

教师："嘟嘟，你说你是谁，你在游戏中扮演的是谁？"

嘟嘟："飞行员。"

教师："哦，游客进游乐场玩是导游的事还是飞行员的事？"（众幼儿争执，有的说是导游，有的说是飞行员。）

教师："如果有旅行团到游乐场玩，是导游带游客进去玩还是飞行员带他们进去？"

幼儿2："导游。"（嘟嘟不同意大家的看法，进行辩解。）

教师："不管你有没有带游客进去，我们上次讨论过，飞行员、司机的任务是干什么的？"

幼儿："开飞机、开汽车……"

教师："是负责交通工具，乘客到哪里去玩是不是该他干的事？"

幼儿2："不是。"

幼儿3："我今天坐飞机，好害怕哦！飞机太快了。"

幼儿4："飞机开得太快了，我说慢一点，那个飞行员告诉我说飞机怎么能慢呢？"

（幼儿们兴奋地讨论起来，在他们的心目中飞机是很快的。）

教师："今天我没有坐飞机，我在旁边看。导游说我们去小吃店啊，飞行员说好，飞机就开到小吃店里去了。我看到一个好大的飞机开进小吃店啦！哪些小朋友坐过飞机？来说说你坐飞机到

哪里去了？"

幼儿5："我坐飞机从南京到昆明，从昆明到西双版纳。"

教师："哦，坐那么长！你们从昆明到西双版纳去玩，飞机跟着你们进到餐厅了吗？"

幼儿5："到一个地方，到飞机场，然后坐出租车到餐厅。"

教师："哦，你们听到了吗？刚才他说得很清楚，飞机能不能直接开到小吃店？"

幼儿："不能。"

教师："我们听他说，到底是怎么样的。请把你刚才说的话再说一遍，有的人没有听清楚。听好啊！"

幼儿5："我坐飞机的时候，从南京到昆明，从昆明到西双版纳。飞机全都是停在飞机场，没有哪个飞机停到小吃店门口的。"

教师："哦，那我下飞机要到小吃店，要怎么办？"

幼儿5："要坐出租车或公交车。"

教师："哦，这样才能到你想去的地方。飞机能不能像大巴一样随便停啊？"

幼儿："不能。"

教师："你们有没有在马路上看到飞机停下来？"

幼儿："没有。"

教师："好，坐过飞机的呢，仔细想一下，爸爸妈妈带你们坐飞机的时候，飞机是停在哪里的？没有坐过飞机的小朋友，也可以回家去问问爸爸妈妈，飞机应该停在哪里？"

可见，由于教师的指导，幼儿知道了飞机有固定停放的飞机场、不能随便停的规则。幼儿也了解到每个职业有自己特殊的职责范围，在游戏中认识和了解了不同的职业。因此，游戏为幼儿营造了合作学习的氛围，激发幼儿主动将相关领域的学习经验迁移到游戏中，通过文字和图表丰富游戏情节，在游戏中体验到书面表达的独特魅力，并借助时钟控制游戏的开始和结束，进一步体验和认识了时间。可见，游戏不仅让幼儿以自己的方式发现问题和解决问题，也帮助幼儿为入小学做好了经验和学习能力的准备。

值得注意的是，幼儿园游戏并非是一种完全无结构的自由活动。如果游戏与更为清晰的教育目的相联系，幼儿园游戏的质量就应当提高。游戏以幼儿喜欢的方式，激起足以引导幼儿的自觉性和行动向更高水平前进的冲动，从而促使幼儿努力表现自己日益趋向成熟的能力。幼儿在游戏中通过区域活动、绘画、书写、参观、制作、对话讨论等形式，不断建构自身的经验。他们在游戏中不仅了解了汽车的结构、特征、功能，认识并理解了交通标志，尝试遵守交通规则；了解了汽车相关的职业、人际交往等；还认识了时钟，了解了价格，感知和运用了文字，体验了主动学习的乐趣。在这一系列活动中，教师通过游戏来教，实现了游戏的最高目的，即，幼儿的充分生长，能力的充分实现，引导幼儿从一个水平向另一个水平前进。

（五）小结

三年的游戏经历，让幼儿在实际操作玩具材料和游戏的过程中，亲身体验了游戏中主动学习的乐趣。每一次游戏都是一次具体感知、认识世界的过程。教师为幼儿创设的游戏环境要根据幼儿的经验和兴趣，具备延续性和层次性的特点。没有哪一种游戏主题一定适合某个年龄班，而不适合另一个年龄班。观察幼儿的游戏是有效指导游戏的前提条件。教师通过多种方式参与和指导幼儿的游戏，更能帮助教师观察了解到幼儿的真实水平和存在的问题。因此，游戏就好比一条项链，可以把幼儿散落的经验一点一滴地穿起来，使其成为一个融合的整体。

下面的主题网络图（见图3-19）是对幼儿这一系列游戏过程的形象概括，囊括了各种各样的交通工具。其中与陆地上的车相关的经验，都是幼儿在游戏中生发出来的情节。他们在玩各种各样车的游戏中，扮演不同的与车相关的角色，模仿并创造性地再现经验，并在与同伴的游戏中使经验得以不断更新和生长。由此可以看出游戏之于幼儿的魅力和价值，以及教师在幼儿游戏指导中正确把握自身角色的重要性。正如一位西方哲人所说："要求一个孩子在游戏之外的某种基础上进行工作，无异于一个蠢人在春天摇晃苹果树而向往得到几个苹果，他不仅得不到苹果，还会使苹果花纷纷落地，本来渴望在秋天得到的果子也就无望了。"①

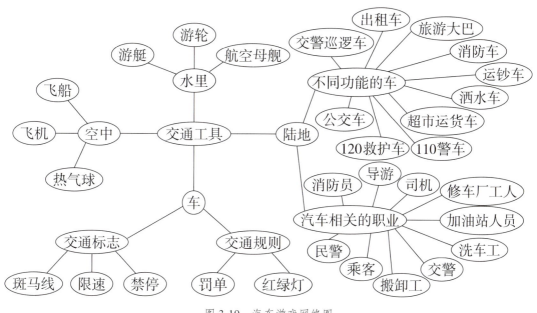

图 3-19　汽车游戏网络图

思考与练习

1. 问题讨论

（1）角色游戏中教师怎样才能最大限度地发挥幼儿的自主性？

（2）如何处理游戏中的几个关系：幼儿创造与教师指导、自由与规则、愉悦与教育、材料提供与幼儿自备？

2. 实践练习

（1）操作性练习

● 尝试选择一种观察方法观察与记录幼儿的角色游戏。

● 依据幼儿游戏特点，模拟或现场指导不同年龄班幼儿的一

---

① 　郑也夫著：《游戏人生》，海南出版社1997年版，第41页。

个角色游戏。

（2）活动设计

幼儿园附近新开通了地铁，不少幼儿都拥有乘坐地铁的经验，在游戏中也开始表现乘坐地铁的情节。请考虑如何为小、中、大班幼儿开展新主题"地铁"创设环境和进行经验准备，以保证提供有准备的环境。

3. 案例分析

试根据以下教师与幼儿分享游戏经验的对话，分析这位大班教师是如何运用游戏指导的策略与方法支持并促进游戏情节发展的。

教师："我发现今天小吃店有好多人，有什么需要跟大家说的吗？"

幼儿："他们都要买东西，人太多。"

教师："你们怎么解决的呢？"

幼儿："人多的时候让他们排队。"

教师："哦，排队可以解决拥挤的问题。"

幼儿1："每一个人都要来问海带多少钱啊，鱿鱼需要多少钱啊。"

幼儿2："大家来买东西，每个人都要回答，挺累的。"

教师："有什么办法可以解决呢？我们听听大家意见，好不好？"

幼儿3："可以再增加一个烤的人。"

教师："哦，增加一个人，多一个人多一份力气，是不是？这是一个办法，还有什么办法？"

幼儿4："我们可以放一个牌子，告诉人家排队。"

教师："放一个牌子，告诉人家要排队。人多的时候可以用这种方法，是吧？你说呢？"

幼儿5："人多的时候贴一个菜单，就可以告诉人家海带是多少钱了。"

第四章
表演游戏的特点与指导

| 学习目标 |

1. 了解表演游戏的含义、特点与结构。
2. 掌握不同年龄班幼儿表演游戏的指导策略与方法。

| 本章提要 |

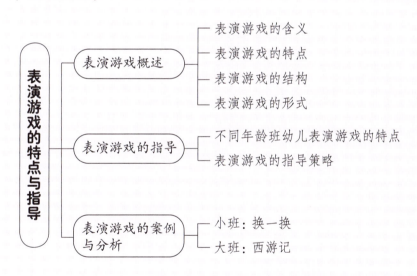

第一节　表演游戏概述

一、表演游戏的含义

表演游戏是指幼儿按照童话或故事中的情节扮演某一角色，再现文学作品内容的一种游戏形式。它以幼儿自主、独立地对作品的理解为基础展开游戏情节，幼儿在游戏中自己扮演角色，自娱自乐，不在乎有无观众。

表演游戏的主要素材是文学作品中的童话和故事，以及后期幼儿自己创编的故事。随着幼儿年龄的增长、社会经验的丰富、言语能力的提高、想象能力的发展，他们也可以自己创编故事。

二、表演游戏的特点

我们可以通过讨论表演游戏和角色游戏、文艺表演的区别，来准确把握表演游戏的特点。

（一）区别于角色游戏

表演游戏与角色游戏的共同点在于，二者都属于象征性游戏或想象游戏，都是幼儿通过语言、动作、表情扮演角色的活动，但是二者在主题和内容的来源、结构性与规则方面有所不同。

1. 主题和内容来源的差别

角色游戏的主题和内容主要来源于幼儿的生活经验，例如，家庭、幼儿园、社区等生活经验；而表演游戏的主题和内容主要来源于童话或故事，包括文学作品或幼儿根据自己的经历和想象创编的故事。

2. 结构性与规则的差别

表演游戏与角色游戏都属于创造性游戏，都是通过模仿和想象扮演角色，游戏中都有一定的自由，但是想象空间的不同，造成了这两种游戏在结构性和游戏规则上的差别。

表演游戏的结构性和规则性更强，表演游戏的结构受限于童话或故事情节规定的基本框架，约束了幼儿必须在既定框架内发挥想象。角色游戏的结构性和规则性相对较弱，幼儿可以自由选择游戏主题、游戏情节，甚至可以随意改变游戏主题和内容，并没有一个框架限制或约束幼儿想象力的发挥，幼儿可以随意发挥自己的想象。

（二）区别于文艺表演

表演游戏和文艺表演都是表演者运用语言、动作、表情等，依据文学作品内容，对作品进行再现的活动，但它们在表演的目的、表演的基本要求方面有所不同。

1. 表演的目的

表演游戏和文艺表演的区别在于二者的本质和目的不同。表演游戏的本质是一种游戏，其目的在于表演者从游戏过程中获得满足感，是为了好玩、有趣而进行，"自娱自乐"是表演游戏的目的。文艺表演的本质是一种演出，有明确的目的，主要目的是演给观众看，参加文艺表演的幼儿通常是为了观众去表演，而非自娱自乐。

2. 表演的创造性

表演游戏和文艺表演都以文学作品为依托，但二者存在程度上的差别。表演游戏给予幼儿较大的自主性和创造性，幼儿可以根据自己对作品的理解、喜好和过去经验进行表演，可以自己选择、增加、删减、创造游戏中的语言、动作和表情。而且，每一次游戏都可以有不同、有新的创造。文艺表演是幼儿在教师的组织下，严格按照故事、童话的情节进行表演，其情节和角色都必须严格依托作品的描写，表演有规定的程序和规则，幼儿必须遵照执行。

三、表演游戏的结构

熟悉表演游戏的结构能够帮助教师全面把握表演游戏的特征。表演游戏的结构主要由以下六个方面组成。

（一）表演游戏的主题

表演游戏主题的选择要基于幼儿的经验和兴趣。例如，幼儿对动画片《喜羊羊与灰太狼》特别感兴趣，他们能够重复其中的语言、动作，教师就不妨给幼儿提供相应的材料，支持幼儿进行表演，这就产生了"喜羊羊与灰太狼"的主题。

（二）表演游戏的角色

表演游戏的角色不同于角色游戏的角色，表演游戏的角色来自于童话和故事里的角色。这就要求幼儿对童话、故事里的角色非常熟悉。每个幼儿需要熟悉自己扮演的角色及相应的角色语言和行为，在表演的过程中，才能按照这个角色的语言和行为进行表演。

小蝌蚪找妈妈

故事《小蝌蚪找妈妈》里面的角色有六个，分别是小蝌蚪、鸭妈妈、大鱼、大乌龟、大白鹅和青蛙妈妈。表演《小蝌蚪找妈妈》时，幼儿就要记住两句关键性的重复句式的台词："请问你是我们的妈妈吗？""我不是你们的妈妈，你们的妈妈……"问一个动物，一个动物就说出青蛙的一些特征，下一个再说出青蛙的另一些特征，直到说出青蛙具备的全部特征。在表演的过程中，幼儿按照角色的语言、情节去扮演，有助于幼儿认识青蛙和相关动物的外形特征，体验不同的角色，学习相应的语言。

（三）表演游戏的情节

表演游戏的情节一般都来源于文学作品，或者对文学作品进行改编而来。如曾经有幼儿把《龟兔赛跑》的情节改编成：兔子后来睡醒了，它改正错误，和乌龟成为好朋友，它还是好兔子。可见，表演游戏的情节刚开始可以忠实于作品，但在表演游戏中教师不能强求幼儿原封不动地使用作品中的情节，尤其是在表演游戏的成熟阶段，教师应该鼓励幼儿进行大胆创编。

（四）表演游戏的材料或道具

表演游戏的材料或道具一般是一些辅助材料，如衣服、头饰、丝巾、帽子、伞等，这些辅助材料可以帮助幼儿进行角色的装扮。有时，幼儿可能会用一把伞、一顶帽子、一个包等表现出某个角色的主要特征。

（五）表演游戏的动作

具体典型的动作能够表现和凸显角色的特征，教师要让幼儿仔细地去观察和体味不同角色的动作。例如，了解乌龟怎么爬的，兔子是怎么骄傲的，小鸭子是怎么走路的，国王、小偷、士兵是怎么样的等。幼儿能够用自己的想象和动作表现出某一种角色的典型特征，每个幼儿对角色会有不同的理解，也就会有不同的表现。

（六）表演游戏中的旁白和对白

表演游戏需要旁白和对白对情节加以串联，它们能够推动故事情节的发展，保证表演的完整性。有些故事情节要想表现出来，需要有一个旁白来加以串联，才能使观众看明白。当幼儿能自如表演时，就可以创造出新的不同于故事本意的旁白和对白。

以上六方面是表演游戏的基本结构。一个表演游戏的进行需要同时具备以上六方面因素，才真正构成了一个完整的表演游戏，进而支持幼儿进行多方面的表达，促进幼儿多方面的发展。

四、表演游戏的形式

幼儿通过表演游戏，自主扮演熟悉或感兴趣的角色，自娱自乐，再现自己对文学作品的理解。幼儿文学作品主要包括故事、诗歌、童话、童谣、绘本等。根据表演主体的不同，幼儿园常见的表演游戏类型大致分为幼儿表演和道具表演两类。

（一）幼儿表演

幼儿表演是幼儿园常见的幼儿自身参与表演、自娱自乐的表演形式，小舞台表演是其最常见的形式。小舞台场景作为幼儿园表演游戏的专门区域，供幼儿自由扮演角色、自娱自乐，在模仿再现文学作品角色的过程中，主动积极地发现美、体验美、创造美。

小舞台是幼儿园班级常设的一个游戏区域，幼儿可以在小舞台开展各种形式的表演，是幼儿主动性发挥最为充分的表演游戏区域。根据教师介入游戏的角色不同，小舞台游戏可以分为三种类型。

（1）幼儿再现表演。结构化程度比较高，教师根据故事情节，事先引导幼儿共同练好角色语言、动作等，在活动区游戏时间进行表演。

（2）幼儿模仿表演。教师提供一定的故事情节或视频供幼儿观看和模仿，同时提供相应的辅助材料或歌曲等，幼儿自己进行装扮，进行表演，如童话剧、歌唱表演、故事表演等。

（3）幼儿自发表演。教师不进行任何干预，故事情节、材料、装扮以及表演都放手让幼儿自己进行。

（二）道具表演

是指以某个完整的故事或情节为蓝本，幼儿通过操纵道具在桌面上或幕布后表演的形式，故事表演、情景表演的成分偏多，很多时候与语言区相结合。常见表演形式如下面几种类型。

1. 木偶表演

（1）木偶表演的含义

木偶表演是指用木、纸、布等材料制成人物、动物或植物造型的玩偶，用手操纵玩偶进行表演的活动。玩偶造型一般有半身偶或全身偶。经典儿童电影《木偶奇遇记》就是典型的木偶戏。另外，2013年拍摄的国产电影《木偶传奇》以古镇上老木偶艺人与小朋友之间的一段木偶情缘为依托，讲述了老艺人不断坚守以及小朋友们机智抗争，保护当地木偶艺术的故事。

（2）木偶表演的特点

木偶形象夸张、造型优美、生动活泼而有趣，既是欣赏的艺术品又是幼儿喜欢的玩具。木偶表演以精美的木偶造型、夸张的木偶动作和有趣的搭配语言来吸引幼儿的兴趣，并且为幼儿创造出一种童话般的情景。幼儿既能够看表演，还能够自己表演，还可以和故事中的人物形象直接接触和互动，是一种深受幼儿喜爱的表演形式和表演游戏。

（3）木偶表演的分类

木偶表演可以分为布袋木偶表演、提线木偶表演、棍杖木偶表演和手指木偶表演等几种形式。目前幼儿园还出现了借助各种小瓶、小木块等制作成简易木偶，并用它们来进行游戏和表演的形式。

• 布袋木偶表演

布袋木偶表演主要是通过幼儿的手掌活动来进行操纵表演，一只手伸进一个袋子里面，上面是头、下面是一个袋子，可以由一个或几个幼儿表演，故称"掌中戏"。图4-1是幼儿用布袋木偶在玩表演游戏。

图4-1　布袋木偶表演

• 提线木偶表演

提线木偶表演就是用绳线连接玩偶的四肢，通过在玩偶的头顶上部空间操纵绳线来让玩偶做出相应的动作。例如，经典电影《音乐之声》里的家庭教师带领几个孩子进行的就是提线木偶表演。里面的所有小矮人角色是典型的提线木偶，即在木偶的手上、头上、脚上都连上线，操纵木偶的人站在幕布后面，从幕布顶端通过提线操纵木偶进行表演（见图4-2）。

图4-2　提线木偶表演

· 棍仗木偶表演

棍杖木偶，也称"杖头木偶"。棍杖木偶表演是中国传统的木偶戏形式，是表演者在幕后用棍子撑着玩偶的关节、四肢，舞动木棍操纵木偶动作，幕前就能看见木偶表现出各种各样的动作。木偶内部虚空，眼、嘴可以活动，颈部下面接一节木棒或竹竿作操纵杆，表演者一手掌握两根操纵杆进行表演，因而又称"举偶"。我国经典儿童电影《小铃铛》就是讲述发生在木偶剧团里的故事，剧团演员手中操纵的道具就是棍仗木偶。

棍杖木偶和提线木偶操纵、制作都比较复杂，适合于成人表演，让幼儿看，但是目前在有些幼儿园也提供了这些木偶的形式，供幼儿了解、操纵和把玩。

· 手指木偶表演

手指木偶，简称"指偶"，是在幼儿的手指上套上一个简单指偶或直接在手指上画上角色的头部或身体的形象及表情，就代表一个人物或动物，即可玩表演游戏，是幼儿园最常见的木偶游戏形式，也被幼儿所喜爱，同时非常易于操纵（见图4-3）。

图 4-3　手指木偶表演

2. 影子戏表演

影子戏表演是根据光学原理，通过光的作用，利用物体的阴影来进行表演。影子戏常见的形式是在房间里关掉电灯，用手电筒照着做出不同形状和动作的手，使得手影映射在墙上，形成一个个栩栩如生的动物或人物形象进行表演游戏。影子戏还体现为借助阳光的照射游戏，如幼儿园小朋友特别喜欢的户外踩影子游戏。影子戏还可以借助物品的影子去表演，例如一个空心的剪纸，透过光的照射在墙上或屏幕上形成的影子，也可以玩各种游戏（见图4-4）。具体来说，影子戏一般有三种类型。

图 4-4　好玩的影子戏

（1）人影和手影戏。即以人身体的侧身造型和手的动作造型所形成的影子进行表演和游戏。

（2）饰物和影子戏。即将饰物戴在头上或手上形成影子造型，以头和手的动作操纵影子进行表演和游戏。

（3）纸影和皮影戏。即以纸或皮革为材料，制成侧身造型的影人，用扦子或绳子进行操纵表演（见图4-5）。电视连续剧《小兵张嘎》中，村民晚上露天看的表演就是皮影戏。

图 4-5　皮影戏表演

3.桌面表演

桌面表演是指幼儿运用各种玩具或游戏材料在桌面上进行的表演，是以玩具或材料来代替文学作品中的角色，用幼儿的口头语言（独白、对白）和对玩具的操纵来再现文学作品内容的一种表演游戏形式。桌面表演游戏一般以个人游戏为主，主要是一个人玩，但是也可以两人玩或教师和幼儿一起玩。有研究表明，3~4岁幼儿的桌面表演游戏占个人游戏的15%，5~6岁时上升为80%。

第二节　表演游戏的指导

幼儿园表演游戏以不同的方式呈现。有的幼儿园注重为幼儿提供体验主动性、创造性的自由表演区，一般统称"小舞台"；有的幼儿园以语言区域的故事表演为主要内容；还有的幼儿园为幼儿布置了"小剧场"情景和道具，以完整表现一个故事情节……本节介绍的表演游戏指导，主要集中在幼儿园常见的表演游戏的专门区域——小舞台表演游戏的指导。

一、不同年龄班幼儿表演游戏的特点

表演游戏中，各年龄班幼儿游戏的动作、语言、社会性水平呈现出明显的差异和特征。

（一）小班

小班幼儿动作简单，没有复杂的游戏情节和舞蹈动作。主要的游戏兴趣集中于玩各种材料（如甩动丝带、拿着话筒等）和用材料装扮自己（如扎上丝巾、戴上头饰、反复照镜子等）。他们玩的内容比较相似，所需的材料差不多，常出现某一种材料被相互争抢、而其他材料无人问津的现象。

从语言交流来看，小班幼儿彼此对话很少，除了因为材料纠纷或某一想象性话题和身边的幼儿有简单言语交往外，基本不会就表演游戏本身的内容和方式进行言语或动作上的互动。

从社会性发展水平来看，小班幼儿的表演游戏处于平行游戏阶段。通常情况下，小班的小舞台没有观众。但是幼儿在游戏的时候并不在乎有没有观众，只是专注于自己的动作，自娱自乐。同时，他们开始注意到其他幼儿的行为，幼儿之间出现了相互的模仿（如好几个女孩都要把丝巾扎在腰间并拖到地上，以模仿宫廷公主），形成了初步的玩伴关系。

（二）中班

中班幼儿的动作比小班幼儿丰富，他们以重复动作为主，每次游戏基本上会重复5~6个会做的动作。他们能结合播放的音乐做动作，如放《蝴蝶歌》的时候能用双臂做出蝴蝶飞的动作。中班幼儿喜欢有规律地旋转，能走出一定的舞蹈步法，有些专门学过舞蹈的幼儿甚至能做出劈叉等较有难度的动作。中班幼儿对装扮非常重视，有时会为头饰和丝巾等发生纠纷。

图 4-6　拔萝卜的表演游戏

在社会性发展水平上，中班幼儿出现了联合游戏（见图4-6），幼儿之间会讨论一些与表演有关的问题，如表演内容、出场顺序等。游戏中会出现一些观众，观众有些是从娃娃家带孩子来看表演的，也有的只是坐在观众席上讨论与表演无关的话题。观众和舞台表演者之间会出现一定的互动。当表演者看到有观众观看时，便一起到表演区进行表演；当没人观看时，则自娱自乐。观众有时也会要求表演者表演，如提出"你们怎么不表演？"等问题。

（三）大班

大班幼儿游戏的动作更为丰富，联合游戏的比例加重，还出现了很多合作游戏的成分，并且出现了"游戏头"（即游戏的领导者）。游戏头具有很大的权力，在游戏过程中决定着游戏的进展情况。游戏头有最终改变或者不同意改变游戏规则的权力。游戏

图 4-7 小舞台游戏

头一般是发展较好的幼儿，领导一群幼儿共同协商、讨论决定游戏的分工，如主持人、出场顺序等。从图4-7中可以看见，小舞台游戏分工明确，有卖票的（坐桌边扎马尾辫的女孩）、观众（观众席背对画面，标示了数字，要求对号入座）、演员（面对观众的第一个女孩，跳舞好，组织能力强，在游戏中处于领导地位）。

钻山洞

两名幼儿拉着一条丝巾组成一个洞，她们还跟随着音乐做翻滚等动作，而另一幼儿从两人之间的丝巾下穿过，还一边做着舞蹈动作。于是，幼儿们轮流钻过丝巾下的洞，每钻过一人她们便一起很开心地笑。在游戏中一些幼儿发出指令性语言，如："抓紧了（丝巾）！""没点到你不要过来。"小女孩们还相互抛接丝巾。可见，大班幼儿已经能够进行很好的协商与合作，并且不断地丰富和调整游戏的情节与内容。

二、表演游戏的指导策略

表演游戏通常围绕一定的事件或文学作品展开，表演游戏所扮演的角色和角色游戏中的角色不同，文学作品的内容和结构支撑着游戏情节的发展。因此，以多种形式加深幼儿对文学作品的熟悉程度和对角色的理解，就成为指导表演游戏的主要任务。

（一）表演游戏前的指导

1.依据幼儿兴趣和年龄特点，选取表演素材

教师要选择合适的表演素材，并帮助幼儿理解和熟悉文学作

品，了解角色的语言、动作，要制作和提供道具，放手让幼儿自己去表演，并进行相应的指导。

（1）选择幼儿熟悉和喜欢的文学作品

表演游戏不是为表演而表演，而是通过表演的过程，让幼儿体验文学作品的语言美、形式美与创作美，在表演的过程中享受与同伴一起游戏的快乐和成功。因此，表演素材的选择，要紧扣幼儿年龄特点，避免选材上的过易或过难，尤其是要基于幼儿的兴趣，选择幼儿感兴趣的表演内容。从内容上看，适合幼儿用来表演的文学作品，应有特定的场景、性格明显的角色、生动有趣的情节、简明形象的语言和动作等。

小班幼儿的表演应当注重选择趣味性强、情节简单、语言简短重复、角色性格鲜明的素材。中大班幼儿选材可考虑浪漫、幻想、夸张、新奇的文学作品，注重情节的生动性和复杂性，语言的美感和想象性等。从形式上看，文学作品都应是短小精悍的，其内容意在说明一两个简单的道理。同时，教师对这些作品的中心事件、矛盾冲突、主题思想等应有全面了解，并应利用讲故事、看图书、谈话等方式让幼儿熟悉作品中的人物、剧情，帮助幼儿理解作品内容。

（2）以示范性表演，激发幼儿的表演欲望

教师如果表现出对表演游戏有极大的兴趣，那么就会引发幼儿对表演游戏极大的兴趣。教师可以把故事、童话、诗歌等文学作品，以戏剧、歌舞、木偶戏、皮影戏等形式，在小舞台上向幼儿进行示范性演出。运用夸张的动作、表情示范表演的经验，不仅能激发起幼儿的表演欲望，而且能将各种表演技巧进行示范，供幼儿模仿，同时为幼儿选择和积累表演游戏的素材和经验提供了帮助。

2.引导幼儿共同参与游戏准备

（1）为幼儿提供材料上的支持

表演游戏区需要提供各种装扮和表演材料，比较常见的材料有：头饰（假发、发夹、帽子、头箍等）、面具、丝巾、丝（纸）带、镜子、假花、各种道具、各种乐器（小鼓、小铃、小钢琴、足球哨等）、用于播放背景音乐的录音机或播放器等。材料可以是直接购买的成品材料，也可以是教师和幼儿共同制作的材料。游戏开始之前和游戏过程中，幼儿会根据故事情节和内容用这些材料进行装扮和表演。应当允许幼儿自由地选取和使用材料，充分激发幼儿的主动性和创造性。例如，中大班幼儿已经具备自己独立选择和播放音乐的能力，教师就应当支持幼儿自主选择和播放，将音乐播放器放在幼儿易于拿取和操作的地方。

教师需要根据不同的故事内容和情节提供不同的装扮和表演材料，且表演材料需要根据幼儿兴趣和表演情节的变化及时更换。对于小班幼儿来说，教师更多可以提供一些现成的材料，幼儿可以直接使用；对于中大班幼儿来说，教师可以支持和引导幼儿自己制作需要的材料。幼儿自己制作完成的材料他们会更加愿意使用，而且使用起来更加有成就感。

教师的妙招

某教师在小舞台的环境布置中，曾使用一连串小脚丫排成的组合步，并在脚丫的旁边贴上1，2，3，4这样的阿拉伯数字，再放上适当的音乐，幼儿就在无人直接指导的情况下，学会了扭秧歌的舞步。另外，使用类似的粘贴小脚丫的办法，对于一定的队形也很有效果。该教师还把游戏材料的投放与课程紧密结合。她在给幼儿讲《拔萝卜》的故事及教幼儿学唱《拔萝卜》的歌曲和表演相关舞蹈的日子里，小舞台的材料中就有萝卜式样的服装、故事音频和相关音乐。

材料的选择和提供非常重要，会直接影响幼儿游戏的进行。

材料提供过少的班级，幼儿有时会为头饰和丝巾等发生纠纷；而在那些装扮材料提供过多或有镜子的小舞台里，幼儿会不停地换装饰物，会出现只重视装扮而对音乐或故事充耳不闻的情况，只停留在摆弄物品的游戏水平上，注意力被大大转移，也不会去交流故事情节和开展表演游戏。因此，教师要特别重视材料的选择和提供，并且要有相应的策略，在观察幼儿游戏水平的基础上适宜地投放材料。

材料引发的问题

某个幼儿园中班小舞台的材料中提供了多种材料，包括梳子、小吹风机、口红、化妆品空瓶等。几个幼儿一面照镜子，一面打扮自己，彼此间很少交流，游戏的兴趣也因此转向探索装扮材料。电视剧《还珠格格》的续集热播之后，教师提供了几顶有吊坠的新疆帽，幼儿们开始热衷于戴上帽子扮演香妃娘娘，做蝴蝶飞舞的动作。由于帽子数量有限，而进区游戏的幼儿较多，幼儿时常为争夺帽子发生纠纷，表演游戏迟迟无法深入开展。

（2）吸引幼儿参与准备活动

表演游戏是自由、灵活、富有创造性的，教师可以帮助并吸引幼儿一起准备道具、布景、服饰等，积极参与到表演游戏的准备活动中来。而且，如果幼儿参加了准备工作，就易于激起玩游戏的愿望。在幼儿眼中，教师事先准备的精美的道具不见得比他们自己制作的道具更具吸引力，而制作道具的过程本身就是一个可以给幼儿带来快乐、蕴含着丰富的学习机会的一种活动。因此，教师可以把提供材料的活动变成和幼儿一起探索和准备表演材料的活动，丰富和充分挖掘道具准备过程中的教育价值。

另外，考虑到幼儿身心发展的年龄特点，应鼓励幼儿在准备过程中发挥创造性，制作出具有象征性的道具。教师可提供诸如各种质地的纸、笔、盒子、废旧布条、木板之类的原始材料，为幼儿的探究提供更多的机会和可能性。尝试让幼儿利用画、贴、剪等方式制作一些幕布、服饰和头饰等道具，并在幼儿遇到困难时提供有针对性的帮助。同时，当幼儿还没产生对材料的需要时，教师不必为"节省时间"或"展示表演结果"而立即呈现自己认为必要的材料或道具，要给幼儿留有充分的产生需要、发现问题和解决问题的空间和机会，充分挖掘这个环节的教育价值。

3. 通过编制练习性游戏，帮助幼儿熟悉作品和提升表演技能

幼儿对作品的熟悉和表演技能的提升一方面是在玩表演游戏的过程中逐渐积累的，另一方面则是通过一系列练习性游戏的训练而获得的。教师为了让幼儿掌握某一方面的表演技能，常常把某一类的表演技能集中起来，编成练习性游戏。编制练习性游戏需要分解作品内容，即，将作品情节分解为单元内容，每次给幼儿一个简单的情节，让幼儿小段小段地练习和游戏，等幼儿完全熟悉后，通过情景自然串起来，变成一个完整的表演游戏。幼儿经过反复玩这些练习性游戏，就能较为熟练地掌握相应的表演技能。另外，教师还可以将练习性游戏与语言教学活动结合进行，帮助幼儿去熟悉故事的内容、情节、角色，给幼儿提供机会，鼓励幼儿自己去表演，帮助幼儿更好地熟悉作品和提升表演技能。

4. 引导幼儿合理分配角色

角色的分配是进行表演游戏的首要环节，角色分配是否恰当也影响幼儿表演游戏的情绪和游戏的质量。幼儿最关心的是自己扮演的角色，教师应该引导幼儿自主选择和分配角色，在商量和讨论中发展幼儿的角色分配、角色更换、分工合作及自我调控能力。有时教师也可根据幼儿的口语表达能力、表演能力和组织能力的强弱来分配角色，但无论对哪个年龄段的幼儿，都要尊重他们的意愿，并以商量、建议的口吻提出，不可强迫幼儿去承担他们所不愿意扮演的角色。

如果出现幼儿不会分配角色的情况，尤其是对于小班幼儿，教师可以帮助幼儿进行角色的选择和分配。当某些幼儿连续几天或几个星期都选择同一个角色时，教师也可以有针对性地进行引导，鼓励幼儿尝试多种角色，鼓励幼儿自己用语言、动作生动、有感情地表演。

（二）表演游戏过程中的指导

在游戏的过程中，教师的参与和指导对推动幼儿表演游戏的发展也具有重要作用。小班幼儿不会主动玩表演游戏，教师要热情地支持他们的表演意愿并给予帮助。教师也可以加入到游戏中，以角色的身份提醒幼儿，及时解决游戏中遇到的困难。中大班幼儿已经可以自导自演，以表演为乐趣，以表演过程为满足，不会过分注重表演的效果，教师指导的侧重点应在如何塑造角色上。要帮助中大班幼儿注意运用语气、语调、夸张的动作、生动的表情来塑造角色，在丰富游戏情节的同时，注意提高幼儿的表现能力。可见，对于表演游戏过程的指导，教师要充分尊重幼儿的年龄特点，尊重幼儿的创造性和主动性，鼓励幼儿主动、自然、创造性地表演，不应强调严格按作品来刻板地表演。一般来说，教师可以通过以下三种方式指导幼儿的游戏。

1.通过投放材料、改变舞台布景等方式，间接指导幼儿的游戏过程

一般来说，教师尽可能不要过多干预幼儿的游戏，也不要急于示范，要耐心等待幼儿协商、讨论，支持幼儿自主解决游戏过程中的问题。因此，教师可以通过提供充分的时间、宽敞的空间和丰富的游戏材料，或者根据幼儿游戏过程中的问题改变投放的材料和舞台布景等方式间接影响幼儿的游戏过程，以潜移默化的方式提醒幼儿坚持游戏主题，扩展和丰富游戏的情节和内容。

2.通过参与幼儿的表演，对游戏进行指导

（1）教师作为平行游戏者对游戏进行指导。教师以角色身份参与到幼儿的游戏中，通过和幼儿一起商讨演出的程序、选择和

使用道具、布置环境等一系列活动给幼儿一定的启示，使他们进一步理解作品内容，塑造出各种生动活泼的艺术形象。

（2）教师和幼儿同台演出。这种方式是教师对表演游戏进行间接指导的重要形式，能够更容易了解幼儿游戏中的所思、所想，以及幼儿在游戏中的问题，有利于提升教师指导的适宜性和有效性。教师还可以为幼儿提供适当的示范，提高幼儿的角色表现意识。另外，教师在表演游戏中所扮演的角色应当是能把整个表演组织起来的角色，或者是幼儿尚不熟悉、扮演有困难的角色。对于游戏中幼儿自己创编的各种形体动作和表演语言，教师应及时地加以收集和整理，并在以后的游戏中介绍、推广。

3. 以观众身份进行场外指导

幼儿喜欢教师看他们表演，他们会以最大的热情和最好的表演来向教师汇报。因此，观众的身份给教师的间接指导提供了极有利的条件。作为观众，教师的指导必须符合观众的身份。

（1）教师必须认真、全身心地欣赏幼儿演出。教师的这种态度不仅是对幼儿演出的支持、鼓励，更是为幼儿提供如何以正确态度对待别人演出的一种示范。

（2）教师可以从观众的角度用提问、建议等方式指导幼儿顺利演出，并对幼儿的演出加以评价，提出改进的建议。教师应尽量保持观众的身份，切忌替代幼儿成为导演而影响幼儿的主动演出，使表演游戏丧失掉应有的价值。

肯改缺点的长颈鹿

教师观看两个孩子玩木偶，他们在同一木偶台上，但各自玩着自己手中不同的木偶。这时教师说："你们是在演木偶戏吗？你们能先报一下幕，告诉观众戏的名称吗？"于是这两个孩子看看自己手上的长颈鹿木偶，商量后说："好吧，就演'长颈鹿脖子真长呀'的节目吧。"这是孩子即兴想出的题目，教师加以鼓励并以极大的兴趣看完了演出。她感谢孩子们的演出，并建议说："这个长颈鹿脖子长了就这么骄傲，你们能帮它改一改缺点吗？"孩子们又商量了一下，把剧名改为"肯改缺点的长颈鹿"，并再一次要求教师当观众。这样，教师的提问和评价就使孩子的表演获得了成功，并起到了激励孩子创作和表演的作用。

（三）表演游戏结束后的指导

每一次游戏结束后，教师应该根据观察到的幼儿游戏中的问题以及新的创意和想法，组织幼儿进行分享讨论，及时给幼儿提供反馈，提高幼儿表现故事、塑造角色的能力。表演游戏结束之后，教师可以从以下三个方面进行指导。

1.组织幼儿讨论，引发幼儿思考

在游戏结束后与幼儿进行讨论时，教师可以通过向幼儿描述自己观察到的现象，引发幼儿进行思考。例如，在一次表演游戏中，教师发现：表演完的幼儿一直站在台上，或者有的演员不知道什么时候轮到自己表演。教师通过与幼儿讨论，引发了幼儿关于"表演完的幼儿应该待在什么地方？""如何让演员知道轮到自己表演？"等问题的思考，引发幼儿讨论并以他们自己的方式解决。

2.通过提问，丰富幼儿的角色语言

幼儿在表演游戏的过程中，可能会出现"不知道接下来说什么？"的问题。例如，在表演故事《小蝌蚪找妈妈》中，表演小蝌蚪的幼儿会不停地问："下面演什么？""我说什么？"教师观察到这样的问题之后，在游戏结束后可以引导幼儿讨论这个问题，可以提问"鸭妈妈是怎么说的？""大鱼是怎么说的？"等问题，在分享讨论中丰富幼儿的角色语言。

3.组织幼儿分享，丰富、提升幼儿的经验

幼儿在游戏中获得的经验是零散的、个别的，需要教师在游戏分享和讨论的过程中对幼儿经验进行提升。例如，一次表演游戏中，一名小演员提出"观众太吵了"的问题。教师观察到了这一现象，在分享讨论中教师这样提问："观众应该怎么看表演啊？"幼儿回答说："不能到处跑。""说话的声音要小。""不能打电话。"可见，教师及时抓住了游戏中隐含的教育价值，通过组织幼儿讨论，不仅促使游戏规则得以生成，丰富、提升了幼儿的经验，而且有利于幼儿良好行为习惯的养成。

第三节　表演游戏的案例与分析

表演游戏是一个动态的过程性体验。教师在指导过程中，基于幼儿的经验和兴趣，不断给幼儿以经验、材料、环境等多方面的支持，使幼儿在表演游戏中不断生发新的主题。随着游戏情节的不断延伸，幼儿的经验不断得到生长，能力不断得以提高。本节呈现了两个表演游戏案例，讲述了不同年龄班幼儿开展表演游戏的整个过程以及教师在这一过程中指导作用的发挥情况。

一、小班：换一换[①]

（一）游戏产生：依幼儿兴趣生发表演内容

教师与幼儿围坐在一起阅读图画书《换一换》，幼儿自发地跟着教师模仿故事中小动物之间的对话，讲着讲着，有的幼儿就手舞足蹈起来。看到这个情景，教师问："你们自己可不可以表演这个故事呢？"幼儿反应很热烈："好！""我想演小鸡！""我想演小老鼠！"……很快，幼儿争抢着分担了故事中的角色。

（二）游戏准备阶段：材料和经验的准备

一开始，幼儿的兴趣主要集中在故事的主要角色——小鸡身上，于是，教师主要引导幼儿对小鸡进行了讨论。教师把收集来

---

① 本案例由南京市多伦路幼儿园徐静老师提供，作者对体例进行了改写。

的图书、碟片、玩具、面具等资料布置在展示区，幼儿平时经常到展示区看书、玩玩具。幼儿还通过唱一唱、画一画、做一做、玩一玩等多种形式，了解小鸡的生活习性和形态动作等，为表演游戏的开展打下基础。

在表演游戏的过程中，幼儿也开始逐渐了解故事里的其他动物角色，例如，对动物的叫声和动作进行讨论，也有围绕表演游戏中出现的动物开展的系列活动，如下表所示（见表4-1）。

表 4-1　表演游戏"换一换"系列活动表

主题线索		活动名称
读一读	可爱的小鸡	音乐：小鸡出壳
		科学：小鸡出生了
		语言：阅读《换一换》
		体育：小鸡捉虫
演一演		表演游戏：换一换
		科学：可爱的小乌龟（生成活动）
		科学：乌龟喜欢吃什么？（生成活动）
		亲子：动物剪报
		游戏：它是谁？
		美术：小鸡的朋友们
想一想	小鸡的朋友	造型扮演：我是谁？
		音乐：走路
		美术：好玩的动物偶
		游戏：我说你猜
		科学：我和动物做朋友
		体育：小猪运饼干
		语言：为什么我不能？

（三）游戏过程：在教师引导下，游戏水平不断提升

第一次表演

1.活动过程描述

游戏开始后，幼儿没有对场地进行装饰，表演时幼儿都在角落里站成一排，手里拿着动物图片，表情比较拘谨。当小鸡走到每个小动物面前对话时，小鸡声音小，有时会忘记所说的台词，几乎没什么动作。

图4-8　第一次表演"换一换"

2.问题归纳

舞台不会装饰，表演单一、无对话。

3.教师支持与引导

（1）教师通过提问引发幼儿思考，支持幼儿为表演做好准备

● 游戏场地的选择和布置

"我们在哪儿表演呢？"幼儿积极发表自己的建议，最后大家决定在原来玩饼干店游戏的地点布置一个表演的地方。

教师："那么还需要哪些东西呢？"

幼儿："需要舞台。"

幼儿："需要幕布。"

幼儿："需要很多的灯。"

教师："现在没有这些东西怎么办呢？"

幼儿："我们可以做呀。"

教师："用什么做呢？"

教师接着问，大家你一言我一语，最后决定舞台可以用地垫搭出来，舞台背景（有树的图）可以画出来，幕布和灯可以用纸盒和彩纸做出来。

• 表演材料的准备

第一次表演时，幼儿拿着图片，不停地换手，也影响了表演。教师发现后就问幼儿："拿着图片表演方便吗？"幼儿立即表示："不方便。"教师继续引导幼儿想办法解决："怎样既能便于表演，又能让别人知道自己扮演的角色呢？"这时，有的幼儿提出可以将故事里的动物画下来做成头饰，戴在头上表演。根据幼儿的提议，教师将图片制作成头饰，投放到表演区里。之后，教师准备了废旧纸盒、彩纸、剪刀、胶水、胶带等材料供幼儿随时能够根据需要设计和制作表演道具，布置场景。

（2）支持幼儿学习表演的技巧，使表演逐步深入

一切准备就绪，表演开始了。一名幼儿扮演小鸡，装扮好之后，他站在舞台上念儿歌："小青蛙，呱呱呱。"还做一些与表演故事无关的动作。小朋友让他表演，他说："我不会表演。"另一名幼儿说："我教你。"扮演小鸡的幼儿说："好的！"然后他就去玩其他东西，不再表演。其他幼儿站在旁边等待很长时间，兴趣渐渐低落。

怎样调动幼儿表演的兴趣，使他们掌握表演的技巧呢？教师引导幼儿进行讨论，大家决定重新选一个幼儿和表演小鸡的幼儿一起表演。于是，教师支持幼儿互相交流表演技巧，并且进行讨论和练习。

第二次表演

1. 活动过程描述

表演中场面比较混乱。有的幼儿一直在台上表演，不愿意下来；有的幼儿戴着头饰却不知道自己表演；还有的幼儿跑到别的地方玩去了；还出现了演员不知道什么时候轮到自己表演的情况。

2. 问题归纳

表演中角色混乱，幼儿兴趣低落。

3. 教师支持与引导

（1）针对问题，思考和讨论游戏规则

教师对游戏中出现的问题进行了反思，认为出现上述问题是由于没有制定相应的游戏规则，于是教师组织幼儿进行关于游戏规则的讨论。

• 演员不表演时应该在哪儿？

通过讨论，幼儿决定：没有表演的演员应该在表演区里等待，不能到处乱跑；表演过的演员可以拿一张凳子坐下来，欣赏别人的演出。

• 怎样提醒演员轮到自己表演？

通过与幼儿进行讨论，幼儿认为应该有一个小朋友专门负责翻书，这样翻到哪一页，演员看到出现的小动物就知道是谁表演了。

（2）进一步熟悉故事内容

问题反映出幼儿对故事还不是很熟悉。于是教师再次引导幼儿阅读图书、学说对话，进一步熟悉故事内容，增进对故事的了解与兴趣。

第三次表演

1. 活动过程描述

表演区中提供了头饰、服装和道具，让幼儿把自己装扮成故事中的角色。可是幼儿表演时只戴了一个头饰，其他的道具摆弄了两下就不再用了。

图4-9 第三次表演"换一换"

2. 问题归纳

表演时幼儿不会装扮自己。

3. 教师支持与引导

通过集体活动，让幼儿学习如何装扮自己。

针对游戏中幼儿不知道怎样利用现成的物品来装扮自己的问题，教师组织了一个"我是谁"的活动，为幼儿提供各种颜色的布、表演服装、围巾、彩色海绵纸、剪刀、双面胶、口红等，让幼儿根据意愿与同伴装扮故事中自己喜欢的角色形象。有的幼儿将快餐碗面盒扣在头上，并且拿了体育活动的圈挎在身上，变成小乌龟。有的幼儿把电光纸剪成一条一条的，贴在白色的披风上，做成小狗的衣服。还有的幼儿把黑色海绵纸剪成长条贴在脸上当胡子，用一条绳子做尾巴，变成小老鼠。

第四次表演

1. 活动过程描述

幼儿很快就装扮好角色准备表演。小动物们一个个走上台，分别与小鸡对话，再下台，但是表演时动作、表情没有变化。很快，幼儿对这种枯燥的表演失去兴趣，有的幼儿在表演中还跑到其他区域，轮到自己表演了，就急忙演一下，又跑走了。在表演过程中，有一个娃娃家的幼儿过来问："我们可以看表演吗？"表演的幼儿马

图 4-10　第四次表演"换一换"

上答应了，于是娃娃家的幼儿一起来看表演。表演结束后，有的幼儿提出表演得不像。

2. 问题归纳

表演没有突破，幼儿兴趣渐渐低落；表演得不像。

3. 教师支持与引导

通过提问，丰富幼儿的经验。

幼儿："小动物的叫声不像。"

教师："为什么呢？"

幼儿："因为声音太小了，如果再大点声就好了。"

幼儿："别人讲话时，你就不能讲话了。"

幼儿："小动物走路的姿势不像。"

教师："我们一起来说一说故事中的小动物应该怎样走路。"

幼儿："小老鼠应该把两只手缩着放在嘴前面，走得很快。"

幼儿："小猪很胖，走起路来应该一摇一摆。"

幼儿："小青蛙应该跳着走路。"

幼儿："小乌龟应该慢慢、慢慢爬上来。"

第五次表演

在情节、语言、动作、表情上有了很大的飞跃。

本次表演结束后，教师问幼儿感觉怎么样，幼儿说："特别高兴，还想演。"而底下的观众也自发地给了他们热烈的掌声。

教师问小观众："你们觉得他们这次表演得怎么样？"

幼儿："很好。这次演的小动物都很像。"

图 4-11　第五次表演"换一换"

幼儿受到了鼓励，表演的兴趣和愿望更加强烈了。

第六次表演

1. 活动过程描述

表演过程中，一名表演的幼儿突然提出一个问题："老师，我觉得看表演的小朋友太吵了，我们都没有办法演下去了。"另一名表演的幼儿也说："是呀，有的小朋友还跑到我们这里拿衣服穿呢！"

图 4-12　第六次表演"换一换"

2. 问题归纳

看表演的小朋友太吵了。

3. 教师支持与引导

组织幼儿讨论，引导幼儿懂得怎样看表演。

教师："你们认为观众应该怎样看表演呢？"

幼儿："看表演时不能到处乱跑。"

教师："为什么观众会乱跑？"

幼儿："我觉得应该给他们椅子坐，这样他们就不会乱跑了。"

幼儿："对，我们看表演、看电影不都有椅子坐吗？"

幼儿："我们没有椅子坐，当然会跑了。"

（大家决定在表演台前放椅子给观众坐。）

教师："那么观众在看表演时，应该注意什么？"

幼儿："不能大吵大闹，会影响别人的。"

幼儿："不能吃东西。"

幼儿："不能随便扔垃圾。"

幼儿："不能下位。"

教师："我们怎样才能让观众知道这些要求呢？"

幼儿："我们把它画下来，贴在表演的地方。"

最后大家请教师帮忙将这些看表演的规则画在纸上，贴在表演区，他们还讨论出请一个小朋友当工作人员检查和维持秩序。

第七次表演

演出很成功。

幼儿邀请了爸爸妈妈来看演出。当家长知道是幼儿自己装扮、自己制作道具、自己演出时，非常意外，也非常感动，给予幼儿热烈的掌声。幼儿受到了极大的鼓励，更加喜欢表演了！

（四）案例分析

教师从引导幼儿阅读和理解故事入手，开展表演游戏。游戏过程中，教师敏感地察觉幼儿在游戏中表现出来的问题、需要和兴趣，并以此为依据，通过讨论、动手、操作、练习，生成与之相应的、灵活的、适应幼儿需要和兴趣的活动，推动了幼儿表演游戏水平的螺旋式上升。

附：故事《换一换》[1]

有一天，小鸡对妈妈说："我出去玩啦！叽叽！"于是它告别了爸爸妈妈，一边走一边"叽叽、叽叽"地叫着。

走着走着，它看见了小老鼠："喂，小老鼠，换一换叫声好吗？叽叽！"小老鼠说："好的！吱吱！"于是小老鼠"叽叽"叫，小鸡"吱吱"叫。

小鸡继续走，看见了小猪："喂，小猪，换一换叫声好吗？吱吱！"小猪说："好的！哼哼！"于是小猪"吱吱"叫，小鸡"哼哼"叫。

小鸡又往前走，看见了小青蛙："喂，小青蛙，换一换叫声好吗？哼哼！"小青蛙说："好的！呱呱！"于是小青蛙"哼哼"叫，小鸡"呱呱"叫。

小鸡又碰见了小狗："喂，小狗，换一换叫声好吗？呱呱！"小狗说："好的！汪汪！"于是小狗"呱呱"叫，小鸡"汪汪"叫。

突然一只花猫扑过来："喵——我要把你吃掉！"小鸡大叫："汪汪！""喵——吓死我啦！"花猫吓了一大跳，逃走了。小鸡高兴地说："我跟花猫换叫声了！喵——喵——"

小鸡继续向前走，碰见了小乌龟："喂，小乌龟，换一换叫声好吗？喵——"小乌龟说："好的！嗯嗯！"于是小乌龟"喵——喵——"叫，小鸡"嗯嗯"叫。

小鸡回到家，"嗯嗯"叫妈妈，妈妈奇怪地说："哎呀，这孩子怎么了？"

---

[1] 引自佐藤和贵子/文，二俣英五郎/图，蒲蒲兰/译：《换一换》，21世纪出版社2005年版。

二、大班：西游记

（一）游戏产生：依幼儿兴趣选择表演内容

《西游记》是幼儿最喜欢的神话故事之一，在幼儿园里经常能听到幼儿谈论《西游记》的情节，唱《西游记》的歌曲，甚至模仿其中的角色。根据幼儿的兴趣，我们决定开展《西游记》的表演活动。

（二）游戏准备阶段：进一步扩展幼儿的经验

1. 直接感知，参与收集资料

教师与幼儿共同进行游戏的准备，教师和幼儿带来了图书、碟片、玩具、面具等各种资料，并将它们布置在展示区。

2. 实际操作，主动介绍故事的内容

幼儿经常到展示区看书、玩玩具，并且向周围人介绍有关《西游记》的内容。教师对每一个幼儿都给予接纳，鼓励每一个幼儿积极参与，展示自己对故事的了解。

3. 亲身体验，乐于表现故事的情节

教师安排了"故事大王"时间，提供了更多的时间和机会让幼儿讲述《西游记》的故事，支持幼儿深入感知故事中的角色。教师还给幼儿提供多层次的活动材料，引导幼儿把自己喜欢的故事制成连环画，进一步感知故事情节，为后面的表演游戏打下基础。

（三）游戏过程：在教师引导下，游戏水平不断提升

游戏初始阶段："水帘洞"的故事

1. 教师角色

在游戏开始前，作为游戏的支持者，教师为幼儿提供游戏的时间、空间和基本材料，并与幼儿讨论决定表演的故事内容。在游戏过程中，作为观察者，教师用写、摄像、照相、录音等方式记录幼儿的真实表现。在游戏结束后，教师抓住幼儿的关键问题引导幼儿分析讨论。

2. 活动前教师的支持

（1）灵活调整工作计划

幼儿首先选择的是"水帘洞"的故事。游戏开始后，幼儿提出首先要布置水帘洞，教师调整了自己的计划，引导幼儿寻找班上的已有材料，进行场景布置，满足幼儿制作的需求。

（2）幼儿分工合作，布置场景

在活动中，幼儿自发地分成了三组：瀑布组、石桥组和花果山组。瀑布组的幼儿将蓝色的涤纶纸剪成细条，把两三根的细条粘贴起来并垂下来，做成花果山的瀑布。石桥组的幼儿用积木搭建成桥，并将石桥进行多次改良。花果山组的幼儿将画好的花草剪下来贴在滑梯上，又想办法制作桃子。一个幼儿从班上找到了现成的塑料桃子，还有的幼儿将班上的气球贴上绿色的皱纹纸制成桃子。在整个过程中，教师充分尊重幼儿的兴趣，为幼儿装扮提供时间、空间和材料等方面的及时支持。

（3）幼儿分工合作，装扮唐僧师徒

制作完水帘洞后，幼儿分成四组：唐僧组、猪八戒组、沙僧组、孙悟空组。每组推选一个幼儿扮演该组的角色，其他幼儿负责装扮。

唐僧组：用被单披在扮演唐僧的幼儿身上，并扎了一个结，用海绵纸和皱纹纸制作成帽子。

猪八戒组：选择了一个最胖的幼儿来扮演，用海绵纸做成耳朵，将扫帚做成钉耙，还找了一个枕头塞在衣服里做成猪八戒的大肚子。

沙僧组：用即时贴剪成胡子贴在脸上，用报纸搓成纸球粘在绳子上，做成沙僧的佛珠。

孙悟空组：使用现成的面具和金箍棒玩具，又给孙悟空用皱纹纸做了一件虎皮裙。

3. 活动过程描述

在活动中，幼儿把大部分时间都花在装扮上。开始表演时，幼儿却不知道怎样表演，只是简单地挥舞手中的兵器，表演单一的情节，演员之间也没有任何对话。

4. 问题归纳

幼儿关注装扮，表演不到位。

5. 教师的进一步支持

（1）组织幼儿讨论，丰富幼儿的经验——如何把孙悟空演得更像？

表演结束后，有幼儿提出来：孙悟空表演得不像。教师组织幼儿进行讨论："孙悟空应该怎么表演？"幼儿争相发表意见。有的说："孙悟空会翻跟斗。"有的说："孙悟空走路像猴子一样。"有的说："孙悟空应该是踮着脚走路。"经过讨论，大家一致认为孙悟空的动作应该像猴子一样，于是引起了幼儿对猴子的探索。他们通过多种渠道调查了解猴子的生活方式、饮食习惯等，并且观看各种各样的猴子，如泥塑猴子、绘画猴子等，了解猴子的生活习性和动作特点。

（2）通过提问，提升幼儿解决问题的能力——如何制作灯和幕布？

教师："我们可以用什么东西做灯呢？"

幼儿："可以用纸箱做灯。"

幼儿："在上面挖一个洞，放一个薯片盒在里面，就像灯泡一样。"

幼儿："还可以用一些彩色的纸贴在上面就好看了。"

幼儿："我上次看表演，舞台上应该有幕布。"

教师："我们的幕布用什么做呢？"

幼儿："用布吧！"

幼儿在活动室的百宝箱里找到一块红色天鹅绒，但是因为太重了，没有办法挂上去。这时一名幼儿说："我们用皱纹纸做吧，把它剪成一条一条的，请老师帮我们挂上去。"这个提议得到其他幼儿的赞成，大家一起去收集材料，进行制作。

（3）组织"猴王模仿秀"，决定孙悟空人选

由于幼儿都想演孙悟空，为了确定人选，大家决定来一场

"猴王模仿秀"。每个幼儿都来扮演孙悟空，并且采用投票的方式，选出扮演得最像的幼儿扮演下一次的孙悟空。

游戏发展阶段："盘丝洞"的故事

1. 教师角色

教师在表演游戏进一步发展阶段要扮演好三个角色，即：一退，是指教师退到幼儿的身后，让幼儿自己尝试解决问题；二看，是指看幼儿在游戏中的表现，遇到问题怎样解决；三变，是指当幼儿的需求和教师的计划出现矛盾或不符时，教师要灵活且适当地改变计划，使活动向着幼儿需要的方向发展。

2. 活动前教师的支持

（1）组织幼儿讨论

● 布置盘丝洞的讨论

幼儿："盘丝洞是蜘蛛精的家，应该有蜘蛛和蜘蛛网。"

幼儿："应该画一幅画，让别人知道是蜘蛛精的家。"

幼儿："还应该有家具。"

于是幼儿开始合作完成"盘丝洞"的布置。他们自由分组，有的画盘丝洞的标志——七只蜘蛛精的画像；有的找到毛线缠绕在墙上，代替蜘蛛丝；有的幼儿用纸箱代替桌子，在上面贴上各种漂亮的装饰纸。

● 教师引导与提问——蜘蛛是什么样的？

在制作过程中，幼儿向教师提出了一个问题："蜘蛛是什么样的？怎样画？"教师引导班上的幼儿先进行交流，有的幼儿说："蜘蛛会吐丝。"有的幼儿说："蜘蛛有很多脚。"由于意见不一致，教师让幼儿回家进行调查。

第二天，他们找来许多图片、图书和资料。经过探索，幼儿发现蜘蛛有八条腿，身体是圆形的，眼睛前面有两个像大牙一样的东西，于是他们纷纷开始画起来。幼儿获得了关于蜘蛛的丰富经验。

（2）材料上的支持

投放《西游记》的图书供幼儿翻阅，观看《西游记》的影片。

3. 活动过程描述

（1）道具不断完善

在这次表演中，幼儿充分利用身边的物品装扮自己，扮演蜘蛛精的幼儿披上了妈妈的纱巾，把班上的塑料花插在头上；观音头上的披巾从床单变成了家里的桌布；沙僧的武器由纸芯筒变成了晾衣棍。

（2）表演日趋成熟

在本次表演中，幼儿已经能创编一些故事情节和对话。例如，在盘丝洞的故事中，孙悟空打败了蜘蛛精，救出师父，欢庆胜利时，扮演蜘蛛精的幼儿说："不对，我们还没有死，我们还要去找师兄呢！"于是女孩子们就四处寻找，终于找到一个愿意当师兄的男孩子。在接下来的表演中，就增加了蜘蛛精被孙悟空打败后，就赶快爬到师兄那儿寻求帮助的情节。幼儿的表演日趋丰富和成熟，还增加了"石猴出世"的情节。

4. 问题归纳

演员不知道接下来怎么表演。

幼儿的表演有一定的故事情节，并出现了简单的对话和动作，但是在表演中还是出现了这样的现象，即幼儿会不停地问："下面演什么？""我该说什么？"

5. 教师的进一步支持

通过提问，丰富幼儿的角色语言。

教师："蜘蛛精会怎样骗唐僧呢？"

幼儿："她会给他吃东西，把他骗到盘丝洞里面。"

教师："蜘蛛精会怎么说？"

幼儿："她会说：'我们这儿有许多好吃的，给你的徒弟吃吧！'"

教师："唐僧呢？"

幼儿："唐僧会说：'谢谢施主！'"

教师："接下来蜘蛛精又会怎样做呢？"

幼儿："把唐僧抓到蜘蛛洞里去了。"

在提问的引导下，教师请幼儿讨论："唐僧的徒弟听说唐僧被抓，会怎么说呢？"有的幼儿立刻就模仿起来："哎呀，师父被抓走了，怎么办呢？"经过讨论，幼儿对表演的内容比较清楚，再次表演时就不再问该怎样演了。

游戏扩展阶段："火焰山"的故事

1. 教师角色

主要是体现在组织幼儿互相评议、教师把握有效的指导时间、给游戏的扩展留有空间、让幼儿在游戏中发展等四方面。

2. 活动前教师的支持

充分尊重幼儿的兴趣和表演方式。

3. 活动过程描述

（1）幼儿分组表演，相互评价与学习

幼儿的表演日趋成熟，他们又开始寻找新的故事内容，这一次选择的是"火焰山"的故事。由于有了前几次的基础，所以幼儿在准备场景和道具上并没有花很多的时间。幼儿的表演很自然，也很容易就进入到故事情节中去。

在这次游戏中出现的一大特色是：幼儿进行分组表演，相互评价与学习，促进表演能力的提高。幼儿分成两组分别表演，在装扮上，一组使用的是头饰，另一组使用的是材料。第一组表演完后，第二组对其进行评价。有的幼儿说："第一组表演的声音大，能让人听得清楚。"也有幼儿说："孙悟空变成小虫子飞进铁扇公主的肚子里时，铁扇公主应该表演出很难过的样子。"在给第一组评价的基础上，第二组开始表演，克服了前组的问题，在对话的声调、动作的丰富性上都有了很大的提高。在整个表演过程中，幼儿兴致勃勃，乐此不疲。

（2）设计出各种各样的芭蕉扇

在表演中，幼儿发现表演使用的扇子太小，不像芭蕉扇，于是通过绘画的方式，加上了想象，设计了各种各样的芭蕉扇，并且从芭蕉扇引发了幼儿对《西游记》里各种神仙、妖怪使用的武器的调查。

正是这些在表演游戏过程中不断延伸出的支点，使得道具和场景不断完善，表演情节不断拓展和丰富，幼儿能更多地体验和享受表演的乐趣。

思考与练习

1.问题讨论

（1）结合《3—6岁儿童学习与发展指南》的精神，谈谈你对教师在表演游戏中角色的理解。

（2）分析"换一换"和"西游记"的表演游戏案例，谈谈表演游戏与幼儿园课程的关系。

2.实践练习

（1）操作性练习

• 尝试制作几种表演游戏的道具。

• 尝试组织和参与幼儿的一次表演游戏活动。

（2）活动设计

请就故事《小兔乖乖》设计一个小班幼儿的表演游戏。要设计出整个表演游戏的开展步骤、需要准备的环境和材料、教师的指导策略与方法等内容。

3.案例分析

试分析下面案例中教师的表演游戏观，结合本章内容尝试找出存在的问题，并提出建议。

某幼儿园以小舞台作为表演游戏区，全园每个班的小舞台都是相同的格局和样式。小舞台由教师准备好道具和材料。幼儿进入活动区后，教师会帮助幼儿放音乐、戴好头饰，然后让幼儿根据现成的音乐和道具自由表演。教师会引导其他幼儿作为观众观看表演。当幼儿之间发生纠纷或出现明显的违规情况时，教师会出面干预或处理问题。

第五章

建构游戏的特点与指导

| 学习目标 |

1. 理解建构游戏的含义与发展阶段。

2. 了解建构游戏的玩具材料与建构技能。

3. 掌握不同年龄班幼儿建构游戏的特点与指导策略。

| 本章提要 |

建构游戏的特点与指导
- 建构游戏的含义与发展阶段
  - 建构游戏的含义
  - 建构游戏的发展阶段
- 建构游戏的玩具材料与建构技能
  - 建构游戏的玩具材料
  - 建构游戏的建构技能
- 建构游戏的特点与指导策略
  - 幼儿园开展建构游戏的形式
  - 不同年龄班幼儿建构游戏的特点与指导（以积木游戏为例）

第一节　建构游戏的含义与发展阶段

一、建构游戏的含义

建构游戏属于创造性游戏的一种。根据传统的游戏分类方法，创造性游戏包含角色游戏、表演游戏、结构游戏。其中，结构游戏是指幼儿运用各种建构材料，构造物体，反映现实生活的一种创造性游戏，又被称为建构游戏。因此，为了避免名称上的混乱，本章选用建构游戏的名称，来代替结构游戏。这是因为建构游戏的称谓在当前幼教实践中运用更广，而且"建构"是一个活动过程，是活动的状态，而"结构"是一种静态呈现。同时，"建构"是建筑学的概念，更接近搭建的本意。

二、建构游戏的发展阶段

皮亚杰将建构游戏看作一种重要的游戏形式，其认知发展理论认为，建构游戏是从游戏向非游戏过渡的一种游戏，从儿童的游戏早期开始一直贯穿始终。建构游戏的材料是多种多样的，不同的建构材料呈现出不同的建构特点。下面以建构游戏中的积木游戏为例，来阐明建构游戏发展的不同阶段，供读者参考和借鉴。

从幼儿搭建水平的角度来划分，积木游戏可分为以下七个发展阶段。

第一阶段：感知搬弄阶段

2岁以下的幼儿手掌及手的力量比较小，他们会把积木搬来搬去地摆弄，感知积木的重量，触摸积木的材质特性等，并无实际的搭建，处于最简单的练习性游戏阶段。

第二阶段：重复堆砌阶段

随着幼儿年龄的增长，他们开始尝试把两块或几块积木摞在一起，但是在试图重叠、堆高的过程中经常出现倒塌现象。幼儿会满足于不断地堆高、推倒、再堆高、再推倒的重复过程，并伴随明显的愉悦，明显特点就是"动即快乐"。伴随积木倒塌发出"啪"的响声，幼儿会发出开心的笑声。幼儿在重复堆高、推倒的过程中，感受到自己对外部世界的主宰，在游戏过程中获得自信。正如埃里克森所说，学前阶段的幼儿面对的认同危机是主动与内疚，因此幼儿喜欢操纵微观世界的物品，以获取自信弥补内疚。

第三阶段：排列、平铺阶段

2~3岁的幼儿有了初步的搭建行为，在建构游戏中最大的特点就是重复性排列、堆叠和平铺。这一阶段的幼儿开始探索连接两块积木，他们将积木并排摆放、依次排开，延伸成一个平面（见图5-1），出现简单的平铺，还会把积木一块挨着一块排成一长串（排长）。堆高的行为这一阶段继续发展，幼儿会把积木一块一块随意地堆叠上去，仍然会出现堆高、推倒、再堆高、再推倒的游戏行为。

图 5-1　积木的平铺

第四阶段：围合阶段

图 5-2　积木的围合

到了3岁左右，幼儿的搭建作品开始出现具体形象，出现围合的平面空间，称作围合阶段，又叫围封阶段。即，用积木围出一个空间，在空间里放入小动物、装饰物等玩具材料，来表示小动物的家、动物园等，并尝试命名，以满足象征性的需要。例如，图5-2是"小狗"的家，用方块积木围拢起来成为一个长方形。这一阶段的幼儿一般处于独自游戏的水平，有时候会出现随意的联合游戏。

第五阶段：架空、对称阶段

4岁左右的幼儿，搭建进入架空、对称阶段。年龄小的幼儿以"架桥"为主，在"架桥"的过程中，注意积木的对称摆放。图5-3是一个中班初期幼儿搭建的桥，桥墩分别用了两块形状相同、颜色不同（左边黄色、右边绿色）的长方体积木。桥墩两边、桥前面的台阶以及桥面上的积木都以对称的方式呈现。年龄大的幼儿开始"盖房子"，大量使用架空

图5-3　积木的架空和对称

和对称的技能。他们可以把房子搭得很高，盖一座"高楼"，也可以以某一个物体为中心，比如"门或桥墩"，取相同颜色或形状的积木左右对称地依次搭建。这一阶段，幼儿出现大量的同伴互动，各自搭建或共同搭建某个作品，常常因需要某种形状的积木与人发生抢夺等肢体冲突。

第六阶段：模型装饰阶段

4.5岁以后的幼儿能利用对称和平衡的原理来建造模型。他们的建构技能逐渐娴熟，模型逐渐趋于复杂。他们越来越有兴趣地迁移已有经验来创造模型，使创造出来的模型越来越有美学上的意义；开始有计划地搭建积木，建构作品也更加具象、复杂。幼儿能逐渐关注到作品的细节，对积木的尺寸、形状、数量的需求更加"挑剔"，能反复尝试各种尺寸的积木，直到找到适宜大小的积木

图5-4　搭建的公园

为止。图5-4是5岁幼儿搭建的公园,有高高的塔(图后方),也有亭子(图前方)。建构物中用了奶粉桶、大量的纸杯替代柱子。纸杯既用来搭建柱子,也用来建构路灯。

第七阶段:再现装饰阶段

这一阶段,幼儿的搭建技能更加娴熟,能够建构更加多样的、反映现实生活的物体,并通过辅助材料加以精心装饰。大班幼儿在建构之前就已经能事先命名,并且能够有一定的设想和计划,如事先构想建构的主题、建构所需的空间和材料等。他们会事先把需要的积木拿过来,然后再开始有计划地搭建积木,在搭建好的物体上面造景,再现搭建物及其周围的环境。

图5-5是幼儿用积木搭建的"军用坦克"。六名幼儿事先有分工,并且有设计好的图纸,计划好用哪些材料,其中一名幼儿担任总工程师,其他幼儿配合搭建、装饰。图中坦克上面有士兵、五角星、围栏,旁边有履带、小草,还有用绿色KT板造的景,表示坦克在陆地上行驶。

图5-5　搭建的坦克

第二节　建构游戏的玩具材料与建构技能

一、建构游戏的玩具材料

建构游戏的玩具材料是幼儿进行建构游戏的支撑。建构游戏的玩具材料种类丰富，不仅包括购买的专门建构玩具，也包括一切可以用于建构的材料。专门的建构玩具有积木、积塑、胶粒、雪花插片等；自然的建构材料有沙子、泥土、石头、水、雪等；生活中废旧物品和半成品的建构材料有瓶子、罐子、纸盒、纸板等；常见的生活材料有纸、绳子、线等。

（一）积木

积木是幼儿园建构游戏的主要玩具之一。积木由木质材料制成，主要由一些基本的几何形体构成。幼儿可以通过排列、组合、堆叠等形式进行建构游戏。从外形上看，包括空心、实心、块状、片状、粒状、棒状等形式；从颜色上看，有原木色积木和彩色积木；从尺寸上看，包括大型、中型、小型的积木。其中，小型积

图5-6　大型空心积木和中型单元积木

木由于体积小、材质轻，所以稳定性较低，幼儿在搭建过程中，容易倒塌，作品规模也比较小，适合小年龄段幼儿在桌面操作。中型单元积木、大型空心积木、小型桌面积木是幼儿园应用最广的积木类型。

图5-7　雪花片积塑

图5-8　用沙子进行建构

（二）积塑

塑料制建构玩具材料是幼儿园开展建构游戏的又一主要资源，一般被称为积塑，由软硬不同的塑胶、塑料制成。积塑造型多样，包括凸点型积塑（如乐高、宝高）、雪花积塑（又称雪花插片）、管状积塑、齿轮状积塑、螺母状积塑等多种形式。

（三）户外自然材料

户外自然材料也是很重要的建构游戏材料，包括沙、水、雪、麦秆、芦苇、石头、泥土等。幼儿能够利用这些自然材料建构出不同的作品，进行各种游戏，如用泥巴塑造各种造型，在沙池中开沟引水等。

以上是几种常见的幼儿园建构玩具材料。另外，教师还往往会为幼儿提供日常生活中不同类型的废旧纸盒、纸箱、纸杯等，作为辅助材料进行各种类型的建构活动。

二、建构游戏的建构技能

建构技能在幼儿的建构游戏中起着重要的作用，可以帮助幼儿充分实现想象与创造。建构技能根据玩具材料的不同而有所不同。如：积木搭建所要求的建构技能是平铺、对称、加宽、加长、间隔、围合、盖顶等；积塑玩具材料建构所要求的建构技能是接插、镶嵌、连接等；生活材料，如纸、绳子、线等所要求的建构技能是粘贴、编织、翻转、挑花等；自然材料，如泥、沙、石头等所要求的建构技能是堆砌、塑形、揉捏等。

（一）搭建组合类玩具材料建构技能

搭建组合类玩具材料包括积木、纸盒、纸杯等。幼儿在使用这类玩具材料进行搭建时运用的建构技能主要包括组合、平铺、堆高、围合、盖顶、对称、加宽、加长、加高、间隔等。

图5-9　用单元积木搭建的长江大桥

单元积木搭建在幼儿园比较常见，幼儿可以根据需要进行自由建构。图5-9是大班幼儿用单元积木搭出的长江大桥。桥上各种形状的汽车、桥旁边的高铁轨道、轨道上的复兴号列车，使用了架空、延长、间隔等技能。

小型桌面积木也是幼儿园较为常见的积木类型，一般有各种颜色，在桌面上进行搭建。图5-10是幼儿用彩色小型桌面积木搭建的公园，使用了连接、架空、围合、对称、排列等多种技能。而且，幼儿在搭建过程中，能够感知积木的颜色，并进行色彩的搭配、间隔和分类。

图5-10　用小型桌面积木搭建的公园

辅助材料是搭建组合类建构中经常使用的材料，一般由废旧材料制成。奶粉桶、瓶子、纸杯、纸盒等废旧物品和半成品，不仅在建构游戏中起到点缀和装饰的作用，还能搭建出不同的作品。如图5-11所示，纸杯既可以搭建出圆形的塔，还可以搭建围墙、城堡等造型各异的建筑

图5-11　用纸杯搭建的圆形塔

物，使用了架空、堆高等技能。

（二）拼插类玩具材料建构技能

拼插类玩具材料主要是指各种不同类型的积塑，在幼儿园也被称为插片、插管、插块等。幼儿在使用拼插类玩具材料进行建构时所运用的建构技能主要有拼插、镶嵌、连接、围合、交叉等。

乐高、各种类型的雪花片、插管等玩具是典型的拼插类玩具材料，可以拼插出各种类型的作品。如图5-12所示，幼儿用雪花插片拼插出各种房子、宫殿和塔，运用了拼插、堆高、交叉、围合等技能。

图5-12　用雪花片积塑拼插的各种造型

幼儿园比较常见的还有管道造型等镶嵌连接类积塑，呈不同形状的插管造型，如直管、弯管、十字形管、T形管等，用这些管道来建构不同作品。管状物建构时需要的建构技能主要是镶嵌、连接等。如图5-13所示，幼儿用短管建构出规则的管道，运用了镶嵌和连接技能。

除了拼插连接、镶嵌连接类玩具材料，幼儿园还有旋转连接类玩具材料。玩法是以木质或塑料质的螺丝、螺帽等形状的玩具材料旋转连接，组合成一个整体，需要的建构技能主要是连接和旋转。例如，图5-14是建构完成的运动小车，运用了连接、旋转等技能。

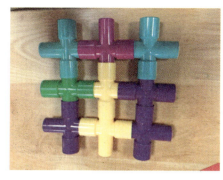

图5-13　用插管积塑拼插出的管道

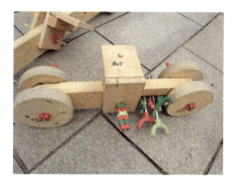

图5-14　拼插好的小车

（三）穿编类玩具材料建构技能

穿编类材料主要是指线、绳、带有小孔的珠子、木块或管状物等可以串联和编织起来、做成作品的建构材料，主要包括穿珠、穿管、各种线绳等，使用的建构技能主要有穿、编、系等。

穿珠类材料是将线、绳子和带孔的珠子组合，穿连出作品。穿珠在幼儿园比较普遍，教师为幼儿提供不同粗细的绳子和不同种类的珠子，幼儿可以根据自己的兴趣和能力，穿出不同款式的手链、项链、花环、耳坠等。图5-15是幼儿用各种形状的珠子穿成的项链，初步体现出根据珠子的形状做间隔的尝试。

图5-15　用珠子穿成的项链

穿管类材料是将绳子、线和管状物组合，穿连出作品。教师为幼儿提供粗细、长短不同的管子和粗细不同的绳子，幼儿自由选择绳子和管子，穿连出自己想要的作品。

编织类作品主要是用线、绳、带、纸条等绳状物以及穿珠、吸管等孔状物进行编织，形成作品，需要的建构技能是编织、穿连、交错等。在编织过程中，幼儿不仅能发展小肌肉动作，而且能够感知颜色的搭配、排列与组合。如图5-16所示，幼儿用彩纸编织包、手套和衣服等，通过搭配使其更加美观。图5-17中，幼儿根据自己设计的头像，用毛线、各种短线、皱纹纸、绸子等编织出不同的发型。此外，教师也可以提供一些彩带、绸子供幼儿使用。

图5-16　用彩色纸条编织的作品

图5-17　用毛线给娃娃编辫子

图5-18　用绸带进行编织

因为材料的属性不同，对幼儿编织的要求就不同。如图5-18所示，教师提供了裁切并固定好的彩色纸，让幼儿利用绸带进行编织。绸带的长度、绸带比较滑的特性，本身对幼儿就提出了一定挑战。幼儿在编织时不仅要按照间隔将绸带穿编，同时要调整不同行之间绸带的位置，而且在编织完一行之后需要将绸带穿过木板，以便编织下一行，这又对幼儿提出了一系列的挑战。

福禄培尔及恩物

福禄培尔（F. W. Fröbel，1782—1852）发明的恩物是现代积木的起源。福禄培尔设计恩物的目的，是让幼儿用这些恩物构成"生活中的物体或建筑物的形状""认识事物或模仿事物的形状""认识美好事物和绘画艺术的形状"，以谋求幼儿的四肢、身体、感觉、智力、感情、意志等方面的和谐发展。

关于恩物的数量有不同说法。日本研究认为，福禄培尔的恩物一共有13种。①而我国梁士杰（1935）则提出有20种。两种介绍在前10种基本一致，后面则有一定出

图5-19　恩物

入。其中，1~8种恩物被称为"游戏的恩物"，其余恩物被称为"作业的恩物"。恩物的形状有立体状的、曲线状的、直线状的和点状等。恩物的颜色是红、黄、绿以及它们的间色，一共6种颜色。下面对前10种恩物进行简单介绍。

第1种恩物是球，是用柔软的羊毛结成的彩球，红、橙、黄、绿、青、紫一共6个球，直径1.5寸，外面以毛丝或木棉丝包好。每个球上端附有一条吊线，以使幼儿理解运动与静止等基本法则，还可以发展幼儿辨别基本颜色的能力。

第2种恩物是三体，由木质球体、立方体和圆柱体所组成，分别用绳子悬挂在一根木棒上。每个形体都有钩子或洞，可以系上绳子或通过木棒来回转动，帮助幼儿直观地认识物体的形状和几何图形。

第3种恩物是积木，是福禄培尔研制的第一种积木，沿三个方向把1个立方体分成8个相同的小立方体（1寸立方），以使幼儿获得整体与部分的概念。

第4种恩物是福禄培尔研制的第二种积木，由8个小长方形木板（长1寸，阔1寸，厚0.5寸）组成的一个可分解的大立方体，以使幼儿获得长、宽、高的概念。

第5种恩物是福禄培尔研制的第三种积木，是一个3寸立方的大立方体，分作21个小立方体、6个三角体和12个小三角体。幼

① 日本世界教育史研究会编：《世界幼儿教育史（上册）》，吉林人民出版社1986年版，第225~227页。

儿可以用来搭建和感知不同形体之间的关系。

第6种恩物是福禄培尔研制的第四种积木，由18个长方体、12个立方体和6个三角体组成的一个3寸大立方体，以使幼儿认识各种几何图形。

第7种恩物是排板，有正方形、正三角形、等腰三角形（直角及钝角）等形状，颜色也各不相同。幼儿可以认识和比较不同的形状，并且建构出不同造型。

第8种恩物是组板和连板。组板为细长的木条，颜色各不相同，幼儿可以组成各种形状，建构不同造型。连板为连在一起的12根薄木条，幼儿可以通过折叠建构出不同的形状。

第9种恩物是环，为金属或木质的圆环、半圆环、1/4环等数种，可组成各物体形状。

第10种恩物为粒，是用小贝壳、小石头、豆类及其他种子，排列成不同物品的形状。

小资料

积木的发展[①]

除福禄培尔创造的恩物之外，著名的意大利教育家蒙台梭利（Maria Montessori，1870—1952）所创制的教具，有些也含有积木建构的概念，例如感官教具中的粉红塔、彩色圆柱及棕色梯。但是，无论是福禄培尔还是蒙台梭利，他们所创制的教具都有特定的使用方法，并不鼓励幼儿自由建构。

直到19世纪末20世纪初，美国教育家卡洛琳·帕特（Caroline Pratt，1867—1954）发明了单元积木，才将积木广泛地运用于幼儿自由游戏之中。帕特女士认为，学校教育应该帮助人们进行有效的思考和积极的工作，从建立社会意识中创造更美好

---

① 参见马祖琳主编：《点燃孩子的创意火花——台中市爱弥儿幼儿园积木活动实录及解析》，南京师范大学出版社2013年版。

的世界，所以她抗拒当时权威式的传统教育，反对机械的读、写、算教育模式。她鼓励幼儿自由游戏，创设了一所以幼儿自发性游戏为原动力基础的学校，并且发明了单元积木和空心大积木。

图5-20　单元积木

单元积木为国内外幼儿园应用最为普遍的一种中型积木，用平滑自然的原木所制，上面既无花纹也没有漆上任何颜色。帕特女士希望孩子们在玩积木的时候，能够尽量运用他们的想象力，不要被木质材料上的花纹所限制。单元积木主要有基本单元块、1/2单元块、2倍单元块、4倍单元块，还包括拱形、1/4圆环形、1/2圆环形、方柱体、圆柱体、大圆柱体和转接块等不同造型的积木。其中，基本单元块尺寸为5.5英寸长，2.75英寸宽，1.375英寸厚。其余形状的积木块都是在基本单元块的基础上发展的，厚度都与基本单元块相同。

帕特女士所发明的单元积木，直接受到佩蒂·希尔·史密斯（Patty Hill Smith，1868—1946）女士的影响。在帕特女士的自传中曾提及："在所有我见过的、提供给孩子们的教材中，佩蒂·希尔发明的这些积木似乎最适合孩子的需求。一个简单的几何图形，孩子可以把它当成各式各样的东西，例如一辆卡车、一艘船或者火车的车厢。孩子还会使用积木建造各种建筑物，从谷仓到摩天大楼。我已经可以预见孩子们在我未来的学校里，用积木建造了一整个小区。"[1]帕特女士认为，积木不只是孩子在自由时间随意玩的材料，如果教师能从孩子的经验出发，孩子的积木游戏内容会更丰富，如此才能增进教师的教学与幼儿的学习。正是基于这种

---

[1]　马祖琳主编：《点燃孩子的创意火花——台中市爱弥儿幼儿园积木活动实录及解析》，南京师范大学出版社2013年版，第5页。

思考，帕特女士将希尔女士设计的积木加以改良，发明了单元积木，使之具有更多的弹性及变化。

帕特女士除了发明单元积木之外，还在一位小儿科医师的协助下设计了空心大积木、梯子和平板，帮助幼儿的肩膀及手臂在安全的游戏中能得到适当的运动。通过深入的观察，帕特女士发现幼儿不仅喜欢建构积木，还喜欢在建构的积木作品中爬上爬下，发展他们的肌耐力、协调力、平衡力及自尊心。除此之外，他们还会扮演，分享或争辩周围世界里的各种信息，呈现他们对所处世界的认知。当时美国著名的教育家杜威对帕特女士的发明深表赞赏。很快，她发明的积木就享誉全美国，得到各方的赞赏。时至今日，这些材料仍然得到高度的评价，美国各地的学前教育机构仍将单元积木和空心大积木视为幼儿最基本的学习材料。

第三节　建构游戏的特点与指导策略

一、幼儿园开展建构游戏的形式

幼儿园开展建构游戏的形式主要有三种：自由建构、模拟建构和主题建构。在具体的建构游戏中，这三种建构游戏形式往往是交叉进行的。

（一）自由建构

自由建构就是让幼儿依据个人兴趣自由搭建，教师不随意打断幼儿，而是在旁观察，必要时给予适时的随机指导，引导幼儿分享成果，并且自主建构认识和经验。自由建构的作品反映的一定是幼儿经验到的、自己感兴趣的事物。如图5-21所示，图中作品是小班幼儿根据自己的生活经验，自由建构出来的娃娃家，里面有沙发、茶几、床等。幼儿的经验不同，建构出来的作品也就不同。

图5-21　小班幼儿搭建的娃娃家

小案例

小小停车场

图5-22中是小班下学期幼儿根据自己的生活经验自由建构的停车场。停车场中有交通指挥塔、汽车、闸口、门洞等。停车场从左到右分为三个部分：左边和右边看起来是有一定形态的建筑，而中间用积木竖着围起类似通道的东西。

图5-22　小班幼儿搭建的停车场

教师："这是什么（左边高高的建筑）呀？"

幼儿："交通指挥塔。"

教师："那旁边的这一排积木是什么（指挥塔左边正对的东西）？"

幼儿："这是停在停车场的车，有好多辆。"

教师："那这是什么（最右边的建筑）？"

幼儿："这是山洞，让汽车过的。"

教师："那中间这些歪歪扭扭的积木搭的是什么？"

幼儿："它是让车过去的，车子过去后就会放下来。"

教师："哦，这是闸口。那有这么多闸口，汽车怎么过去啊？"

幼儿："停电了。"

幼儿："高速公路现在堵了，不能再走了，所以关门了。"

现在的幼儿一般在很小的年龄，就有坐车跟爸爸妈妈出行的经验，有很多的机会接触到停车场。因此幼儿从自己的经验出发，搭建了一个停车场，包括停的车辆、闸口、交通指挥塔等。教师在指导中，通过对话，发现幼儿的经验处于什么水平，跟随幼儿，而不是从自己的经验出发进行指导。如教师看到中间乱乱的积木时，没有先入为主，而是问幼儿这是什么。通过幼儿的回答（闸口），教师了解到幼儿对停车场的认识比较全面。但是通过继续对话，教师发现幼儿只是知道有闸口这个东西，对于闸口的数量、功能的认识却是比较模糊的。教师本想通过提示幼儿闸口的数量过多，汽车无法通行，引导幼儿认识闸口的数量，但是透过幼儿的回答发现幼儿对此的经验还比较有限，不适宜继续引导。因此教师没有继续给幼儿提醒，而是尊重了他现在的经验水平。同时教师通过调查得知，幼儿的妈妈就在高速公路的收费站工作，因而该幼儿有高速公路的经验，他搭建出来的闸口，就是自己对高速公路的理解，也是幼儿的兴趣所在。

（二）模拟建构

模拟建构是幼儿根据模拟对象——平面图或实际物（立体）进行建构。如图5-23，幼儿根据教师出示的各种关于塔的照片，建构成立体的塔的造型。教师提供了关于塔的各种照片，包括不同形状的塔、从不同的角度看塔的照片。照片中有一张双峰塔，塔中间用人行道连接。以此为参照，幼儿试图搭建双峰塔，图5-23中显示幼儿已经完成了塔的搭建，并将两座塔进行了连接。

图5-23　塔的照片和用积木搭建的塔

（三）主题建构

　　主题建构，是围绕生活中幼儿熟悉的某个特定的建筑物或建筑群进行建构，一般通过参观、讨论、建构等形式进行，教师支持和引导幼儿有目的地去搭建。幼儿进行主题建构之前，需要通过参观、讨论、分享等形式积累主题经验，图5-24中的作品就是在幼儿参观长江大桥、桥头堡公园后，搭建的大桥和公园。除了有大桥和公园的主题建构物外，幼儿还装饰了柳树、喷泉、滑梯等反映细节的内容。

图5-24　用积木搭建的长江大桥和桥头堡公园

小资料

单元积木数量与幼儿年龄对照表 [①]

积木名称	3岁（15~20人）	4岁（15~20人）	5岁（15~20人）
小方块	48	48	60
基本块	108	192	220
双倍块	96	140	190
四倍块	48	48	72
小方柱体	0	4	8
方柱体	24	48	72
小圆柱体	20	32	40
大圆柱体	20	24	32
小弯曲	12	16	20
大弯曲	8	16	20
小三角	8	16	18
大三角	4	8	12
11英寸平板	12	30	60
22英寸平板	0	12	20
斜坡	12	32	40
直角转接块或X形转接块	0	4	8
Y形转接块	2	2	4

---

① 马祖琳主编：《点燃孩子的创意火花——台中市爱弥儿幼儿园积木活动实录及解析》，南京师范大学出版社2013年版，第10页。

二、不同年龄班幼儿建构游戏的特点与指导（以积木游戏为例）

（一）小班幼儿建构游戏的特点与指导

1. 小班幼儿建构游戏的特点

（1）建构的主题无目的性

小班幼儿建构游戏最典型的特点就是无目的性、无计划性。小班幼儿不会预先设计自己的活动，而且容易受到外界因素的影响而改变原来的活动。如有的幼儿开始说要搭房子，听到别的幼儿说要搭汽车时，又会改搭汽车。小班后期，幼儿会在一开始确定自己想要建构的主题，但是主题不能保持稳定，而且搭建主题的实现受到自身搭建技能的限制。例如，一名幼儿先是要搭建电视台，一会儿又说在搭建宝塔，再一会儿又说在搭建汽车站，但是在搭建过程中，他的搭建造型一直没有变，与他所提到的几种事物都不相似。

（2）材料选择具有盲目性和简单性

初次玩积木时，小班幼儿会用积木来进行象征性游戏，他们还意识不到积木是用来搭建的。他们只是将积木随意拿在手上，依据积木的形状假装是"手枪"或"汽车"等，有时拿着积木敲敲打打。

渐渐地，他们开始用积木进行搭建，但是他们往往只根据积木的单一特征选材。使用材料的目的性是与建构的目的性相联系的。小班幼儿在建构时缺乏明确的主题，选择材料便会显得盲目。当小班幼儿选用不同形状的材料建构时，只能注意到积木的某一特征（如幼儿关注了积木形状就忽略了其大小），较少关注积木的其他特征（如高矮、长短、粗细等）。而且，小班幼儿往往选取同一形状的积木进行建构，积木材料的运用比较单一。

搭　桥

小月从筐子里拿出两个圆柱，左手拿的是长细圆柱，右手是短粗圆柱。她摆弄了一会儿两个圆柱后（敲敲打打，放在地上滚来滚去），把它们竖放在地上（有一定间隔），然后拿出一个短木条放在上面。她一起身，短木条就掉了下来，圆柱也倒了。接着她就让两个圆柱离得远远的，可是短木条够不着了，她就又把两个圆柱紧挨着放上去，她小心翼翼地慢慢放，刚放上去，"桥"就开始摇晃起来……

在这个案例中，幼儿选用圆柱来架空，只关注了积木的形状（都是圆的）。在架空的过程中，幼儿又通过调整圆柱之间的距离来保持积木的稳固性，但是根本没有关注到圆柱的长短和粗细的特征。

（3）建构技能简单，多以堆高、平铺、围合为主

基于小班幼儿的年龄特点，他们动作发展不够完善，身体运动不够协调，因此，堆高和平铺的技能是他们较容易掌握的动作技能。小班幼儿多采用堆高、平铺、围合等建构方式进行游戏。在游戏过程中，由于积木本身的易倒性和幼儿本身动作发展不协调的特点，幼儿喜欢对积木拆拆搭搭、反复建构。

堆　高[①]

小黄先把一个大圆柱放地上，紧接着又放了（同样的圆柱）第二个、第三个……（圆柱歪歪斜斜的），然后她开始往上放小木棍，在上面放了三个小木棍后，积木倒了，她就把积木抱到一边，

---

① 引自邱学青主编：《给幼儿园教师的101条建议·游戏指导》，南京师范大学出版社2011年版，第284页。

找一块空地重新搭（和原先造型一样），放好后，她高兴得又蹦又跳。过了一会儿，她一下子把积木推倒，又开始重新搭建起来。

从中可以看出，由于积木放置的问题，在积木倒后，幼儿重新开始搭建，并且很享受搭建的过程，以至于将积木再次推倒，然后再次进行搭建。

（4）建构主题具有不确定性，随时会发生变化

小班幼儿的建构开始往往是随意性的，主题在建构中产生，且往往随着建构的过程而变化。即使在教师帮助下确定了游戏主题，幼儿也会很快忘掉，往往会根据自己的愿望，重新选择主题进行搭建。

 小案例

楼房还是城堡？

一个小男孩拿着几块小积木进行堆高，但他堆好之后会马上拆掉，拆掉之后又会重新搭建。

教师："你在搭什么啊？"

小男孩不说话（摆弄积木）。

教师："你在搭什么啊？"

小男孩："不知道（笑笑），嗯，楼房（一边堆高，一边说）。"

约十分钟后，小男孩指着堆得横七竖八的小积木。

小男孩："我搭完了，你看！"

教师："你搭的是什么啊？"

小男孩："城堡。"

教师："哦，刚才你不是说要搭楼房吗？"

小男孩："哦，不是，是城堡，是白雪公主和王子住的。"

刚开始搭建时，在教师的询问下，幼儿随口说在搭建"楼房"，这体现了小班幼儿建构主题的随意性；而搭建结束后，幼

儿又说是"城堡",则体现了幼儿建构主题的变化性。小班幼儿还会基于已有的听故事或童话的经验,将其迁移到自己的搭建主题中,如案例中的小男孩就搭建了"白雪公主和王子住的城堡"。

小案例

小松鼠的家

五六个长短、粗细不一的圆柱紧挨着竖放着,上面歪歪斜斜地横放着一个小圆拱积木。

教师:"你搭的是什么?"

小女孩:"小松鼠的家。"

教师:"老师不是让你们搭桥吗?"

小女孩:"嗯……我喜欢小松鼠。等搭好了,小松鼠就可以请我去它家里做客了。"

可见,虽然教师提前帮助幼儿确定了建构主题,但小女孩并未按照教师的要求建构,说明她会根据自己的主观愿望来建构,建构的主题具有变化性。

（5）以独自建构为主

由于小班幼儿社会性发展的特点,他们往往以自我为中心,以独自游戏和平行游戏为主,因此在搭建过程中一般表现为独自建构的特点。

小案例

各玩各的

红红正在用小方块进行堆高,她一边放,一边笑（接着堆高）。这时过来一个幼儿,拿走了她旁边的一个小方块,她看到小方块被拿走后,就再去筐里拿。这时,旁边小杰平铺好的长木条正好与红红的小方块连在一起,他紧挨着红红堆好的小方块开始堆高自己的长木条，一不小心将红红堆好的小方块撞倒了。红红回来后又重新堆高自己倒了的小方块（好像没觉察到发生的情况），她还把小杰堆高的长木条扔到一边去。小杰拿积木回来看到自己搭建的积木倒了，又开始重新堆高长木条，两人各自兴致勃勃地建构起来……

在这个案例中，红红和小杰一直专注于自己的建构，他们彼此将对方堆好的积木碰倒后，好像都不在意，重新开始堆高。由此可以看出，两名幼儿还处在以自我为中心的阶段，对他人的关注较低。在红红和小杰各自的建构过程中，两个人的建构物连在了一起，虽然两人还是各自建构自己的，但是小杰由开始的平铺到后来的堆高，体现了对他人作品有意识的模仿，这反映出幼儿由独自游戏向平行游戏的过渡。

2.小班幼儿建构游戏的指导

根据小班幼儿建构游戏的特点，对小班幼儿建构游戏的指导可从以下几方面进行。

（1）引导幼儿认识建构材料

在建构游戏过程中，幼儿可以在玩游戏的同时，认识建构材料的形状、颜色、大小，比较建构材料的粗细、厚薄等特性，以此达到数学感知、认识图形等方面的目的，在游戏中巩固数学相关经验。为了让幼儿充分认识、感知建构材料的不同特性，教师可以使用形象化的语言进行描述，加深幼儿的印象。如，圆柱形是圆圆的，可以"站得住"，它要躺着就会"跑起来"。教师也可以通过提问的方式，如"这个是什么形状的呀？""再拿一块不一样形状的红色积木，好吗？"等问题，引导幼儿认识建构材料。此外，在认识材料的同时，还要渗透建构材料如何建构的技巧，如长木条可以用来堆高，也可以把一片地方围住等。

（2）给幼儿提供足够数量的建构材料

小班幼儿以独自游戏和平行游戏为主，他们喜欢相互模仿，使用相同的材料。因此，小班提供的建构材料种类要少，但是数量要足够多。如果某种形状的积木只提供几块，但是有好多幼儿想要这种形状的积木，势必会导致幼儿为此展开争抢，影响建构游戏的进行，甚至会出现安全问题。因此，教师在提供建构材料时，一定要保证充足的数量，满足小班幼儿的需要。

（3）帮助幼儿充分感知作品，提升技能

当幼儿搭建完成后，教师可以以问题的形式引导幼儿描述自己的作品，如"你搭的是什么啊？""你搭的房子是用来做什么的啊？"，以此让幼儿感知自己作品的名称、用途等。除此以外，教师也可以从使用材料的颜色、形状、搭建中涉及的数学经验的内容（如序列）等方面引导，让幼儿充分感知作品，并以此为契机，提升幼儿搭建技能。小班幼儿建构积木以堆高、平铺、围合为主，因此教师需要重点引导幼儿掌握此方面的技能，让幼儿学习如何堆得更稳固，平铺得更远、更"好看"，并且有意识地引导幼儿进行简单的组合搭建。除了引导幼儿感知作品外，教师还可以通过提供实景图片的方法，让幼儿按照图片进行搭建，以此提升幼儿的搭建技能。

图5-25是小班幼儿通过围合、平铺搭建的游乐园。教师针对颜色的间隔进行指导，引导幼儿在搭建中逐渐关注这一规律，进而搭建出有一定模式和组合的作品。图5-26是教师在引导幼儿分享了游乐园玩耍的经验，并搜集了游乐园玩具的图片之后，幼儿根据摩天轮的图片运用积木方块、积木长条、薯片罐子等搭建的摩天轮。从图中可以看出幼儿围合、平铺的技能逐渐娴熟，且开始出现间隔、对称的模型。

图 5-25　幼儿搭建的游乐园

图 5-26　幼儿搭建的摩天轮

（4）引导幼儿明确建构的目的

小班幼儿在进行建构的过程中，一个很明显的特点是缺乏明确的目的和计划，想到什么就搭建什么，而且很容易中断。因此教师要有意识地引导幼儿进行有目的的建构。如图 5-27 所示，幼儿要搭一座桥，他只搭了一个桥身，于是教师引导幼儿有目的地搭建桥的台阶和护栏。

图 5-27　幼儿搭建的桥

教师："我怎么上桥啊？"

幼儿："要搭个楼梯。"

教师："这是楼梯，是不是容易摔下去啊？"

幼儿："搭一个护栏。"（说完，幼儿搭出了桥的台阶和护栏。）

（5）引导幼儿两人合作，培养幼儿的合作意识

小班幼儿在积木游戏中一般为独自建构，这就要求教师在建构前，提醒幼儿要合作建构，并且在建构过程中多为幼儿提供合作的机会。例如，建议幼儿："找一个朋友和你一起搭，好吗？""找一个伙伴帮你运材料，一个搭，一个递材料吧。""小红，你和小强是一组的。你们要一起搭啊！"还可以树立合作的榜样，鼓励幼儿之间要互相帮助，增加幼儿之间的互动，这样做

有助于幼儿关注他人的游戏活动和建构成果，从而由独自搭建发展为互助与合作搭建。

（6）引导幼儿形成规则意识

在建构游戏中，教师要引导幼儿形成规则意识，包括爱护游戏材料、用完材料后将材料放回原处、轻拿轻放等。教师可在分享环节中借助实物展示或照片展示等，表扬幼儿好的行为，如积木收拾得又快又好；或者通过图示提醒幼儿玩建构游戏时的注意事项，如图5-28所示，幼儿自己将积木游戏的规则画在纸上。

图5-28　积木游戏区规则

（二）中班幼儿建构游戏的特点与指导

1.中班幼儿建构游戏的特点

中班幼儿建构的目的性较小班明确，有了简单的建构计划；对操作过程及建构成果都感兴趣；能按主题进行建构，主题相对稳定；对建构材料熟悉，能围绕建构物开展游戏；具有独立整理建构材料的能力。具体表现为以下几个方面。

（1）能根据要建构物体的特性来选择材料

中班幼儿能将积木的形状与自己生活中所积累的经验相结合，较多地考虑形状的逼真程度。如：有的幼儿要搭房子外的树时，会选择用圆柱形积木和一个半圆形积木叠高成树状；在搭汽车时，会用半圆形积木做车身，再用小的半圆形反过来做车轮；想要搭一座桥，桥有桥墩，就会去拿圆柱形积木；桥有桥面，桥面是长长、宽宽的，就会去拿长方体积木。可以看出，中班幼儿搭积木时，能充分利用材料本身的特点，并且向使用大型积木过渡。

但是，总体上来说，所使用的材料仍较为单调，这同样与建构的主题相关。因为中班幼儿的建构主题还比较单一，所以材料的运用范围不广，用途比较刻板，仅限于形状的建构上，追求相似，创新度不高，多与幼儿的生活经验直接相关。如：有幼儿将一个长条形的积木当作小人放在房子里；还有一名幼儿在木板上放了一只小狗，然后在狗的面前放了一个小的圆柱形积木，并说这是给小狗喝水用的小桶。

（2）建构技能主要以架空为主

中班幼儿的建构技能集中在堆高和架空这两个动作水平上，并基本上呈对半分布。中班幼儿的堆高是区别于小班幼儿的，是一种架空式的堆高，小班幼儿主要呈现为一块摞一块式的堆高，中班幼儿的堆高中间则有空间，是堆高与架空的结合。其中，架空的技能要略高于堆高。中班幼儿多用这一技能来搭建大桥与城门，所以结构显得较松散。由于这两种建构技能运用较为普遍，使得中班的积木建构规模有所扩大，但显得大而空，新颖独特性还不够。

（3）能与同伴交流，坚持性增强

中班幼儿往往能有一段时间集中注意搭建，当有了初步的结果或是觉得差不多搭好了，便会更喜欢交谈而不再持续搭建，注意力开始分散。如，两名幼儿合作搭建动物园，游戏15分钟内积极搭建，当初步搭出第二层动物房之后，两人就说得多，动手搭得少，直到游戏结束。

在搭建过程中，中班幼儿注意力的分配也能够比较协调，幼儿相互间会谈论一些话题，但并不影响搭建，有时还会突然给对方的造型提一些意见，但很快又回到自己的任务中来。如，有一名幼儿在搭"炸药库"的过程中，一会儿说起动画片里的情节（其间其他幼儿也都参与了这个话题，但各自都没有停手），一会儿对这个幼儿说"这个门应该搭得更高些"，对那个幼儿说"你的这个跑道太短了，飞机不够跑"，而他自己的搭建工作也一直在进行。

中班幼儿开始关注同伴，会主动邀请同伴，结成小组来共同搭建，但在搭建前并没有明确的分工。每名幼儿具体参与什么没有区分清楚，重复性高，合作性不强。

（4）有建构主题，但单一易变化

中班幼儿搭建的目的性、稳定性增强，在有目的的主题建构的过程中，撇开建构主题的现象明显减少。多数幼儿在一开始便能确定主题，围绕该主题进行活动。但幼儿在主题明确后，仅仅满足于知道要搭建什么，并没有要深入地去分析、发掘一下主题，对如何实现主题也没有太多的思考。而且，中班幼儿主题较单一，往往围绕一个主题进行搭建，不会衍生出更加复杂的活动。往往一开始能够紧密结合主题进行，到他们认为搭建基本完成之后，就会生发出新的游戏，很多时候与主题无关，甚至不再进行搭建，而是开展象征性游戏或练习性游戏等。例如，几个中班幼儿一起搭建一座桥，他们分工合作，每个人搭建桥的一部分。桥搭完之后，建筑工人要吃饭，于是他们搭建了一个灶台，开始烧饭。图5-29中左边的男孩，就在搭好桥后开始烧饭。可见，幼儿玩的游戏已由建构游戏转变为角色游戏，说明幼儿建构的主题容易因情节需要而变化。

图5-29　幼儿搭好桥开始烧饭

2. 中班幼儿建构游戏的指导

由于中班幼儿在各方面的经验更加丰富，思维和动手能力也进一步增强，因此，教师指导的重点就是丰富幼儿的经验。

（1）丰富和加深幼儿对周围生活中各种事物的认识和经验

幼儿对周围生活中的物体和建筑物有了观察和了解之后，就会丰富自身的经验，加深对这些事物的印象，这是进行建构游戏的基础。例如，幼儿想搭建房子，教师就可以引导幼儿认识各种房子——平房、楼房、成排的房子等，并且认识房子的建构特点——房子有门、窗等，帮助幼儿丰富关于房子的各种经验。

（2）尊重幼儿的想法，帮助幼儿设计建构方案，支持幼儿学习看图搭建

中班幼儿做事的目的性、理解能力和动手能力进一步增强，教师要尊重幼儿的想法，充分了解幼儿的真实兴趣和意图，切忌用教师的想法来替代幼儿的想法。在此基础上，教师可以引导幼儿自己设计建构方案，并且用语言、绘画、图片等方式进行表达，还可以引导幼儿学会看图，例如积木玩具中附带的图纸、收集的实物照片等，支持幼儿学习看图搭建。

（3）鼓励幼儿自主尝试，帮助幼儿掌握和巩固堆高、架空等建构技能

在幼儿自主建构游戏的基础上，教师可以通过讨论、经验分享等形式来帮助幼儿更加深入地了解堆高、架空等技能，掌握这些建构技能的诀窍和不同变式。

小案例

一起搭大桥

图5-30中的大桥由几个中班小朋友共同建构。在建构过程中，他们有了明确的分工：有的小朋友专门拿长条积木，有的小朋友专门拿圆柱形积木，还有的小朋友专门拿稍长的板子。在建构大桥结束后，小朋友之间开始聊天。

看到孩子们只是建构出大桥的桥身，上面没有任何东西，如何进行指导，使孩子们充分运用和再现

图5-30　幼儿搭建的大桥

他们的已有经验呢？教师采用了语言指导的方式，如"桥上面有什么呢？""还有什么呢？"引导孩子们进行思考，联想现实生活中看到的情景，调动他们已有的经验。在教师的引导下，孩子们在桥上面用圆柱形积木搭建了路灯，拿了几辆汽车摆在桥上面。教师接着问他们："桥下面会有什么呢？"孩子们思考一会儿后告诉教师："桥下面是有轮船的。"教师又问："桥下面还有什么呢？"孩子们说："有游艇，有汽艇，有打鱼的……"于是孩子们在桥下面又增加了打鱼的人。热闹繁忙的大桥建造起来了。

（4）引导幼儿学会协商

中班幼儿愿意与人交往，但是在与人交往时缺少交往的技巧与策略。在建构游戏中，幼儿之间缺乏分工合作的经验，且往往因为材料、空间等引起冲突，教师要引导幼儿学习使用协商、分工等交往技巧。

（5）提供适合中班幼儿特点的建构材料

中班幼儿的建构水平有所提高，所以使用的玩具材料数量和种类都要增加，在型号上也应有所加大。一般可以提供以下几种积木。[①]

① 大积木 中班幼儿比较喜欢搭大的东西。大积木能发展建构能力、大肌肉动作能力、空间知觉能力等，可用来堆高、架空搭成桥，围封作花园或停车场等，且建筑物体积增大，能给幼儿足够大的建构和装饰空间。

② 中、小型积木 在大积木已搭成的造型中，幼儿可用中、小型积木在堆高、延伸、围合、连接、架空以及对称的基础上进行填充、装饰，可在大积木搭建的饭店楼层中，填充进小积木搭建的桌椅、柜台等。由于中班幼儿的建构作品大多大而空，内容不够精细，所以小型积木的利用率不会很高。这需要教师加以进一步的引导。

---

① 邱学青著：《学前儿童游戏 第四版》，江苏教育出版社2008年版，第306页。

③ 平面板　中班的平面板是必需的。幼儿搭建大的作品时，往往平面板使用率很高，它既可作隔离板，又可将楼层与地面连接。另外，还可以用平面板代替小筐来取放玩具，达到一物多用的效果。

④ 辅助材料　中班的辅助材料与小班有相似之处，稍有添加，可以包含如下几种。

• 人偶、小动物玩具、假花假树（小型）等　这些材料能进一步扩展幼儿建构游戏中角色扮演的内容，丰富幼儿的游戏经验，便于幼儿对现实生活中的情景进行模拟。

• 交通工具模型　中班幼儿对交通工具的认识要远多于小班，对各种车的作用、名称、车型都有了解，对轮船、飞机、火车等不常接触的交通工具也很感兴趣，所以此时提供的材料区别要更仔细，且模拟度越高越好。

• 废旧材料　教师可提供果奶瓶、胶卷盒、化妆品纸盒、瓶盖等无害的废旧材料。这些材料形状比较规则，并且大小适中、容易搜集，可以被用作灯柱、栏杆、车轮、房顶、烟囱等，启发幼儿想象创造。

• 橡皮泥　中班幼儿的搓、揉、捏的技能都有所发展，提供橡皮泥可以满足幼儿一定的造型需要，支持幼儿用自己喜欢的形状来装饰建筑，如可用橡皮泥做马路上的红绿灯、小汽车等。

（三）大班幼儿建构游戏的特点与指导

1. 大班幼儿建构游戏的特点

（1）计划性、目的性强

大班幼儿的建构游戏有了明确的目的和计划，能够长时间围绕一个主题建构，追求建构结果，因此游戏更具有持久性和坚持性。在建构过程当中，大班幼儿既能独立计划，又能围绕建构物进行内容多样、复杂的游戏。

（2）能分工合作，合理选取丰富多样的材料

大班幼儿能根据建构的主题进行分工合作，并且能比较快速

地选定材料，目的明确。同时，大班幼儿往往将积木游戏和其他游戏形式相结合，使游戏的类型和情境更加丰富，材料的选择也更加多样化。例如，两名大班女孩共同搭一个服装店，她们分工合作很快搭好了，便从娃娃家拿来一些服饰，放在不同的楼层里，还对其他人说："待会我们到你们那儿去吃饭，你们也可以到我们这儿来买衣服，行吗？"有一个男孩搭了一座房子，外面放了一个小积木做警卫，还用橡皮泥将一根塑料管粘在小积木的中下部，问他这是什么，他回答："警卫应该有枪的，这是他的冲锋枪。"可见，大班幼儿的角色意识增强，在材料的选用上，要求更高，想象更丰富，合作水平也大大提升。

（3）建构技能日趋成熟

大班幼儿的建构技能也日趋成熟，他们在搭建过程中运用各种各样的建构技能，并且能够根据游戏情节不断地添加材料、修改作品，以使自己的作品不断完善。技能的成熟使幼儿能将精小的材料更合理、充分地应用到一个综合化的作品中，注重反映事物的细节特征。大班幼儿非常容易进入角色，通过协商与合作，他们能始终从事搭建活动，并且会不停地添加、修改，或是根据新的游戏情节继续在原有的作品上进行建构。如图5-31所示，两名幼儿搭建观光塔，共搭了八层，商量第三层是做饭的，第四层是吃饭的，之后两人又商量着搭上了桌子和椅子。随后有人来吃饭，便在桌上添加了三个长方形小木板，一问才知道是菜谱。而当客人问起他们从哪儿下楼时，他们又开始搭楼梯以及想象中的电梯。

图5-31　幼儿搭建的八层观光塔

（4）经验丰富，不断产生新主题

大班幼儿根据游戏情景的需要，不断产生新的游戏主题。他们能够建构出很多不同的主题。他们搭建前不仅明确自己要搭什么，而且很自然地将积木游戏带入到一定的角色情景中，建构物品成为游戏中的道具；建构者自始至终处在一个角色游戏中，还会与其他区角的幼儿相联系，让积木游戏很自然地融入到一个大的游戏活动中。如图5-32所示，幼儿共同商量要搭建航空母舰，刚开始只是想搭个能放飞机的船即可，但由于找不到完整的隔板架空，只能用长板拼接平铺。结果船体变大，幼儿就不断地在上面增加情节，设置了飞机场、大炮等，并放上了许多小人做装饰，最后还搭建了人住的房子、烧饭的地方等，但是由于生活经验的限制，航空母舰上只有一架飞机。可见，大班幼儿积木游戏的情节会随着搭建不断增添，积木的造型更丰富，独立性进一步增强，但经验仍需要不断丰富和扩展。

图 5-32　幼儿搭建的航空母舰

2. 大班幼儿建构游戏的指导

（1）培养幼儿使用各种材料进行独立建构的能力

在游戏中，教师要相信幼儿的能力，不需要直接告诉大班幼儿如何去做，要为他们提供独立建构的空间。当教师尝试让幼儿独立建构时，幼儿就会为教师呈现出意想不到的作品。在幼儿独立建构的过程当中，教师为他们提供的材料是非常重要的，要尽可能为他们提供一些能够支持他们扩展经验和搭建技能的不同材料。如图5-33中，幼儿在建构塔时，利用了教师提供的替代辅助材料——纸杯和易拉罐。纸杯的使用一方面增加了塔的牢固性，另一方面也使塔的建构更加美观；易拉罐代替圆柱形积木，既能够弥补圆柱形积木数量的不足，同时还起到了支撑的作用，又减轻了塔上部的力量，增加了塔的牢固性。

图5-33　幼儿搭建的塔

（2）为幼儿提供一些表现事物细节特征的辅助材料

辅助材料能够丰富幼儿的经验，支持幼儿更好地再现事物的细节和特征。因此，当用积木等常规的建构材料搭建好一个作品的整体外形之后，幼儿往往会用辅助材料来反映事物的细节特征。小的瓶盖、小飞机、汽车、轮船、树枝、易拉罐、抽纸盒等都可以成为表现事物细节特征的辅助材料。例如：有些幼儿园提供一次性抽纸盒，幼儿可以拿这些盒子去搭围墙、桌子、床等各种各样的东西；幼儿搭建好大桥的桥身之后，可以把很多小瓶盖摆在大桥的两边，作为桥上的路灯，起到了画龙点睛的作用，使大桥更加美观。

（3）发展幼儿的自我评价能力和评价他人的能力

大班幼儿的自我意识和社会性进一步发展，他们既对自己搭建的作品感兴趣，同时更对他人搭建的作品感兴趣，经常会进行评论。这种评论往往反映了幼儿的经验和认识，能够支持幼儿进一步扩充和丰富经验，巩固和提升搭建技能，还有助于促进幼儿之间的社会交往，提升交往技能。因此，在建构过程中，教师要引导幼儿学会欣赏自己及同伴的作品，正确评价自我与他人。例如，有的幼儿总说别人的东西不好，自己搭建的好，教师应当引导幼儿能够说出别人的东西不好在哪里，自己搭建的好在哪里，让幼儿说出明确的理由，如搭得不牢容易倒、搭得又高又结实等。

（4）进行集体建构活动，开展大型建构游戏

大班幼儿的社会交往能力进一步提升，他们能够进行较为复杂的合作游戏，因此可以支持幼儿进行大型的集体建构游戏。例如，教师可以引导大班幼儿搭建他们的家乡——古镇，支持幼儿搭建古镇上的城墙、各种各样的公园、湖、古建筑等，这就需要很多幼儿一起来搭建。他们在这个过程当中，也会获得成功的体验与合作的快乐。

（5）提供适合大班幼儿特点的建构材料

大班幼儿搭建时，由于他们积累的生活经验更加丰富，以及他们不断发展的想象力、创造力，使他们对材料的要求更高，因此大班的积木种类要更丰富，形状上要多变，以满足幼儿不同的需要。因此，要在为中班幼儿所提供的各种不同类型的积木和辅助材料的基础上，有进一步的扩展。例如，大积木需要添置更多的种类和数量，不再局限于正方形或长方形，一些不规则形状的积木也可提供，让幼儿自己开动脑筋来使用材料，使造型更加多样化、更富表现力。中小型积木的种类和数量也可以有更多的变化，支持大班幼儿更为复杂和精细的搭建和装饰，甚至可以把选择积木的权力交给幼儿，由幼儿自己来选择使用何种类型的积木。另外，平面板、包装盒、纸箱、瓶子、罐子等辅助材料也可以添加更多的类型和数量，使幼儿有更多的选择。需要注意的是，积木和辅助材料的种类和数量并非越多越好，而是要支持幼儿根据搭建主题、自身的设想和设计图等有目的地考虑和选择。要避免提供的材料过多过杂反而阻碍幼儿搭建能力发展的现象发生。这就需要教师随时关注幼儿的兴趣和想法，适时提供相应的支持和引导。

塔的建构[①]

一、借感兴趣的话题，确定幼儿的建构主题

本次建构游戏的主题来源于教师与幼儿间的一次谈话。

师："我们将要进行建筑角的搭建活动，大家这次想搭建什么呢？"

幼1："楼房。"

幼2："游乐园。"

幼3："游乐园我们搭过了，还是搭公园吧！"

幼2："游乐园好玩，搭游乐园……"

幼3："搭公园……"

幼4："老师，他们吵起来啦！"

幼5："我们搭个大公园，里面有游乐园不就行了吗？"

师："他的主意不错哦！"

幼4："老师，我会搭公园里的塔。"

师："塔怎么搭？"

幼4："就像搭楼房一样的呀！"

幼6："对，一层一层的。"

幼7："塔和楼房不一样，顶是尖尖的。"

师："对哦！我们好像从来没有搭过塔。"

幼8："那我们比赛搭塔，可以吗？"

幼9："好，我也要搭塔。"

越来越多的幼儿赞同搭塔，很快大家都同意建筑角的建构内容是"塔"。

幼儿经验分析

对于幼儿来说，选择搭建主题还是比较喜欢从已有的经验出发，游乐园的内容是上学期的搭建主题。大班幼儿的年龄特点使

---

① 本案例由南京市鼓楼区滨江幼儿园秦露老师提供，笔者有改动。

得他们更喜欢做一些具有挑战性的事情。塔是本班幼儿没有尝试过的内容，于是很快就吸引了他们，激发了他们搭建的兴趣。在这个过程中，教师耐心地倾听幼儿的想法和感受，尽可能多地给幼儿表达自己意愿的机会。在遇到幼儿提出有效解决问题的方法时，当有幼儿提出的话题具有一定价值的时候，教师则因势利导，将这些幼儿的想法抛给大家讨论，既使他们的想法得到认可与尊重，又顺其自然地确立了建构主题。

二、借主题活动，丰富幼儿的知识经验

建构游戏的开展来源于比较生动的表象经验以及相关知识经验的积累。如果幼儿缺少了经验的支撑，他们就会遇到很多问题与挫折，建构的兴趣就会逐渐消退。因此，开展有计划的主题活动，丰富幼儿的知识经验，是激发幼儿建构兴趣的关键。

幼儿的问题

在建构塔的起始阶段，幼儿遇到了一些问题，如，塔还有什么样子？塔都是用石头建造的吗？塔必须对称吗？……

教师的经验支持

为了满足幼儿对这些问题的探究兴趣，拓展幼儿的思维，丰富幼儿关于塔的多种经验，班级进行了一项关于塔的主题活动。活动以塔为线索，通过身边的塔、各种各样的塔、漂亮的塔、有用的塔等阶段进行（参见下表）。

活动名称	发展关键经验
我身边的塔	了解生活中常见宝塔的外形特征，激发兴趣
各种各样的塔	欣赏不同外形、不同材料建构的塔，感知塔的多样性
漂亮的塔	发现塔的对称装饰，运用水粉画或线条画大胆表现
小小造塔师（一）（二）	尝试用积木、纸杯、瓶罐等材料搭建宝塔
纸塔	看图示折叠纸塔，了解简单的图示含义
有用的塔	了解塔的不同用途，知道塔与人们生活的联系

活动名称	发展关键经验
世界塔之最	了解世界上一些著名的、标志性的塔
创意塔	在地面上运用生活材料组合、拼接，创造性地表现塔

幼儿的经验收获

幼儿了解了塔的外形、构造、作用，积累了大量关于塔的经验。平面创造和立体建构的经验形成了有益的互补，建筑角的塔随着幼儿认知经验的丰富，外形逐渐由简单变为复杂多样。富有个性的塔也被创造性地建构出来。游戏中幼儿表现出来的全神贯注、超凡的想象和无法估量的创造性，都让我们成人为之惊叹！

三、借问题讨论，提高幼儿解决问题的能力

目前，班级最为热门的游戏内容是搭塔，但是建筑角显露出材料不够的问题，最抢手的积木不够，如圆柱形积木、方形的大木板等。幼儿总是为争抢某种形状的积木发生争吵。于是，在游戏分享环节，教师将问题提出，引导幼儿讨论解决问题的方法。

问题一：圆柱形积木不够了怎么办？

通过讨论，幼儿提出解决问题的方法，例如：可以两人一起搭；可以借用，你搭完我搭等。当教师提出建议：可以用其他形状的积木代替圆柱形积木吗？幼儿一致认为不可以。于是，教师又提出试一试。在操作中，幼儿发现三角形、方形、半圆形等许多形状的积木都可以代替圆柱形积木，搭出的塔十分好看。

问题二：还可以用哪些材料来搭？

教师接着提出问题："还可以用哪些材料来搭？"幼儿讨论出了盒子、罐子、杯子等一些废旧材料。经过共同收集，建筑角的材料中新添了许多生活中的废旧物品。一段时间的操作后，纸盒因材质容易损坏和影响建构稳固性被移除，而一些便于建构、幼儿认可并感兴趣的材料（如纸杯、罐子等）被保留下来。

一次次的讨论，幼儿学会了用废旧材料建构塔。他们用纸杯搭出的塔，由以简单的直线为基座的金字塔造型，演变成以弧线、

波浪线、螺旋线等为基座的塔，甚至是以任意图形为基座的塔，搭出的蛇形塔、船形塔等十分有个性。

四、借图示，提升幼儿建构水平

经过一段时间关于塔的学习，有很多幼儿遇到了想搭塔却不知怎么搭的问题。挫败的经验让门庭若市的建筑角又变得冷冷清清。于是，教师利用图示将塔的图片变成游戏环境的一部分，也成为幼儿学习的路径，帮助幼儿提升建构技能，再现知识经验，建立游戏规则。

图示一：帮助幼儿提升搭建宝塔的建构技能

发现问题后，教师引导幼儿学习运用平铺、围合、堆高、架空等技能建构塔的外形，并在建筑角的环境中增加了关于搭建技能的图示，帮助幼儿再现已有经验。建筑角的内容丰富了，能够搭建出一座座高大美丽的宝塔，孩子们的脸上写满了喜悦与满足。

图示二：提供暗示宝塔相关经验的图片、图画和调查表

在游戏中，教师经常会发现建筑角的建筑师会跑到走廊的主题展板旁观看，询问后才知道他们想看看塔的样子，于是建筑角又增加了关于塔的相关知识和经验的图片。每次游戏时，总有些幼儿会先来到图片前边看边说："我要搭双子塔。""我要搭方方的塔。"有些幼儿会在矛盾中，借助墙上的图片来说服对方："你看双子塔就是要连一起的。"建筑角的宝塔也越来越多样化。

图示三：建立游戏规则的标记

随着积木品种以及半成品、废旧材料的日益增多，建筑角越来越混乱，分类摆放的规则由此产生。玩具分类以及使用标记对幼儿来说不是问题，但是，因为场地的限制，幼儿没有足够多的盒子以及空间按一种形状一个盒子进行分类摆放。通过讨论，幼儿将相似的形状放在一起，既节省了空间，也可以达到分类的效果。于是，在标记的制作中，幼儿将相似的形状画在一张纸上作为标记。从此建筑角由杂乱无章又恢复成有条不紊的状态。

由此可见，这些图示不是教师预先设计好的，而是在游戏中不断生成的，都是基于幼儿真实的游戏需要产生的。一系列的图示实际上构成了幼儿学习的路径。

五、借经验分享，变个别经验为集体经验

在游戏中，我们经常会发现幼儿的一些好的游戏经验、有用的点子和富有创意的作品。在游戏分享交流的环节，分享这些有用的经验，可以达到变个人经验为大家经验的效果。

连续几天里，幼儿用纸杯搭的塔变化非常多。以往幼儿搭的金字塔的底座是直的，现在搭的金字塔的底座变成了拐弯的。因为底座的变化，塔的外形也有很大的变化。金字塔已经不再是"金字塔"，幼儿都叫它"转弯塔"。

在经验分享环节，教师请了这位小建筑师现场建构，每个幼儿都看得聚精会神，有的幼儿惊叹地拍起了手。后来教师引导大家观察，大家发现："原来第一层杯子的摆放发生变化，搭出的塔也会发生变化。第一层除了摆成转弯，还可以怎样摆？"幼儿纷纷说："还可以摆成波浪线、牙齿线、螺旋线……"在后来的建筑角里，幼儿用纸杯搭的金字塔也演变成了转弯塔（折线）、蛇形塔（波浪线）、蜗牛塔（螺旋线）……

可见，对于"老师教"和"同伴间学"两种方式，幼儿更愿意选择后者。同伴间互相学习更促进了幼儿的积极主动、好奇探究，这也是幼儿最重要的学习品质，是在游戏中表现最鲜明的特质。教师对幼儿的支持和鼓励，就是在顺应幼儿天性的前提下，在幼儿内部动机的驱使下促进学习品质的养成。

六、借同年龄段伙伴的建议，丰富建构内容

当建构游戏进行到一定阶段以后，建构游戏的内容会吸引同年龄段的伙伴来参观。这时，同年龄段伙伴的建议无疑是最好的丰富建构游戏内容的手段。

班级建筑角的塔城、塔林每天都有新花样，成了一道风景，每天都会吸引同年龄段伙伴的驻足观看。一天，大一班的小朋友来参观塔城，就听到许多小朋友的声音："哇！好漂亮！""好高

呀！"小建筑师们个个脸上流露出自豪与喜悦。这时有一个小朋友说："光是塔，也没有别的东西呀！"还有另外的声音："要是有玩的东西就好了。"欣欣很快丢下手上的积木，起身从箱子里拿了些长条形和方形的积木，以最快的速度将长条形积木放在方形的积木上，然后对着大一班的小朋友说："看，这里有跷跷板，可以玩！"在接下来的时间里，建构内容不断扩展，又先后建造了喷泉、旋转木马……

同年龄段伙伴的建议让幼儿尝试增添了不少与塔有关的内容。他们总是在别人的建议下不断调整自己的建构内容，提升自己的建构技能，在小步递进中自我发展。

七、教师感悟与收获

建构游戏从开始的"随兴玩"，发展到后来的"好玩、有意义地玩"。在这一过程中，幼儿经历了多种学习方式，发展了多种能力，充分体现了建构游戏的魅力。他们在其中自由愉快地享受游戏过程以及游戏带来的快乐，真可谓是："小"游戏，"大"学问！

值得教师关注的是，在建构游戏中，教师必须根据幼儿的年龄特点，给予幼儿充分的自由，学会放手，尝试让幼儿自主选择玩什么、用什么玩、怎么玩，充分发挥幼儿的积极性、主动性、创造性。同时，教师通过观察，及时给予幼儿适时、适量、适宜的引导与支持。在幼儿发现、讨论、分享、迁移的过程中，建构游戏的潜能得到充分挖掘，幼儿主动学习的积极性得到了潜移默化的发展。这一系列过程使幼儿在自由选择、自主展开、自发交流的积极主动活动中，真正成为游戏活动的主人，让建构游戏变得更精彩！

思考与练习

1. 问题讨论

（1）教师在建构游戏中的作用主要体现在哪些方面？

（2）建构游戏对幼儿全面发展的价值体现在哪些方面？

（3）不同年龄班幼儿的建构游戏有哪些特点？需要运用哪些指导策略？

2. 实践练习

（1）操作性练习

• 熟练掌握几种主要建构玩具材料的特点及玩法，能建构出一定的物体。

• 了解福禄培尔恩物的设计理念，熟练操作恩物。

• 观察各年龄班幼儿建构游戏的特点，尝试归纳提升幼儿建构能力发展的规律。

• 尝试用七巧板拼出各种图形。

• 观察小、中、大三个不同年龄班幼儿积木搭建的实况，分析积木的投放、种类、数量与幼儿年龄的关系。

（2）活动设计

• 仔细分析福禄培尔恩物的特点，设计适合幼儿园活动区活动的相关材料。

• 根据幼儿建构游戏的不同特点，设计不同年龄班幼儿搭建房子的指导思路及指导重点。

3. 案例分析

请分析下面的案例。教师是否对幼儿的建构游戏起到了指导的作用。你赞成这样的方式吗？请说出理由。如果是你，会怎样指导？

如图5-34所示，小班幼儿利用围合和架空技能搭建了楼房。教师在旁观察，通过与两名不同幼儿进行语言交流的方式，帮助这两名幼儿发现问题。但是，小班幼儿的搭建技能水平有限，教师的引导对他们作品的改善没有作用，幼儿对他们的作品有自己的理解和解释。

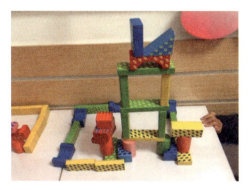

图5-34 小班幼儿搭的楼房

教师："你搭的这是什么啊？"

幼儿1："鸭宝宝的家，它住楼上。"

教师："鸭宝宝怎么上去啊？"

幼儿1："坐电梯上去。"

教师："你搭的这是什么啊？"

幼儿2："鸭宝宝的家，它住楼上。"

教师："鸭宝宝怎么上去啊？"

幼儿2："飞上去。"

第六章

智力游戏的特点与指导

1. 理解智力游戏的含义、结构与特点。

2. 了解智力游戏玩具的特点与种类。

3. 掌握智力游戏的指导要点。

| 本章提要 |

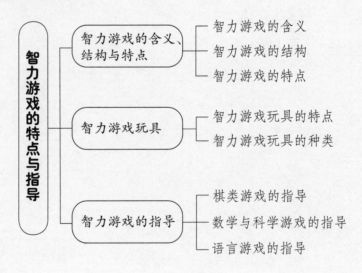

第一节　智力游戏的含义、结构与特点

一、智力游戏的含义

智力游戏是幼儿园普遍存在的一种游戏形式，也是幼儿非常喜爱和应用非常广泛的一种游戏形式。智力游戏属于规则游戏的一种，是把智育因素和游戏形式结合起来，以生动有趣的形式，使幼儿在自由自主的、愉快的活动中，增进知识，发展智力。

二、智力游戏的结构

智力游戏的结构是指智力游戏的组成部分。一般来说，智力游戏由游戏的任务和目的、游戏玩法与规则、游戏结果三部分组成。

1. 游戏的任务与目的

智力游戏要有较明确的任务，即游戏时对幼儿所提的要求和目标，要便于幼儿理解和实现，并直接指向游戏的过程。智力游戏的目的一般是成人通过游戏想要达到的某些教育方面的要求，针对相应的智力训练任务设定，直接指向游戏的结果，是教师在选编游戏时，根据教育目标、要求和游戏类型而确定。

2. 游戏的玩法与规则

每个智力游戏都有相应的玩法与规则。游戏的玩法与规则是对游戏的计划和构思，包括了游戏中人数的规定、如何利用材料、利用哪些材料、做出哪些相应动作、游戏结果如何评价等内容。游戏的玩法与规则是外显的、约定俗成和代代相传的，或是由成人事先拟定好的，会贯穿游戏的开始、进行、结束整个过程。玩法与规则在游戏中起着组织游戏者参加游戏或充当游戏行为评价标准的作用，同时约束和调整着幼儿的游戏行为及其相互关系。

游戏的玩法与规则要充分体现游戏性的特征，要能容易激发幼儿的兴趣和参与的积极性，要能促使幼儿愿意主动去完成游戏中蕴含的任务，否则游戏将无法进行下去。例如，幼儿园常见的百宝箱游戏，玩法就是让幼儿在封闭的口袋或箱子内去摸东西，在触摸的基础上根据物体的某些特征来判断摸到的是什么东西，一方面非常有趣，另一方面也促进了幼儿感知和记忆能力的发展。

奇妙的宝盒

为了让幼儿在感知操作的过程中，将生活经验整合提升，教师特别设计了果蔬分类游戏。在封闭的纸盒上方开孔，将幼儿熟悉的3~5种果蔬放进盒子，让幼儿伸手进盒子里去摸。当幼儿摸到相应的果蔬时，先请幼儿说出其名称，再请幼儿将其放进对应的分类筐里。这个智力游戏的目的有两个：（1）能说出感知到的物品的特征及名称；（2）能将物品按特征分类。

3. 游戏结果

智力游戏都有一定的结果，它给游戏者以成功感和满足感。游戏的结果往往是教师事先预期的，可以帮助教师了解幼儿的发展水平，更重要的是使幼儿在体验快乐和满足的基础上，获得成功感和新经验。

三、智力游戏的特点

智力游戏依幼儿年龄阶段的不同而呈现出不同的特点。小班幼儿的智力游戏内容比较简单，多是对玩教具等具体实物的操作。游戏任务单一、明了，易于幼儿理解；游戏玩法简单；游戏规则较少，而且规则会依据幼儿自身意愿变动。

中班幼儿的智力游戏相对小班有了一定的发展，除了对具体实物和教具的操作之外，还会增加一些语言智力游戏，而且游戏中会加入竞赛的因素。一般说来，中班智力游戏的任务相对小班要复杂多样，游戏的玩法逐渐多样化，游戏规则较小班有更多的控制性。

大班幼儿的智力游戏内容、形式都较为复杂。游戏的任务方面，需要幼儿进行更多的智力活动；游戏的规则要求也提高了，幼儿在游戏中不仅要严格要求自己，遵守游戏规则，而且要准确、迅速地执行游戏中的指令；此外，游戏动作的要求较高且较复杂，需要幼儿做出相互联系的、连贯的动作。

第二节　智力游戏玩具

一、智力游戏玩具的特点

智力游戏玩具是旨在发展幼儿智力、启迪智慧、发散思维、丰富幼儿感性经验的玩具，也被称为益智玩具，一般投放在幼儿园的益智区。幼儿的心理发展水平决定了其学习和认知需要借助具体的、形象的、可操作的材料来进行。智力游戏玩具的直观性、操作性、益智性、引导性和审美性使得抽象的概念变得更具体、更形象，让幼儿能够在"直接感知、亲身体验、实际操作"的过程中感知新事物、学习新经验。智力游戏玩具一般具有以下特点。

1. 直观性

智力游戏玩具的颜色、形状、质地、声音等外部特征比较显著，能给予幼儿很直观的感官刺激，从而促进幼儿视觉、听觉、嗅觉、触觉等感官能力的发展。

2. 操作性

智力游戏玩具需要幼儿实际去操作、摆弄，在这一过程中，幼儿的手眼协调能力和手部的小肌肉动作自然会得到锻炼和发展，而手的动作发展又会促进其脑的发育及思维能力的发展。

3. 益智性

智力游戏玩具将抽象的概念具体化，从而适应幼儿的心理发展水平和学习特点。幼儿在操作这类玩具的过程中，更易于习得新经验、新技能，获得认知发展。

4. 引导性

智力游戏玩具相对于其他类型的游戏材料具有更显著的目的性和任务性。而且，这种目的和任务是直接蕴含在玩具和玩法之中的，并不是通过教师的"教"来达成的，可以支持幼儿在操作智力游戏玩具的过程中自己去发现问题、解决问题。玩具本身能发挥引导性的作用。

5. 审美性

智力游戏玩具的直观性使其在颜色、形状、声音等方面的特征很鲜明，使得幼儿在操作中不仅能得到认知水平的提高，而且能在潜移默化中引导幼儿对美的感受和欣赏，有助于增强幼儿表现美和创造美的愿望和能力。

二、智力游戏玩具的种类

1. 镶嵌类玩具

这类玩具可以做成各种造型，如平板状、球状、方块状、小动物状、交通工具状等；在造型上会挖出各种形状的图形，并且有对应的图形镶嵌件，需要对照形状嵌入；便于幼儿认识几何形体、辨别颜色、区别大小等。典型玩具如中国地图拼图、智力盒、蒙台梭利教具嵌板等。

图6-1　镶嵌类玩具

2. 拼图拼摆类玩具

这类玩具采用硬纸片、木片、木块、塑料片或塑料块制成。

有的可以拼成一个完整的图形或场景，有的可以讲述一个故事，有的可以千变万化拼出各种图形，有的还可以拼出立体图形。典型玩具如七巧板、故事拼图、六面画拼图、平面拼图、立体拼图等。这类玩具有利于促进幼儿形状认知能力、空间知觉能力、数理逻辑能力、语言表达能力、动手操作能力等方面的发展。

图6-2　拼图玩具

3. 套装类玩具

用塑料或木头制成各种不同形状的套装玩具，每套包含了五六个（甚至更多）大小不同、颜色不同，但是形状相同的部件。这些部件一般制成鸡蛋形、娃娃形、方盒形、鼓形、塔形等，被称为套娃、套蛋、套盒、套塔等。这些部件尽管大小不同，但是它们之间有着巧妙的关系，能够巧妙地嵌套在一起组成一个整体，可以发展幼儿对颜色、大小、形状的组合与关系、空间关系等方面的认知。

图6-3　套装玩具

4. 拼插类玩具

拼插类玩具既是重要的建构玩具，也是在幼儿园使用非常广泛的智力游戏玩具。材质一般为塑料质或木质，颜色多样，形状多样，如雪花插片、穿珠、螺母拼接等。这种玩具一般在桌面

图6-4　拼插类玩具

操作，数量不限，可以任意拼插，不仅可以发展幼儿对形状、颜色、组合关系的感知和认识，还有利于锻炼幼儿手指的灵活性及发展丰富的想象力。

5. 棋类玩具

五六岁的幼儿对棋类玩具开始有了浓厚的兴趣。棋类是一种重要的智力游戏玩具，且形式多样，既有传统的棋类，如围棋、国际象棋、中国象棋、五子棋、跳棋、军棋等，也有后续演变和发明的棋类，如配对棋、接龙棋、动物棋、糖果棋、飞行棋、记忆棋等。棋类玩具能全方位发展幼儿的分析、综合、推理等能力，促进幼儿创造力、想象力和思维能力的发展。棋类游戏在幼儿园开展非常广泛，而且教师可以根据本班幼儿的发展特点设计和创造多种形式的棋类。例如，有的教师从健康教育的角度出发，设计出培养幼儿良好卫生习惯的"习惯棋"，能够很好地促进幼儿对卫生习惯的认识和了解，并且在实际生活中练习和建立良好的卫生习惯。

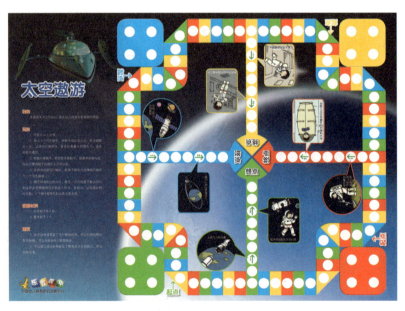

图 6-5　飞行棋玩具

6. 匹配接龙类玩具

这类玩具主要是发展幼儿的观察、分类、对应、数字认知、模式认知等方面的能力，包括的玩具有数字接龙、颜色接龙、找不同卡片、规律填图等，需要幼儿仔细观察，发现事物之间的相同与不同，以及掌握事物之间的巧妙联系。

图6-6　匹配玩具

7. 组装类玩具

是由各种零部件组成的组装玩具，例如，电路玩具、变形金刚、乐高主题搭建系列、电动模型玩具等。幼儿需要按照图纸的要求，自己动手来组装成一个完整的造型，可以发展幼儿的观察力、空间方位感知和建构能力、动手操作能力等。

图6-7　电路组装玩具

8. 科技启智玩具

这类玩具主要是引导幼儿在操作玩具的过程中，体验和运用生活中常见的各种科学知识和原理，发展幼儿对周围世界的兴趣和好奇心，体验科技的神奇作用。典型玩具主要包括磁铁玩具，如磁力棒、磁力车等；电路玩具；光影玩具，如放大镜、多棱镜、哈哈镜

图6-8　磁铁拼装小车玩具

等；机械和平衡玩具，如齿轮组合、平衡盘、轨道和小球等。

9. 传统智力游戏玩具

有许多传统玩具，如魔方、走迷宫、华容道、九连环、万花筒、陀螺等，也是幼儿喜闻乐见的智力游戏玩具，可以从多方面促进幼儿智力的发展。另外，民间传承下来的木偶、皮影、手偶、指偶等，可以帮助幼儿想象和创编故事、讲述故事，发展幼儿的语言能力。

图6-9　万花筒

蒙台梭利及其教具[①]

蒙台梭利是著名的意大利教育家，她创办的"幼儿之家"以其卓越的成就蜚声海内外，蒙台梭利教具成为她主张为儿童提供的"有准备的环境"的最具操作性的代表，备受青睐，在我国也得到广泛的传播和运用。蒙台梭利教具是蒙台梭利根据幼儿身心发展特点设计的，有利于促进幼儿智力发展的一系列操作性材料，其目的在于让幼儿对物体的形状、颜色、大小、质地等特征进行感知，促进幼儿感官的发展，提高幼儿的手眼协调能力和小肌肉动作的灵活性，促进幼儿认知及思维的发展。

蒙台梭利教具不仅可以作为区域活动的材料，而且其本身蕴藏着丰富的课程资源，有待于我们去发掘和应用。一方面，我们可以将其作为幼儿智力游戏的材料投放到活动区，供幼儿去自由操作，而教师在其中扮演观察者、支持者和促进者的角色，适时对幼儿的游戏进行指导。另一方面，我们可以将其作为一种课程资源，充分挖掘其中蕴含的各个方面的教育价值，以此展开对幼儿的教育。例如：拓展粗面与滑面的四角板的价值，设计并开展有关摩擦力的探索活动；利用粉红色塔开展有关塔的项目活动；

---

① 参考自梁士杰著：《幼稚园教材研究》，商务印书馆1935年印行，海豚出版社2012年修订版。

等等。

　　早在二十世纪二三十年代，我国幼教界就已经引进蒙台梭利教具，并有专门介绍。当时幼儿园引进蒙台梭利教具时，并非全盘照搬，而是重点选择了发展幼儿触觉、温觉、重量觉、嗅觉、味觉、视觉、触觉筋觉、色觉、听觉以及手指训练等方面能力的教具，并没有当前市面上流行的加减乘除运算、数量单位换算、数学公式、倍数关系等超越幼儿智力接受能力的、种类纷繁复杂的教具。下面是当时对几种蒙台梭利教具进行的介绍。

　　第一触觉训练　粗滑盘（1）分别粘贴粗滑两样的纸于长方形木板上。（2）交互粘贴粗滑两样的纸条于长方形木板表面。（3）此外使儿童接触最粗、最滑的各种纸以及其他。

　　第二温觉训练　金属制的杯　注温度不同的水于各种金属制的小杯中，先以寒暑表测量其温度，然后使儿童由指尖接触试验，说出哪个温、哪个热。

　　第三重量感觉训练　轻重板　木板制的小板，由3种木质制成，长8厘米、宽6厘米、厚0.5厘米，重分别为12，18，24克，使儿童用手称出哪个轻、哪个重。

　　第四嗅觉训练　各种花　使儿童嗅木槿、山栀等各种花的花香，并说出花名。

　　第五味觉训练　各种溶液　使儿童用舌头尝酸、甘、咸、苦各种溶液，并说出各种味道。

　　第六视觉训练

　　厚、高、大锤形　木台4个，各长55厘米、宽8厘米。每个木台，附有10个孔，此外有圆柱，使儿童练习把圆柱嵌入孔中（见图6-10）。有不同维度的练习目标：高度相同直径不同、直径相同高度不同、高度不同直

图6-10　厚、高、大锤形

径不同（两组），现在被称为"插座圆柱体"。

厚阶段木制方柱　大小10个方柱，长各20厘米，最大宽边长10厘米，每宽边次第减少1厘米，涂黑褐色，使儿童练习排列成阶梯，即棕色梯。

长长段　木制长形竿10个，最长1米，其余每竿长依次少10厘米，高、宽各3厘米。各方竿每隔10厘米，加以切段，颜色赤青交互，使儿童练习排列成顺序。

大方塔　木制立方体10个，最大的边长60厘米，其他的每边次第减少1厘米，使儿童在赤色和绿色毛毡上，练习堆积成方塔，即粉红塔。

第七视觉训练　嵌板　木板制的几何形数种及嵌入台、板框，使儿童练习嵌进去或拿出来。

第八触觉筋觉训练　型板及型纸　几何形小木牌、几何形纸牌各若干组。几何形的纸牌分为三种：（1）全涂遮蔽纸牌的形状；（2）几何形型板；（3）几何形镂空的型纸。

第九色觉训练　色线卷　黑、赤、橙、黄、青、堇、褐、绿八色的绢丝卷，各色均有浓淡八个阶段，合计六十四卷，使儿童就各色的浓淡程度联系排列成序。

第十听觉训练　音筒　木制筒六个，内放沙和小石等，叩之，使儿童听音，以练习儿童的听觉。

第十一手指训练　布框　木框十个，张以布类或皮类，两面附以纽扣及穿孔，使儿童练习解纽、连纽，具体种类如下：

（一）毛织物的面，骨质的大纽扣；

（二）毛织物的面，贝壳的纽扣；

（三）皮的面，大纽扣；

（四）布的面，大纽扣；

（五）麻织物的面，小的布纽扣等。

第三节　智力游戏的指导

智力游戏作为幼儿园常见的游戏形式，一般可以根据游戏的内容，分为棋类游戏、数学游戏、语言游戏、科学游戏以及其他以发展幼儿心智、培养幼儿智力为目的的游戏形式。不同内容的智力游戏，有着不同的指导策略，但是总体上来说，对于智力游戏的指导应当注意把握以下四点。

1. 选择和编制适合幼儿年龄特点的智力游戏

《幼儿园教育指导纲要（试行）》明确指出："教育活动内容的组织应充分考虑幼儿的学习特点和认识规律，各领域的内容要有机联系，相互渗透，注重综合性、趣味性、活动性，寓教育于生活、游戏之中。"幼儿期是幼儿形成良好个性品质的关键期，成人为幼儿选择和编制的智力游戏要顺应他们的身心发展水平，循序渐进；既要考虑幼儿的生活经验，又要考虑他们的发展水平；既要适合幼儿的接受能力，又要有一定的难度。

游戏任务对幼儿过难或过易都会影响其发展，使幼儿失去积极性。游戏的难易一方面由游戏的任务和内容决定，另一方面也由游戏的性质决定。同一类游戏也可以由于材料运用的差异和不同的设计与编排而适合于不同年龄段的幼儿。例如，与玩具、动作直接联系的游戏适合于小班幼儿；而根据已有知识经验来推理、判断或以语言来进行的游戏，则适合于中、大班幼儿。

2. 帮助幼儿理解游戏的玩法与规则

智力游戏一般都有玩法与规则的制约，必须在理解之后才能玩。因此，教师要给幼儿进行适当的示范、讲解，帮助他们理解并掌握玩法与规则，这样幼儿才能投入地进行游戏。

3. 支持并鼓励幼儿玩智力游戏

教师应当重视幼儿的智力游戏，研究幼儿的智力游戏，关注智力游戏材料的投放，支持并鼓励幼儿的智力游戏。因此，教师应在活动区为幼儿创设智力游戏区角，提供内容丰富、种类繁多的智力游戏玩具及材料，支持幼儿按照自己的兴趣、愿望、能力和需要去自由选择游戏，在与玩具材料互动的过程中，开动脑筋、手脑并用，体验探索和发现的过程，启迪思维的发展。

4. 对不同类型的智力游戏采取不同的指导策略

不同类型的智力游戏有着不同的游戏内容和特点，指向于发展幼儿不同的能力。因此，教师要研究不同类型智力游戏的特点，结合幼儿的年龄水平和个性特点，给予幼儿适宜的指导。

一、棋类游戏的指导

棋类游戏是规则游戏的一种，具有规则游戏的特点，同时注重幼儿综合能力的培养。棋类活动集健康、科学、语言、社会、艺术和娱乐等因素为一体，有着无穷的生活乐趣和艺术魅力，不仅能陶冶情操、启迪幼儿的思维、发展幼儿的智力，也是培养幼儿非智力品质的良好途径。棋类游戏有利于培养幼儿沉静、机智、果断、坚持等意志品质，有利于培养幼儿克服困难、解决问题的能力。此外，棋类游戏也是培养幼儿动手操作、竞争、交往、合作以及抗挫折等非智力品质和能力的有效途径。对幼儿棋类游戏的指导，应当注意以下几个方面。

1. 引导幼儿关注棋盘图片，逐渐理解玩法与规则

幼儿园棋类游戏具备了一般棋的形式，有棋盘、棋子、骰子、规则等基本元素。针对幼儿不认识字的特点，可以通过棋盘色彩鲜艳、路径形式多样、情节生动有趣、角色形象活泼可爱等特点，并利用"机会牌"的形式增加其趣味性。例如，"果蔬宝宝棋"（见图6-11）就是通过机会牌的形式，让幼儿练习果蔬的分类，增加了动手操作的乐趣，充分调动了幼儿行棋的兴趣。[1]还有些棋盘需要移动的情景图片，幼儿在下棋前必须关注图片，并能粘贴图片使半成品的棋盘完整。这些都涉及棋的玩法与规则，需要教师

---

[1] 邱学青著：《乐在棋中　儿童棋类游戏总动员（初级）》，南京师范大学出版社2011年版。

帮助幼儿了解和掌握。

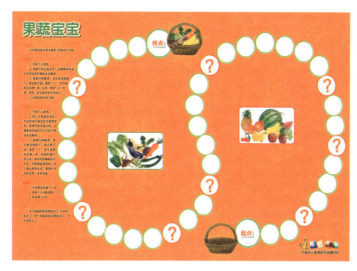

图6-11　果蔬宝宝棋

2. 放手让幼儿玩棋，帮助幼儿内化经验

棋类游戏的宗旨不在于让教师教幼儿学会下棋，而是让幼儿真正成为游戏的主人，喜欢下棋，并且通过下棋发展智力、增强意志品质，促进与同伴之间的交往。一方面，教师要尽量放手让幼儿去解读棋盘，以了解幼儿对棋盘内容的理解。各类棋盘形状和内容多样，有立体交叉、平面平行、由中心向四周发散、蛇形环绕、半圆弯曲、重叠等各种路径，蕴含了促进幼儿空间知觉发展的无限可能，还蕴含了数字、文字、色彩、图形等多种概念和内容。每个幼儿解读棋盘时，都是从自己的背景经验和理解出发来解读的，这就可以帮助教师了解幼儿早期阅读的能力、习惯等方面的信息。例如：当幼儿掷骰子走棋子时，教师可以观察到该幼儿是否会手口一致地点数、对应点数、一格一格地前进等；有的幼儿在掷骰子时，骰子上的数字是4，而该幼儿却在原地走1步，出发后走3步；而有的幼儿则口里数着4，实际却走了不到或超过了4步。这就可以帮助教师发现幼儿计数能力方面存在的问题。

另一方面，放手让幼儿玩棋，提供多种情景，让幼儿在自己玩棋、与别人玩棋的过程中，体验和感知棋盘的作用、骰子和棋子的操作、与同伴的对弈和互动、对规则的理解和掌握等内容，达到自我调节、内化经验、增长能力的目的。例如，玩棋过程中需要使用骰子，骰子中渗透了点数、加减、图形等各种符号，幼儿在使用骰子的过程中，就可以不断地与数字、图标、形状、颜色等发生互动，发展各种能力。"攀岩高手棋"（见图6-12）就是一个融合数学概念的棋类游戏，练习一格一格走。这个看似简单的动作，不同的幼儿对其的理解是不同的，表现在棋路上的方式也各有不同。因此，通过玩棋可以了解幼儿对这一概念的理解情况，进而帮助幼儿掌握和内化这一相对抽象的概念。[①]

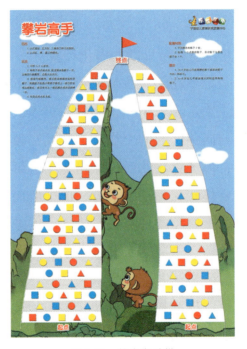

图6-12 攀岩高手棋

3. 支持并鼓励幼儿大胆表现和创造

幼儿在基本了解棋类游戏的结构后，教师可以根据本班幼儿的兴趣和经验等特点，通过艺术创作的形式，让幼儿自己设计和绘制棋盘、制作棋子。在这一过程中，教师可以了解幼儿在艺术

---

① 邱学青著：《乐在棋中 儿童棋类游戏总动员（初级）》，南京师范大学出版社2011年版。

方面的能力及表现，并在此基础上支持幼儿充分发挥自己的想象力和创造力。幼儿还可以选取自己感兴趣的事情和人物作为对象，把它们做成棋盘，例如，小水滴漫游记、小蝌蚪找妈妈、七仙女、喜羊羊等。这就能够极大地增强幼儿对棋类游戏的兴趣和了解，也充分激发了幼儿的想象力和创造力。

教师还可以鼓励幼儿结合自身的生活经验进行想象和创造，同时可以巧妙地把教育要求渗透其中。例如，可以引导和鼓励幼儿设计和制作掌握日常行为规范的游戏棋，设计出"好好吃饭，进3步；安静看图书，进2步；在活动室乱跑，退2步"等内容，鼓励幼儿充分回忆和讨论与日常行为规范有关的规则，并且在棋盘中以图画的形式生动地再现场景。这不但可以增强幼儿对日常行为规范的理解和认识，还可以激发幼儿联系生活实际的想象力和创造力，促进幼儿在日常生活中进一步自觉遵守这些行为规范。

另外，教师还可以通过集体学习中的互动，通过个别或小组学习，引导幼儿交流自己的想法、展示自己的作品、表达自己与同伴合作的感受，关注幼儿制棋和玩棋过程中问题解决能力的培养，使幼儿的经验得以整合与提升。

4. 学习从他人立场看待问题，逐渐尝试"去自我中心"

幼儿总是喜欢以自己的立场和观点为中心来思考问题，不能转换视角来看待周围的事物，思维带有强烈的主观主义色彩，表现为"自我中心化"特点。在棋类游戏中，游戏规则是幼儿顺利进行游戏活动、实现游戏性体验的前提，必须严格遵守；游戏规则排除了个人化倾向，有利于大家公平；有助于幼儿沉浸于游戏的情境和秩序中，对游戏有触及心灵深处的感知、感觉，产生心灵的"震颤"。可见，在棋类游戏中对游戏规则的遵守将打破幼儿思维的自我中心化定式，使幼儿学会从他人的角度来思考和解决问题，同其他幼儿和睦相处，提高幼儿自身的社会性发展水平。例如，在幼儿园晨间活动时，教师用电脑包装盒为幼儿制作了在地面掷的骰子，地面用不同颜色的泡沫垫子拼出了棋盘，让幼儿以小组为单位做棋子，一个小组代表一颗棋子。这就要求一组的幼儿必须言行一致，幼儿真正体验到必须相互协调合作才能表现为一个整体，并且在玩棋的过程中理解和内化规则。

5. 培养幼儿承受挫折的心理品质

棋类游戏都会有一个结果，但是，幼儿园开展棋类游戏的目的，不在于结果的输赢，而在于游戏过程中的体验。在玩棋过程中，幼儿会出现与认知发生偏离的行为，如违规、耍赖、悔棋、发脾气、只想赢不愿输等。幼儿在玩棋的过程中，能够亲身体验和感知这些行为，学习自我调节，进而形成良好的非智力品质。例如：幼儿在选择棋的难易程度、选择下棋的同伴并让同伴愿意接受自己的过程中，能体验到成功的喜悦和失败的沮丧；成功时幼儿心理得到极大的满足，增强了自信心和成就感，失败时会产生挫折感，丧失信心，进而重新鼓舞信心，继续努力。可以说，棋类游戏的趣味性深深吸引着幼儿。为了继续参加游戏，幼儿必须要学会承受挫折，学会控制并克服自身的弱点，遵守游戏规则，这就能够大大增强幼儿的抗挫折能力。教师要注意的是：不同幼儿面对输赢时有着不同的情感体验，教师在指导棋类游戏的过程中首先要关注幼儿的情感体验，在潜移默化中给幼儿传达一种正确的输赢观。

学会下棋了

游戏时间到了，欣欣和乐乐选择了棋类游戏"小老鼠进城"。他们打开棋盘相互交流着，有前进、后退，有斑马线，还有隧道……他们按以往的经验开始走棋了。随着游戏的深入，他们被难住了，前进、后退标记中出现了文字，两个幼儿面对棋盘犯了难，他们来到教师身边："老师，这是什么意思？怎么走啊？"教师向他们解读了棋盘内容，他们又继续下棋了，教师在一旁悄悄地关注他们。"哎呀，又出现问题了。""这是什么意思？怎么走啊？""找老师吧！"在他们的请求下，教师参与游戏，以解说员的身份与他们共同下了这局棋。

可见，案例中的幼儿在下棋过程中，碰到了识读文字的困难，主动去找教师帮忙。教师给他们解读了文字的含义，并且在一旁观察游戏的后续进展。游戏后期又出现了困难，教师直接以解说员的身份参与到游戏中，帮助幼儿学会了"小老鼠进城"这种棋的玩法。幼儿在这一过程中经历了发现问题、思考问题、解决问题的一系列过程，学会了遇到困难时如何面对和解决的方法。

环保棋

豆豆和小祁选择玩"环保棋"，豆豆一副若有所思的样子，显得很专注、很老练。他们各自选择了棋子，开始下棋。但过了一会儿，小祁叫了起来："咦！上面有箭头啊，颜色也不一样。"豆豆说："我认识字，我来看。"说完念给小祁听，小祁听了默默地被动地走棋，而豆豆由于认字，就处于主动地位，游戏中也显得更胜一筹。在下棋过程中，豆豆不停地讲："我又前进了，你怎么办呢？"小祁非常着急地说："我才不会输呢。"

结果，玩了一盘下来，小祁输了。只见他把棋子一扔，烦躁地说："不下了！"说完就哭了，一边抹泪一边说："我没输！我才没输呢！"教师把他拉到身边，笑着拍拍他肩膀："怎么经不起失败呢！比赛总是有输也有赢，赢了的时候不能骄傲，要继续好好学习；输了也不用哭鼻子，哭鼻子就能让你赢吗？"小祁摇摇头。教师接着说："就是呀，想想自己为什么输了，怎么样才不会输，下一次不要再犯这个错误了。你想想，以前你也赢过，别人输了，人家哭鼻子吗？国际大师都会输棋，更何况我们呢？"小祁带着泪痕，点了点头。

可见，教师及时给予了幼儿情感抚慰，并让幼儿懂得：下棋就会有输赢。要想做一个赢家，就要先学会怎样做一个输家，学会勇敢地面对失败，找到失败的原因，争取下次的机会，才会取得最后的成功。不同的幼儿在面对困难时采取的处理方式不同，并非所有的幼儿都能在遇到困难时找更有经验的成人来帮忙，这就需要教师对参与游戏的幼儿有充分的了解，并且关注游戏的进展。教师的情感抚慰使得幼儿在游戏中克服了失败的挫折感，无形中锻炼了意志力。

而且，在班级的棋类游戏中，幼儿对下棋的兴趣没有像对其他事物一样仅有三分钟热度，而是呈发展趋势，下棋成了幼儿活动的首选项目。一到自选活动时间，他们立刻争先恐后地涌去抢棋，大家都想去下棋，幼儿们的棋艺进步很快。小祁在下棋过程中不再表现出退缩，发现棋盘上有趣的内容会主动和同伴交流、分享经验，即使输棋也不再哭泣，而是要求再下一盘。

6.重视家园配合，鼓励亲子游戏

家庭是幼儿的第一所学校，家长是幼儿的第一任教师。幼儿入园后开始接受幼儿园教育，同时继续接受家庭教育。教师要做好家长工作，争取家长的支持和配合。棋类游戏适合一对一的指导，家长就是幼儿天然的指导老师。因此，教师可以建议家长在家里和幼儿一起下棋，在下棋的过程中和幼儿进行交流，对幼儿进行个别指导，这就有助于幼儿更多更好地学习下棋和积累相关经验，获得更多的锻炼和成长。而且，在家庭中经常下棋的幼儿经验更为丰富，比缺乏下棋经验的幼儿能更好地解读棋盘，掌握规则和自觉遵守规则。

二、数学与科学游戏的指导

学前数学游戏与科学游戏的主要目的是对幼儿进行数学和科学的启蒙，使幼儿在游戏中观察、感知、探索、发现常见事物的数量关系、空间关系、初步的科学概念等，从而为其以后的数学和科学学习奠定基础。而幼儿这些数学及科学基础概念的获得与游戏中教师的指导是密切相关的。一般来说，教师对幼儿数学与科学游戏的指导要关注以下几方面。

1. 明确游戏的目的是帮助幼儿获得数学与科学概念的启蒙

幼儿园中的数学与科学游戏的目的是对幼儿进行数学、科学启蒙的教育，让幼儿在探索具体事物和解决实际问题的过程中，激发探究兴趣，体验探究过程，发展幼儿初步的探究能力，并在这一过程中形成终身受益的学习态度和学习能力。因此，教师在指导幼儿的数学与科学游戏时，要关注幼儿好奇心、学习兴趣、学习态度、学习品质的培养，而不要强调对幼儿进行知识的教授。

2. 依据幼儿的生活经验和发展水平选择、创编游戏

游戏的主题、内容等既要来源于幼儿的生活经验，适合幼儿的发展水平，又不能脱离幼儿自身的经验和能力。只有这样的游戏，幼儿才能真正感兴趣，对幼儿自身的发展也才更有价值。数学和科学游戏的选择和创编也是如此，要基于幼儿自身的生活经验和发展水平进行选择和创编。

3. 伴随幼儿的发展和表现适时调整游戏的内容和形式

幼儿数概念的掌握首先凭借对实物的感知来认识数，之后凭借实物的表象来认识数，最后在抽象概念的水平上真正掌握数的概念。所以，在设计数学游戏时也要遵循幼儿数概念发展的特征。小班的数学游戏要依据具体的实物进行，让幼儿在实际的操作中去感知数概念；中班可适度脱离对实物的依赖，借助一些实物图片丰富幼儿对于数的经验和认识；到了大班则可以适当脱离实物、表象的辅助，设计一些抽象的数学游戏，帮助幼儿建立数概念。

小案例

种菜游戏

大班这学期新开设了种菜的游戏。游戏所需的材料是带有数字编码（1~10）的泡沫地垫以及同样带有数字编码（1~10）的各类蔬菜。游戏的玩法是将标有数字的蔬菜对应放在相应数字的地垫上（见图6-13），即完成了种菜的过程。游戏刚开始，幼儿玩得兴致勃勃。但是，没过不久就没什么人再玩了。

图6-13　第一种玩法

一天，甜甜来到被冷落了很久的菜地来种菜，但是她并没有采用数字一一对应的方式来种菜，而是采取了一种新的种菜方式——两个蔬菜上的数字相加等于地垫上的数字（见图6-14）。教师看到后，在游戏分享环节，让甜甜把她的方法跟其他小朋友分享。菜地有了新的玩法，所以又红火起来。

图6-14　第二种玩法

可不久后，幼儿又不太乐意玩了，菜地又再次萧条起来……一次游戏后的经验分享中，鑫鑫告诉教师："我今天种菜种得可好了。"教师："哦，你种的是几号地？"鑫鑫："10号地。"教师："那你是怎么种的呢？"鑫鑫："我种了5个2号的蔬菜。"

教师："哦，种了5个蔬菜在上面哦。我们原来都是种几个蔬菜？"幼儿："1个、2个。"教师："鑫鑫今天种了5个2号蔬菜在

10号地上，5个2相加等于多少？"幼儿："10。"教师："那你们想一想还可以怎么种呢？"乐乐："还可以种2个5号菜。"果果："还可以种1个1号菜、1个2号菜和1个7号菜。"琪琪："还可以种1个4号菜和1个6号菜。"媛媛："还可以种1个3号菜、1个1号菜和1个6号菜。"天天："还可以种10个1号菜。"

幼儿兴致勃勃地讨论着种菜的方法……

可见，这个案例中的种菜游戏经历了三个阶段：（1）数字一一对应的种菜；（2）两个蔬菜编码相加等于地垫的数字；（3）不限蔬菜数量的开放性种法。显然游戏起初设计的种菜方式低于大班幼儿数学概念的发展水平，在这种情况下，幼儿起初出于新鲜感去玩，不久就没有兴趣了。到了第二阶段，种菜的方式相对第一阶段有了挑战性，所以幼儿的兴趣又来了。随着游戏的进行，幼儿的数学能力在游戏中逐渐得到锻炼和提升。可过段时间之后，游戏的难度水平又落后于幼儿的认知水平了。因此，菜地再次受到了冷落。好在教师抓住了个别幼儿鑫鑫新的游戏行为——一块地上可以种多种蔬菜，并以此来组织幼儿进行讨论。这对幼儿的认知无疑又是一次新的挑战，所以幼儿也兴致勃勃地投入到种菜的讨论中……

由此可以看出，智力游戏的内容及形式等都要依据幼儿认知水平的发展和表现进行适时的调整和更新，这样才能满足幼儿智力发展的需要，从而更好地促进幼儿的智力发展。

4. 通过调整游戏材料，推动幼儿认知发展

一般来说，幼儿智力游戏玩具和材料是由专门的玩具公司设计、开发和生产的，所以相对来说结构性比较强，较少变化性。这就使得很多教师存在这样的误解：智力游戏玩具和材料一旦提供了，就可以一直放在那了。其实不然，智力游戏玩具和材料也需要随着幼儿的发展和表现逐步调整，使其更好地满足幼儿活动、发展的需要。

穿珠游戏

小班幼儿的穿珠游戏区域，教师刚开始只提供了红、蓝两种大小相同的珠子和麻绳供幼儿自由操作。幼儿总是在穿珠区兴致勃勃地穿项链、穿手链，但大部分幼儿的穿珠作品是无规律的（见图6-15）。一次游戏中，教师发现乐乐的穿珠作品呈现出"ABAB"的规律性。

图6-15　随意穿珠

教师："乐乐，你穿的项链好漂亮啊！你能介绍一下你是怎么穿的吗？"乐乐："我就一个蓝的一个红的，一个蓝的一个红的，一个蓝的一个红的……"教师："哦，你是根据颜色一个隔一个穿的。"

教师意识到，小班幼儿在玩穿珠的过程中已经具有了一些初步的规律意识，但也只是个别幼儿的个别行为，很多幼儿还没注意到穿珠可以这样穿。为了拓展更多幼儿的经验，接下来教师在活动区又投放了一些呈现出"ABAB"规律的、未完成的半成品穿珠，供幼儿自己去发现其中的规律，并进行后续的补充穿珠。通过这样的材料暗示，之后的游戏中，幼儿的规律性穿珠行为显著增加了（见图6-16）。

图6-16　"ABAB"规律穿珠

一段时间后，为了进一步拓展幼儿的经验，教师又补充了更多的穿珠材料。这时活动区的材料包括红、蓝、黄、绿四种颜色、两种大小、两种形状的穿珠，供幼儿自由穿珠。幼儿的穿珠作品也呈现出更多的规律性，有颜色维度的"ABAB"，形状维度的

"ABAB"，甚至还有色、形两个维度的"ABAB""ABCABC"等更复杂的规律（见图6-17）。

图6-17　更复杂的规律穿珠

穿珠游戏作为幼儿园经典的智力游戏，很多教师都是把材料一股脑提供给幼儿，供幼儿自由去操作。但是案例中的教师，却前后分三次来提供材料，首先提供红、蓝两色，大小相同的穿珠；然后提供了表现出"ABAB"规律的未完成的穿珠；最后提供颜色、形状、大小更多样的穿珠。教师的这种材料提供方式是与幼儿每阶段的发展水平相适应的。

小班幼儿刚开始的穿珠表现为杂乱无章性，而教师希望幼儿的穿珠能呈现出简单的规律性，所以教师用心地控制材料，只提供红、蓝两色，大小相同的穿珠，这就排除了无关刺激的干扰，更有助于幼儿产生规律性穿珠的行为。而当个别幼儿表现出一些规律性后，教师通过一些"半成品"穿珠作品的提供，一方面可以巩固个别幼儿的已有经验，另一方面则可以给没经验的幼儿以暗示，引导他们有规律地穿珠。通过这一过程，幼儿普遍获得了规律性穿珠的经验。接下来，教师就放手提供更多维度的穿珠材料，供幼儿自由去探索、操作。在这样宽松的环境中，幼儿的穿珠就表现出更多规律性。

上述过程恰恰反映了教师通过逐步调整穿珠材料，适应和推动幼儿认知发展的过程，达到了间接指导的目的。

三、语言游戏的指导

语言游戏是通过科学、全面、规范、有趣的语言练习，帮助幼儿学习语言，发展幼儿语言能力，提高幼儿运用语言交往积极性的一种游戏类型。教师对幼儿语言游戏的指导要关注以下几点。

1. 营造良好的语言环境

语言学习是一个潜移默化的过程，良好语言环境的营造因此就显得至关重要。作为帮助幼儿学习语言、发展幼儿语言能力、提高幼儿运用语言交往积极性的语言游戏，在对其进行指导时，同样需要教师特别关注语言环境的营造。首先，要为幼儿创设一个自由、开放的物理及心理环境，让幼儿能够在这样的环境中进行语言游戏，自由、大胆地去表达想法、创编故事等。其次，教师作为幼儿游戏的观察者、指导者和支持者，要为幼儿树立一个好的榜样，准确发音，规范用词。在这样的环境中，幼儿才能耳濡目染地进行准确的语言学习。

外婆桥

游戏名称：外婆桥

游戏目的：练习准确发"ao"的音；以亲情为主题，激发幼儿表达的愿望和兴趣，可以根据儿歌内容做出相应动作。

游戏玩法：成人或幼儿两两结对，边念儿歌边做动作。

游戏评析：《外婆桥》是一首流传很广又富江南民俗内涵的传统儿歌。去外婆家是大部分幼儿都有的生活经验。通过摇船的动作，使幼儿在念儿歌时自然伴以动作表演，赋予儿歌贴切和形象的动感，帮助幼儿更好地体会亲情的温馨感。同时围绕与外婆互动的情境，重在营造轻松、愉悦的语言环境，增强游戏的趣味性，体验在游戏中学习的轻松与快乐。

附儿歌：外婆桥

摇摇摇，

摇到外婆桥，

外婆说我好宝宝，

糖一包，果一包，

还有饼儿还有糕。

小游戏

拍花箩

游戏名称：拍花箩

游戏目的：掌握数概念，感受幽默风趣的语言。

游戏玩法：两个以上幼儿结成小组，边拍手，边念唱，按顺序问答，语音音节前后一致。

游戏评析：《拍花箩》尽管是一首比较长的数数儿歌，但在代代相传的过程中，内容不断根据幼儿的经验和兴趣发生变化，有趣的形式一直保留了下来。在念儿歌的过程中，让幼儿在拍手念唱中依据儿歌内容一问一答，为幼儿提供了主动参与游戏的机会。幼儿从最简单的"一"问起，答以"一"中熟悉的动物活动的情景，丰富了幼儿对于动物形态的认知，帮助幼儿在游戏中自然学习数的概念。儿歌从头至尾以"呀"押韵的方式结束每句话，增加了儿歌的趣味性，让幼儿在吟唱儿歌的过程中很好地感受并体验到语言的幽默感和美感。

附儿歌：拍花箩

拍呀，拍呀，拍花箩呀，

红草地呀，绿马车呀。

你拍几呀？我拍一呀，一只蜗牛上楼梯呀。

你拍几呀？我拍二呀，二只蚂蚁，抬着大花瓣呀。

你拍几呀？我拍三呀，三条鲤鱼滚下山呀。

你拍几呀？我拍四呀，四方的招牌没有字呀。

你拍几呀？我拍五呀，五只大熊打花鼓呀。

你拍几呀？我拍六呀，六个老头卖烤肉呀。

你拍几呀？我拍七呀，七只野狼抱小鸡呀。

你拍几呀？我拍八呀，八脚的章鱼坐沙发呀。

你拍几呀？我拍九呀，九只老虎喝老酒呀。

你拍几呀？我拍十呀，十只青蛙跳进荷花池呀。

扑通！扑通！扑通！

（潘人木）

2. 给予幼儿适宜的语言刺激

幼儿学习语言需要接受适宜的语言刺激，这些适宜的刺激可以通过语言游戏的形式输入到幼儿的语言系统之中，会在将来成为幼儿语言输出的素材。教师要明确学习语言不仅仅需要表达、发声，也需要倾听。倾听各方声音的过程，即是输入语言刺激的过程。所以，在对幼儿的语言游戏进行指导时，教师不仅要引导、鼓励幼儿的语言表达和故事创编等输出过程，同样需要引导幼儿学会静心倾听。同时，这个过程中可以渗透一些人际交往的行为礼仪的教育。

荷花荷花几月开①

游戏名称：荷花荷花几月开

游戏目的：让幼儿学会倾听，并鼓励幼儿去表达；在享受一问一答的愉悦过程中，增进同伴游戏的亲密感。

游戏玩法：幼儿分两组站成内、外两圈，手拉手转圆圈并集体念唱儿歌。外圈幼儿问："荷花荷花几月开？"内圈幼儿回答："一月不开二月开……"当内圈幼儿答最后一句"荷花朵朵开"并双手呈开花状时，外圈幼儿要迅速四散奔跑，避免被内圈幼儿抓到，被抓到的幼儿扮演荷花。游戏熟悉后，幼儿可自行根据经验

---

① 选自南京师范大学学前教育专业编写组编著：《幼儿心灵抚慰活动手册》，南京师范大学出版社2008年版，第42页。作者进行了部分改编。

换桃花、梨花……继续开展游戏。

游戏评析：传统民间游戏"荷花荷花几月开"，儿歌简单，内容很有趣，很贴近幼儿的生活，能引导幼儿把握季节变化，认识荷花开花的季节。这个游戏不仅能让幼儿在追逐游戏中，通过集体和分组游戏掌握游戏规则，知道根据不同的角色说不同的话，还能够鼓励幼儿主动积极并大胆地运用语言，及时根据语言要求做出相应的动作；还能够根据季节和兴趣的变化，改变游戏的内容，扩展幼儿对植物、季节的感知和认识，学习和练习生活中的语用能力。教师可以根据幼儿能力的发展逐渐增加游戏的难度，充分调动幼儿参与游戏的主动性和积极性。

附儿歌：荷花荷花几月开

荷花荷花几月开？一月不开二月开。

荷花荷花几月开？二月不开三月开。

荷花荷花几月开？三月不开四月开。

荷花荷花几月开？四月不开五月开。

荷花荷花几月开？五月不开六月开。

荷花荷花几月开？六月不开七月开。

荷花荷花几月开？七月荷花朵朵开。

3. 教幼儿规范使用语言

正确、规范的语言能力的获得，需要成人的教授。所以，在玩语言游戏的过程中，教师要适时教幼儿怎样规范使用语言，学习使用一些常用的句式，练习一些常用的词汇和发音等。例如，教师通过组织语言游戏"小兔子开铺子"，教幼儿怎样规范使用量词"张、把、双、只、顶"等，引导幼儿在说儿歌、玩游戏的过程中逐渐掌握量词的正确使用方法。

小游戏

小兔子开铺子[①]

游戏名称：小兔子开铺子

游戏目的：练习正确发"zi"音；规范使用量词。

游戏玩法：幼儿边念边用手指比划，做相应的动作。

游戏评析：这首儿歌以幼儿熟悉和喜爱的、活泼可爱的小兔子为角色，采用了开铺子的丰富有趣的情景，激发幼儿参与游戏的愿望。在一遍又一遍快乐有趣的吟唱中，幼儿练习了"zi"的发音，同时习得了正确规范的量词使用方法。

附儿歌：小兔子开铺子

小兔子，开铺子，

一张小桌子，

两把小椅子，

三双小袜子，

四个小瓶子，

五顶小帽子。

来了一群小猴子，

买走一张小桌子，

两把小椅子，

三双小袜子，

四个小瓶子，

五顶小帽子。

小兔子的东西卖完了，

明天再来开铺子。

4. 根据幼儿语言发展的不同要求，恰当选择不同类型的语言游戏

---

① 选自南京师范大学学前教育专业编写组编著：《幼儿心灵抚慰活动手册》，南京师范大学出版社2008年版，第30页。

教师可以根据幼儿语言发展的不同要求和语言发展重点，设计和开展不同的语言游戏。例如：幼儿如果发音有问题，可以开展练习发音的语言游戏，绕口令、说儿歌就是很好的选择；幼儿如果表达有问题，不会使用相应的句式，那么就可以设计相应的练习句式的语言游戏；幼儿如果倾听有问题，那么就可以在语言游戏当中加大"倾听"的比重，让幼儿在游戏过程中练习倾听能力；想要丰富幼儿的语言和词汇，可以开展造句、词语接龙等游戏；等等。通过多种多样的语言游戏形式，可以扩展幼儿的生活经验，丰富幼儿语言的内容，增强他们的理解与表达能力。

小老鼠

游戏名称：小老鼠

游戏目的：练习正确发"ai"音，感受儿歌的好玩、有趣。

游戏玩法：诵读儿歌，根据儿歌内容做相应的小老鼠的动作。

游戏评析：这首儿歌描写了一只小老鼠爬上灯台去偷油吃，却不敢下来的情景，小老鼠憨态可掬的可爱形象跃然纸上。儿歌表面上是写小老鼠，实际上也是借小老鼠对幼儿进行安全常识教育。

附儿歌：小老鼠

小老鼠，上灯台，

偷油吃，下不来，

叫妈妈，妈妈不来，

叫爸爸，爸爸不来，

叽里咕噜滚下来。

小猪胖嘟嘟

游戏名称：小猪胖嘟嘟

游戏目的：练习发"u"音，体验拟声词表现的意境。

游戏玩法：跟着儿歌做动作，自由表现小猪憨态可掬的形象。

游戏评析：儿歌围绕"胖嘟嘟、呼噜噜、咕噜噜"三个拟声词展开，童趣盎然，很容易激发幼儿扮演相应的动作，不仅能使幼儿体验到语言游戏的乐趣，而且可以激发幼儿使用拟声词的兴趣。

附儿歌：小猪胖嘟嘟

小猪胖嘟嘟，

吃饭咕噜噜，

睡觉呼噜噜。

胖嘟嘟的小猪，

不是咕噜噜，

就是呼噜噜。

呼噜噜咕噜噜，

小猪胖嘟嘟。

（林武宪）

思考与练习

1. 问题讨论

（1）怎样发挥智力游戏的教育价值？如何处理发展智力与保证游戏性过程的关系？

（2）有人说智力游戏就是集体教学活动的手段，你怎样看这个问题？

（3）蒙台梭利教具对幼儿发展的价值和作用体现在哪些方面？

2. 实践练习

（1）操作性练习

• 正确理解蒙台梭利教具的教育精髓，熟悉各种教具的功能和独特价值。

• 熟悉幼儿棋类游戏，练习棋类游戏的玩法，形成重过程体验、轻结果输赢的棋类游戏观。

（2）活动设计

• 尝试用玩具"穿珠"或"拼图"设计一种适合幼儿年龄特点和兴趣需要的智力游戏。

• 筛选适合幼儿的蒙台梭利教具，并尝试设计目标递进的游戏。

• 根据智力游戏的特点及结构，设计一个发展幼儿数理逻辑、语言表达能力的游戏。

3. 案例分析

观摩幼儿园的一个智力游戏，根据所学的幼儿智力游戏的相关理论与方法，分析你所观摩的智力游戏的特点及存在的问题，并尝试提出建议。

主要参考文献

1.［美］盖伊·格朗兰德著，严冷译：《发展适宜性游戏：引导幼儿向更高水平发展》，北京师范大学出版社2014年版。

2. 马祖琳主编：《点燃孩子的创意火花——台中市爱弥儿幼儿园积木活动实录及解析》，南京师范大学出版社2013年版。

3. 刘焱编著：《幼儿园游戏与指导》，高等教育出版社2013年版。

4. 梁士杰著：《幼稚园教材研究》，商务印书馆1935年印行，海豚出版社2012年修订版。

5. 邱学青著：《乐在棋中——儿童棋类游戏总动员（初级）》，南京师范大学出版社2011年版。

6. 邱学青主编：《给幼儿园教师的101条建议·游戏指导》，南京师范大学出版社2011年版。

7.［英］尼尔·本内特等著，刘焱、刘峰峰译：《通过游戏来教——教师观念与课堂实践》，北京师范大学出版社2010年版。

8.［英］珍妮特·莫伊蕾斯主编，刘峰峰、宋芳译：《游戏的卓越性》，北京师范大学出版社2010年版。

9.［英］Tina Bruce著，李思敏译：《幼儿学习与发展》，心理出版社2010年版。

10. 邱学青著：《学前儿童游戏　第四版》，江苏教育出版社2008年版。

11. 刘焱著：《儿童游戏通论》，北京师范大学出版社2008年版。

12.［美］约翰逊等编著，华爱华、郭力平译校：《游戏与儿童早期发展　第二版》，华东师范大学出版社2006年版。

13.［英］莫尤斯·珍妮特著，段慧莹等译：《不仅仅是游戏》，心理出版社2000年版。

14. 刘焱著:《幼儿园游戏教学论》,中国社会出版社1999年版。

15. 李淑贤等主编:《幼儿游戏理论与指导》,东北师范大学出版社1995年版。

16. [美]玛丽·霍曼等著,郝和平等译:《活动中的幼儿——幼儿认知发展课程》,人民教育出版社1995年版。